U0929561

本书受国家社会科学基金项目(项目编号:14CRK001)、
中国博士后科学基金第八批特别资助项目(项目编号:2015T80383)、
第56批中国博士后科学基金面上项目(项目编号:2014M561396)资助

渐进式延迟退休年龄政策设计及实现路径研究

李含伟　陈丹凝　李姝君　徐彩琴　易　威　著

内容提要

本书在我国明确提出研究制定渐进式延迟退休年龄政策的背景下，结合我国国情，参考国际经验，系统仿真研究渐进式延迟退休年龄政策对经济、社会产生的效应，利用仿真结果客观综合比较不同方案的优劣势，给出能够加强正面影响和减弱负面影响的适宜方案设计和政策建议，探索设计可被劳动者接受的、可行的、有效渐进式延迟退休年龄方案及相关配套政策建议。

图书在版编目(CIP)数据

渐进式延迟退休年龄政策设计及实现路径研究 / 李含伟等著.
—上海：上海交通大学出版社，2017
ISBN 978-7-313-18378-1

Ⅰ.①渐… Ⅱ.①李… Ⅲ.①退休-劳动制度-制度改革-研究-中国 Ⅳ.①F249.21

中国版本图书馆 CIP 数据核字(2017)第 274667 号

渐进式延迟退休年龄政策设计及实现路径研究

著　　者：李含伟　陈丹凝　李姝君　徐彩琴　易　威
出版发行：上海交通大学出版社　　地　　址：上海市番禺路 951 号
邮政编码：200030　　电　　话：021-64071208
出 版 人：谈　毅
印　　刷：苏州市越洋印刷有限公司　　经　　销：全国新华书店
开　　本：710mm×1000mm　1/16　　印　　张：13.75
字　　数：233 千字
版　　次：2017 年 12 月第 1 版　　印　　次：2017 年 12 月第 1 次印刷
书　　号：ISBN 978-7-313-18378-1/F
定　　价：58.00 元

前 言

随着我国老龄化的程度不断加剧，随着我国平均受教育水平不断提高，随着我国的人均寿命不断延长，加之我国的退休年龄明显低于世界上主要发达国家，学术界关于延迟退休年龄的呼声越来越高。中国共产党十八届中央委员会第三次全体会议通过的《中共中央关于全面深化改革若干重大问题的决定》明确提出要研究制定渐进式延迟退休年龄政策。由于渐进式延迟退休年龄会影响经济和社会的各个方面，如果政策设计不适宜或者考虑问题不全面，可能会对社会稳定、经济发展产生负面影响，因此政府对该政策制定高度重视和谨慎。截至目前，如何渐进式延长退休年龄还在政策讨论和设计阶段，虽然一些研究机构提出了一些渐进式延迟退休的调整方案，但国家层面明确的调整方案尚未正式出台。若想设计适宜且有效的调整方案，一些关键问题必须要解决：渐进式延迟退休调整对劳动力供给、就业压力、养老金均衡、社会意愿等社会、经济效应的影响如何？政策是一刀切，还是设计灵活的差异化政策？研究这些问题，显然是必要和迫切的。因此对渐进式延迟退休年龄政策设计和实施路径进行研究具有鲜明的时代意义和较强的社会应用价值。

本书主要包含八部分：渐进式延迟退休年龄的必要性分析；渐进式延迟退休年龄的国际经验借鉴；渐进式延迟退休年龄对劳动力供给的影响；渐进式延迟退休年龄对养老金平衡的影响；渐进式延迟退休年龄对就业的影响；渐进式延迟退休年龄对社会意愿的影响；渐进式延迟退休年龄政策方案和实现路径设计；渐进式延迟退休年龄政策设计的配套政策和建议。本书的亮点是项目采用统计分析的方法研究了基于人体健康的我国适宜退休年龄；构建了我国渐进式延迟退休年龄对养老金均衡影响的系统动力学框架；采用了定量分析的分析方法，系统研究了不同方案实施后对我国劳动力供给、养老金均衡、就业压力及社会意愿的经济、社会影响效应仿真。

本书提出在借鉴国际经验，结合我国经济、社会发展水平的基础上，设计了考虑性别差异、工种差异以及区域差异的渐进式延迟退休年龄的方案；项目对不同方案实施效应的仿真结果进行比较研究，综合各方案的正面影响和负面影响，给出了加强正面影响、减弱负面影响的我国渐进式延迟退休政策的建议。项目对实施方案和配套措施的经济和社会效应做了参数调整的敏感度分析，因此提出的建议具有很强的可操作性和拓展性。

延迟退休政策制定涉及经济、社会生活的各个方面，对人民的生活影响巨大，因此制定政策必须要系统思考，谋定而后动。当前我国正处在《渐进式延迟退休方案征求意见稿》官方文件出台的前夕，社会对此问题比较关注，延迟退休是个热点问题，同时也是一个复杂的系统问题。鉴于目前学术界和政府决策机构关于这个问题的系统性研究和定量仿真研究比较少，因此本项目对报告的研究进行了大量的系统分析和定量分析，产生了一些有价值的研究成果。本项目研究成果如果能够为我国渐进式延迟退休方案设计和实施路径提供智力支持和决策参考，能够被决策者所采用，社会影响和效益将会很大。

要说明的是，本书由于完成时间仓促，加之作者的水平有限，不当之处和不完善之处在所难免，恳请读者批评指正。

目 录

第1章

渐进式延迟退休年龄的必要性分析

1.1 我国退休年龄政策的演进历程

1.1.1 我国退休制度的演变过程

目前,我国的退休制度是从1950年开始建立起来的,经过60多年的发展与演变,我国的退休政策随着经济和社会的变化,进行了一定的完善和调整。但是,总的说来,法定退休年龄未发生大的变化,退休政策的弹性小等一系列问题依然长期存在。表1-1是我国退休制度演变期,在表格中将对我国现行退休制度形成过程做一梳理。

表1-1 我国退休制度演变期

	时间/文献名称	退休规定
创建期(1950～1958年)	1950年 《关于退休人员处理办法的通知》	新中国成立初期,我国借鉴苏联经验建立了劳动保险制度。它是第一部关于退休及养老方面的法规,规定党政机关及海关、铁路、邮电等公共服务部门领取工资的工作人员,退休时可以一次性领取退休费。
	1951年 《中华人民共和国劳动保险条例》	(1) 男职工退休年龄为60周岁。 (2) 女职工退休年龄为50周岁。
	1953年 《中华人民共和国劳动保险条例》	适用范围扩大,覆盖到民营企业职工。
	1955年 《国家机关工作人员退休处理暂行办法》	(1) 一次性发放退休金改为按月发放。 (2) 按个人工作年限规定了不同的待遇标准。 (3) 女干部的退休年龄提高到55周岁,这一规定沿用至今。

（续表）

	时间/文献名称	退休规定
调整期（1958～1977年）	1958年 《关于工人、职员退休处理的暂行规定》	(1) 将企业和机关女职员的退休年龄统一规定为55周岁。 (2) 女工人仍为50周岁。
改革期（1978～1997年）	1978年 《关于工人退休、退职的暂行办法》 《关于安置老弱病残干部的暂行办法》	对干部和工人退休、退职待遇做了修改，区分退休和离休人员两个群体不同待遇，并在1980年针对干部群体制定在退休待遇上更为优厚的离休制度。
	1986年	退休养老制度开始改革，试行建立养老保险制度。
	1997年 《关于建立统一的企业职工基本养老保险制度的决定》	统一全国各地养老保险制度，实现退休制度向社会保险制度转型。

资料来源：根据人力资源和社会保障部网站相关信息编制

从表1-1我国法定退休年龄的政策演变过程来看，1951年规定男工人、男职员60岁退休，女职员50岁退休，1958年针对法定退休年龄的政策做出了一些调整，女工人50周岁退休，而企业和机关女职员的法定退休年龄调整为55周岁。我国目前的法定退休年龄一直沿用以前的退休政策，即男工人、职员60周岁退休，女工人50周岁退休、女职员为55周岁退休。

1.1.2 我国灵活延迟退休政策的梳理

关于我国灵活的延迟退休年龄政策，客观地说是根据国家发展需求动态进行了一些调整和探索，但总的说来只是一些局部的举措，没有形成一整套的延迟退休政策。表1-2对我国自退休政策建立以来的有关延迟退休政策进行了梳理，为更好地施行延迟退休政策的完善做一个借鉴。

表 1－2　我国延迟退休政策梳理

时间	文献名称	退休规定
1983 年	《关于高级专家离休退休若干问题的暂行规定》	(1) 副教授、副研究员以及相当这一级职称的高级专家征得本人同意，经下述机关批准，其离休退休年龄可以适当延长，但最长不超过 65 周岁。 (2) 教授、研究员以及相当这一级职称的高级专家，经所在单位报请省、市、自治区人民政府或中央、国家机关的部委批准，可以延长离休退休年龄，但最长不超过 70 周岁；学术上造诣高深、在国内有重大影响的杰出高级专家，经国务院批准，可以暂缓离休退休，继续从事研究或著述工作。
1983 年	《关于延长部分骨干教师、医生、科技人员退休年龄的通知》	部分骨干教师、医生、科技人员，经所在单位报请县一级以上主管机关严格审查批准，可将他们的退休年龄延长 1 至 5 年，延长后的退休年龄，女同志最长不得超过 60 周岁，男同志最长不得超过 65 周岁。
1990 年	《关于高级专家退休有关问题的通知》	女性高级专家，凡身体能坚持正常工作，本人自愿，可到 60 周岁退(离)休。
1992 年	《关于县(处)级女干部退(离)休年龄问题的通知》	党政机关、群众团体的县(处)级女干部，凡能坚持正常工作，本人自愿的，其退(离)休年龄可到 60 周岁。
1993 年	《国家公务员暂行条例》	男年满 60 周岁、女年满 50 周岁应当退休；公务员在工作满 20 年后男年满 55 周岁、女年满 50 周岁或工作年限满 30 年的可以退休。
2008 年	国家人力资源和社会保障部	有关部门正在酝酿研究延长退休年龄，前提是在经济政治等各项条件成熟时适时推进这项制度，该制度的设想是先从女性职工入手采取“小步渐进”方式，将我国退休年龄延长到 65 岁。
2014 年	中共十八届三中全会	明确提出“研究制定渐进式延迟退休年龄政策”，这是中央首次对延迟退休的问题作出权威表态，明确了顶层设计中延迟退休渐进渐行。
2015 年	十二届全国人大三次会议记者会	明确提出了渐进式延迟退休年龄的想法并将于 2017 年推出延迟退休年龄方案计划。

（续表）

时间	文献名称	退休规定
2015 年	《十三五规划》	提出出台渐进式延迟退休年龄政策，逐步提高国有资产收益上缴财政比例，划转部分国有资产充实社保基金。

资料来源：根据人力资源和社会保障部网站相关信息编制

从表 1-2 来看，退休制度的主体部分并没有发生本质的变化，但做了局部的调整，进一步考虑了特殊工种人员的身体素质、高级管理人员及技术人员的实际退休年龄。养老保险有保障生活和稳定社会的职能，其收支情况受到全体国民的关注。我国是世界上人口最多的发展中国家，但人口老龄化现状也非常严重，快速增长的老年人口必然会对养老保障造成较大的压力，原中国劳动和社会保障部部长郑斯林在 2004 年时称中国的养老金缺口为 2.5 万亿元。我国每一阶段的退休政策都是为了适应当时的情况制定的。相对于 20 世纪 50 年代，我国人口的平均寿命已经从不到 50 岁增加到现在的 74 岁左右，目前我国人均寿命已增长了 20 多岁，因此需要相对应的与时俱进的退休政策。

1.2 延迟退休年龄的必要性

1.2.1 随着人均受教育年限的不断提高，人力资本未能得到充分发挥

随着我国教育水平的提高，人们的受教育年限的提高，家庭对教育的重视程度的提升，越来越多的人接受高等教育，也有越来越多的人接受硕士、博士教育。对于那些接受高等教育的人来说，他们参加工作的时间会相应地推迟，但是他们的退休年龄和其他人是相同的，这在一定程度上减少了他们的就业年限。譬如有些接受高等教育的人才完成学业时已经将近 30 岁，按照法定的退休年龄，他们将会在 60 岁退休，实际上他们参加工作为社会服务的时间只有 30 年。从这方面来说，我国的人力资本并没有得到充分的发挥，他们的健康状况允许他们的智力知识还能继续为社会服务，但是他们却不得不离开自己的工作岗位，而选择安逸养老，造成我国人力资本的巨大浪费。当然也有一部分人会通过返聘的途径继续为社会做贡献，但那只属于一少部分。老年人力资本是我国劳动力市场的一笔巨大的财富，应

该被全体社会重视。

根据我国六次人口普查公民受教育程度数据显示：受教育程度达到初中、高中和中专水平所占比重一直上升，达到大专及以上文化水平所占比重也是呈现逐渐递增的趋势，从 1964 年第二次人口普查的 0.42% 到 2010 年第六次人口普查的 8.93%。据国家统计局最新发布的数据显示，我国公民受教育程度达到大专及以上水平的人口所占比重已经达到 11.53%。从中可以看出公民的受教育程度正在逐步提升，特别是接受高等教育的人数也在不断地攀升。未来中国的受教育程度将会有大幅度的提升，公民的人力资本价值也在不断地增加，但是我国的退休政策仍然没有改变，使得我国的人力资本并不能得到充分的利用，一定程度上来说造成了人力资本的巨大浪费与损失。只有实行延迟退休年龄政策，才能使我国公民的人力资本得到充分的利用，使人力资本的效用最大化。

我国人口受教育程度变化情况如图 1－1。

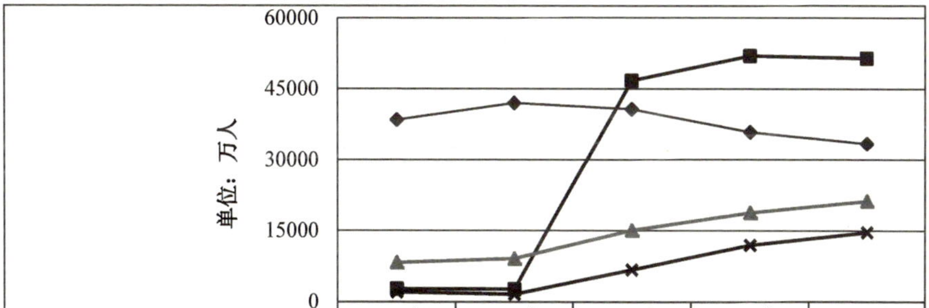

	1995年	2000年	2005年	2010年	2014年
受教育程度 小 学	38441	42010	40706	35876	33437
受教育程度 初 中	2728	2646	46735	51965	51474
受教育程度 高 中	8282	9110	15083	18798	21270
受教育程度 大学及以上	2065	1601	6764	11963	14683

图 1－1　中国人口受教育程度变化情况

从图 1－1 中我们可以看出：在 2005 年，接受初中教育人数增加较为明显，接受高中和大学以上教育的人数也有较大的增幅，我国受教育水平明显提升。随着中国受教育人数和受教育年限不断上升，随之而来的是人们进入劳动力市场的平均年龄同样也上升。我国人口就业年限随受教育年限的变化情况如图 1－2。

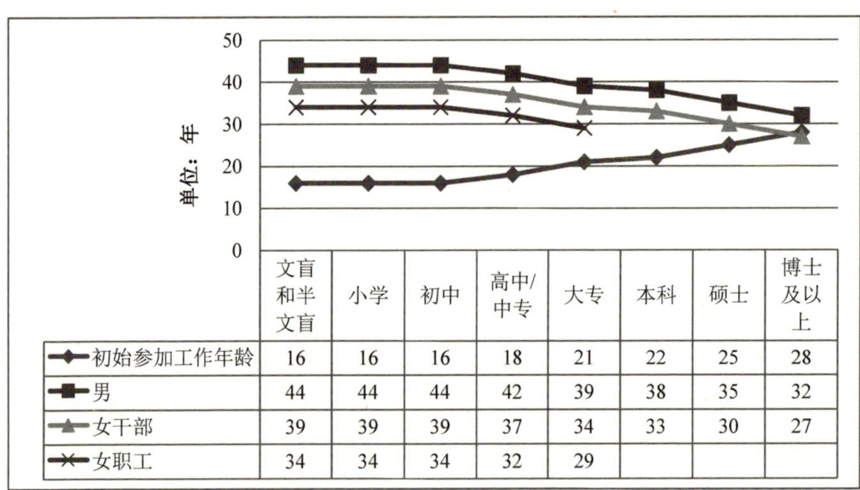

图 1－2　中国人口就业年龄变化情况

1.2.2　人口老龄化加速，养老金支付压力凸显

1990 年以来，中国的老龄化进程加快，65 岁以上的老人从 1990 年的6 299 万增加到 2014 年的13 755 万人，占总人口的比例由 5.57%上升为 10.1%，2014 年中国 65 岁以上老年人口首次突破 10%。根据 1956 年联合国《人口老龄化及其社会经济后果》确定的划分标准，当一个国家或地区 65 周岁及以上老年人口数量占总人口比例超过 7%时，即意味着这个国家或地区进入老龄化社会。具体的衡量标准如表 1－3 所示。

表 1－3　老年型人口数据

65 岁及以上人口占总人口比重	0～14 岁及以上人口占总人口比重	老少比	年龄中位数
7%和 7%以上	39%以下	30%以上	30 岁以上

资料来源：中国统计年鉴(2015 年)

$$\text{老少比}=\frac{65\text{ 岁及其以上老年人口}}{0\sim 14\text{ 岁儿童少年}}\times 100\ \%$$

年龄中位数是指将全国人口按年龄大小排序，位于中点的那个年龄，计算公式：

$$\text{年龄中位数}=\text{中位数的年龄下限值}+\frac{\frac{\text{人口总数}}{2}-\text{中位数之前各组人口累计数}}{\text{中位数组的人口数}}$$

目前中国老龄化非常严重，人口已经进入老年型。预测到 2050 年，中国 65 岁以上的老年人口将达到 28 262 万人，占全国总人口的 22%以上。与此同时，随着我国社会经济、医疗卫生事业等的发展，人均寿命也在逐步延长，未来人口老龄化也会日益明显。当前 80 岁以上高龄老人以每年 5%的速度增加，相关数据预计到 2050 年，80 岁以上的老年人其绝对数将超过 1 亿。由此可见，老龄人口的高龄化也是我国老龄化进程中的一个显著特点。表 1－4 为中国 65 岁以上人口预测数据以及老龄化率数据，图 1－3 为中国 65 岁以上人口预测图。

表 1－4　中国 65 岁以上人口预测情况　（单位：人）

年份	2013	2014	2015	2016	2017	2018
65 岁以上人口	122 883 241	13 755 361	137 986 406	138 195 558	145 194 722	151 443 141
老龄化率	9.06%	10.10%	10.19%	10.29%	10.58%	11.01%
年份	2019	2020	2021	2022	2023	2024
65 岁以上人口	158 870 762	166 025 906	171 771 391	178 555 413	183 400 254	184 491 475
老龄化率	11.53%	12.03%	12.44%	12.93%	13.29%	13.37%
年份	2025	2026	2027	2028	2020	2030
65 岁以上人口	186 681 872	185 584 129	192 737 847	205 025 731	213 717 714	222 540 415
老龄化率	13.55%	13.52%	14.05%	15.01%	15.67%	16.38%
年份	2031	2032	2033	2034	2035	2036
65 岁以上人口	230 926 691	236 285 167	246 154 871	253 260 435	262 361 094	268 595 368
老龄化率	17.07%	17.54%	18.35%	19.01%	19.06%	20.37%
年份	2037	2038	2039	2040	2041	2042
65 岁以上人口	274 088 471	278 189 190	281 283 127	282 596 676	283 056 222	281 108 105
老龄化率	20.93%	21.37%	21.76%	22.02%	22.24%	22.26%
年份	2043	2044	2045	2046	2047	2048
65 岁以上人口	279 618 482	277 947 753	275 624 304	273 716 909	274 914 153	273 449 657
老龄化率	22.32%	22.39%	22.40%	22.46%	22.78%	22.88%
年份	2049	2050				
65 岁以上人口	272 075 339	270 714 348				
老龄化率	23.01%	23.13%				

数据来源：中国社会科学院财政与贸易经济研究所报告经整理而成

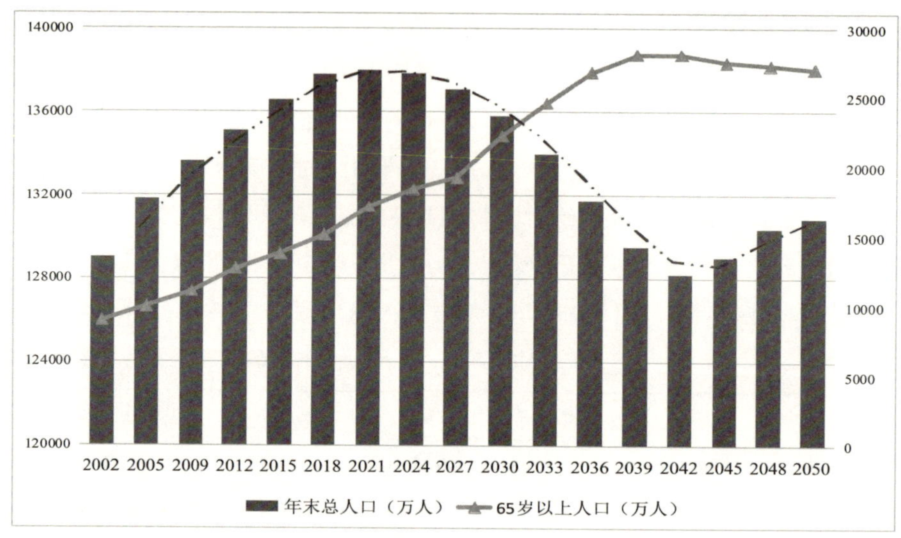

图 1-3　中国 65 岁以上人口预测图

从图 1-3 中可以看出中国总人口 2025 年后将呈递减趋势，而中国 65 岁以上老年人口却一直呈递增趋势，在未来几十年内我国人口老龄化现象越来越显著。

根据国家统计局《2014 年国民经济和社会发展统计公报》，2014 年中国 13.67 亿人口中，60 岁及以上的老人 2.12 亿，占总人口比例的 15.5%；65 岁及以上人口数为 1.37 亿人，占比 10.1%。世界卫生组织称：2050 年中国将成为世界上老龄化最严重的国家之一。

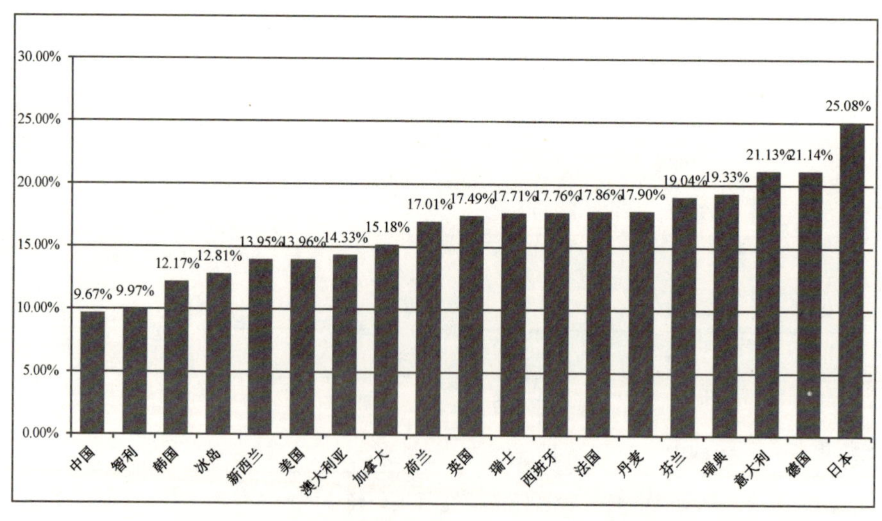

图 1-4　2013 年部分国家 65 岁以及以上人口比例

图 1-4 显示了截至 2013 年底，中国、智利、韩国、冰岛、新西兰、美国已经进入“老龄化社会”，澳大利亚、加拿大、荷兰、英国、瑞士、西班牙、法国、丹麦、芬兰、瑞典已经进入“老龄社会”，意大利、德国、日本已经进入“超老龄化”社会。面对日渐严重的老龄化问题，许多国家已经采取了相应的措施来应对这一社会化问题。这些国家大多数是通过延迟退休年龄、实行弹性退休制度来应对人口老龄化。德国退休年龄改革在 2012 年至 2029 年之间缓慢进行，从 65 岁逐步逐层地调高至 67 岁；美国退休年龄改革从 1983 年至 2017 年，将退休年龄从 65 岁延迟到 67 岁，过渡用时 34 年；日本 2012 年至 2013 年，退休年龄从 60 岁调整为 61 岁，此后每隔三年增加一岁至 2025 年时，退休年龄升至 65 岁，调整时间共 13 年……

中国同样面临着“人口老龄化”问题，必须采取措施改革现今的退休制度。2013 年 11 月 15 日公布的《中共中央关于全面深化改革若干重大问题的决定》提出，要建立更加公平且可持续的社会保障制度，实现基础养老金全国统筹，推进机关事业单位养老保险制度改革，研究制定渐进式延迟退休年龄政策。这是中央首次提出“渐进式延迟退休”，也是社会保障领域改革的一次全新尝试。实行渐近式延迟退休年龄政策会推迟人们的退休年龄，随着人们工作时间的增多，对于中国人力资本市场将带来直接的影响，这些影响不仅在数量上，而且在质量上，以及健康人力资本方面均会有所体现。

当前我国人口的年龄结构正在发生深刻的变化，老年人口正在增加、劳动力市场供给数量正在减少。随着人口老龄化进程的加快，我国老龄人口数量将快速增加，劳动年龄人口数量和比重将不断下降，劳动力供求状况将发生逆转，长期低成本的劳动力供给优势将逐步减弱甚至消失。第五次全国人口普查时我国劳动参与率为 77.99%，第六次全国人口普查为 70.96%，下降了近 7 个百分点。其中女性劳动力参与率下降得更为明显，从第五次全国人口普查的 71.52%下降到第六次全国人口普查的 63.73%。如果没有及时必要的政策干预，劳动力供给严重不足趋势将持续。

养老金作为公民晚年生活的保障，为公民晚年的生活提供了一个保证。目前我国城镇职工养老保险采取的是统筹账户与个人账户相结合的体制，即个人账户与统筹基金相结合。据中国社会科学院《中国养老金发展报告 2015》数据资料显示，截至 2014 年底，城镇职工基本养老保险的个人账户累计记账额达到 40 974 亿元，而城镇职工基本养老保险基金累计结余额为 31 800 亿元。也就是说即使把城镇职工基本养老保险基金的所有结余都用于填补个人账户，也仍然会有1万亿的空账。从中可以看出，目前我国的养老金支付面临着巨大的压力，养老金亏空已经是人们必须要面对的现实。另外，人力资源与社会保障部新闻发言人李忠称："2014年以来，受多重因素的影响，当期养老金支出大于基金征缴收入的省份有所增加。主要原因：养老金待遇水平连续上调，基金支出增加；人口老龄化效应逐步显现，参保人员中退休人数增速高于缴费人数等等。"

养老金支付面临着巨大的压力，如何弥补养老金的缺口，缓解养老金的支付压力成为一个摆在政府面前必须要解决的问题。"开源"与"节流"是缓解养老金支付压力的指导思想，"开源"方面就是"提高个人的缴费率""养老金入市""增加缴费人群的比重"等等，"节流"方面主要是"降低养老金待遇水平"等等。从"开源"来看，一是提高缴费标准，但就目前来看，增加缴费的空间并不大。目前企业缴费普遍为职工工资的20%，如果再提高这一比例，势必加重企业负担；二是增加社保基金的建设和管理，但仅想依靠目前只有大约1万多亿元的社保基金（况且社会保障基金的来源和管理本身也存在一定风险）来填补未来数十年内可能出现的养老金"缺口"难度很大；最后一个就是增加缴费人群的比重，这就是人们现在普遍议论的通过延迟退休，让向人保部门计划交钱的人适当增加，而领钱的人适当减少。从"节流"方面来看，降低退休职工养老金标准显然是不可取的，唯一办法就是减少领取养老金人群占缴费人群的比例，也就是适当延长职工的退休年龄。因此，从解决养老金支付压力方面来说，延迟退休非常必要。

养老金收支情况是衡量一个国家或地区养老保险发展水平是否具有可持续性的关键。中国社科院副院长李扬曾表示，2023年城镇企业职工含机关事业单位基本养老保险将出现收不抵支情况。

养老金的收支与人口的预期寿命、受教育年限等密切相关。然而，随着人口预期寿命、受教育年限的不断上升，我国当前退休年龄的制度显然需要改革与完善。人口老龄化的加剧发展，养老金缺口不断在增大，养老金在收入、支出以及平衡方面都面临极大的挑战。退休年龄是决定养老金负担水平的一个基本因素。在平均预期寿命和保障水平一定的情况下，退休年龄提高，平均享用养老金年限就缩短，养老金支付总负担就能降低。针对目前我国养老保险金存在的基金缺口，必须要采取相应措施来减少养老金的开支，减轻社会养老保险制度的负担，适应不断增长人口的需求，而延迟退休年龄可以说是解决该类问题的有效方式。

1.2.3　人均寿命延长和健康水平提高为提高工作年限创造了条件

随着社会的发展，尤其是医疗保障水平的提高和完善，我国的人口预期寿命已经有了很大的提高，我国人口的平均寿命已经从 20 世纪 50 年代的不到 50 岁增加到如今的 74 岁左右(具体如表 1－5 和图 1－5、图 1－6 所示)。我国现行退休年龄为男 60 周岁、女 50 周岁或 55 周岁，2010 年我国男性平均预期寿命为 72.5 岁，退休后的平均余命为 12.5 岁；女性平均预期寿命为 77.4 岁，按照女干部退休年龄 55 岁计算，退休后平均余命为 22.4 岁。如果再沿用以前的退休制度显现是不合适的，所以逐步延迟退休年龄是社会发展的必然趋势。

表 1－5　我国人口预期寿命

年份	男性				女性			
	50 岁	60 岁	65 岁	70 岁	50 岁	60 岁	65 岁	70 岁
1950—1955	44.6	10.1	8.0	6.3	44.6	12.0	9.3	7.2
1980—1985	66.2	16.1	12.8	9.9	69.3	18.6	15.0	11.7
2010—2015	74.0	18.4	14.7	11.3	76.7	20.6	16.5	12.9
2015—2020	74.8	18.8	15.0	11.6	77.4	20.9	16.8	13.2
2020—2025	75.5	19.1	15.3	11.8	78.1	21.3	17.1	13.4
2025—2030	76.2	19.5	15.6	12.1	78.8	21.6	17.5	13.6
2030—2035	76.7	19.9	15.9	12.4	79.4	22.0	17.8	13.9
2035—2040	77.5	20.3	16.3	12.7	80.0	22.3	18.2	14.2
2040—2045	78.1	20.6	16.6	12.9	80.6	22.8	18.4	14.5
2045—2050	78.6	20.9	16.8	13.1	81.3	23.1	18.7	14.7

数据来源于中国社会科学院

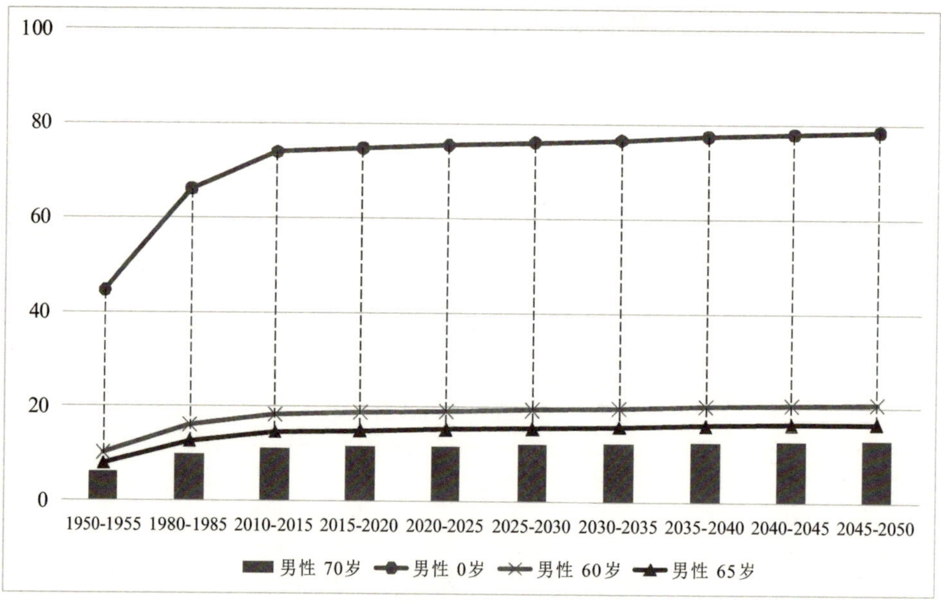

图1-5　我国人口预期寿命(男性)

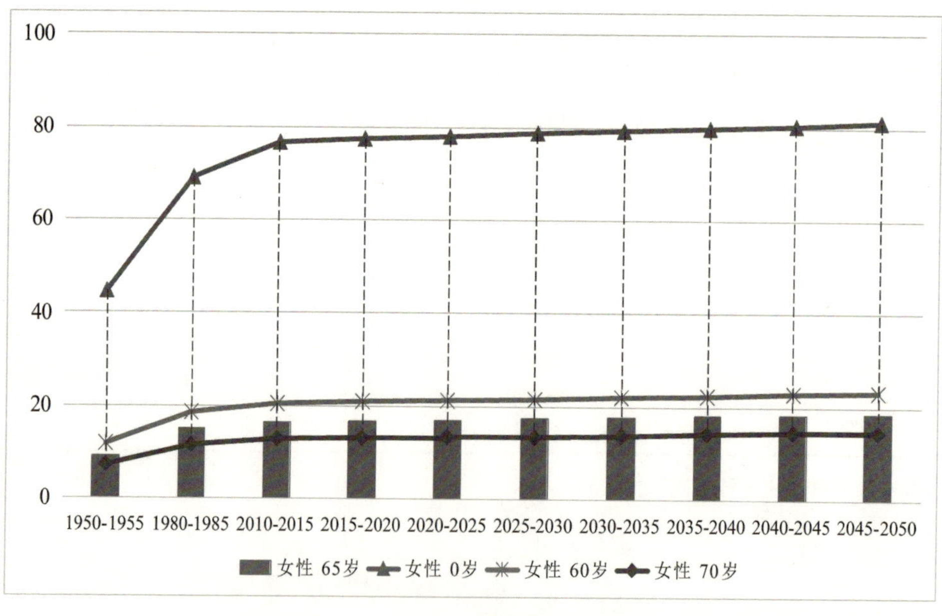

图1-6　我国人口预期寿命(女性)

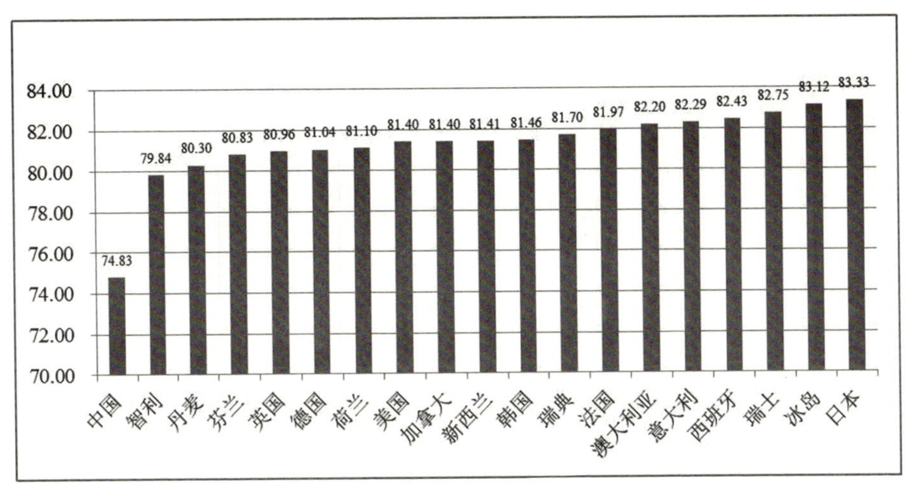

图 1－7　2013 年世界主要国家平均预期寿命(岁)

图 1－7 显示了 2013 年世界主要国家的平均预期寿命，由于中国的人口基数大，老年人口多，导致中国人口的预期寿命与其他发达国家相比还有一定的差距。建国初期颁布的《国务院关于安置老弱病残干部的暂行办法》是因为当时国家经济落后，人们生活水平低下，50 年代人口的平均寿命也就在 55 岁左右，并且男性的平均寿命高于女性。所以，将法定退休年龄定为女 50 岁，男 60 岁，对于当时的人口状况来说也是基本符合国情的。但根据 2010 年国家统计局第六次人口普查资料显示：中国平均人口预期已经达到 74.83 岁，女性平均寿命 77.37 岁，男性平均预期寿命 72.38 岁。具体如表 1－6 所示。

表 1－6　我国人口平均寿命变化　　(单位：岁)

年份	合计	男	女	男女之差
1981	67.77	66.28	69.27	－2.99
1990	68.55	66.84	70.47	－3.63
2000	71.40	69.63	73.33	－3.70
2010	74.83	72.38	77.37	－4.99
2015	75.50	74.00	77.00	－3.00

根据国家数据库 2014 年最新统计的人口年龄结构和抚养比来看，2014 年年末总人口为 136 782 万人，其中 65 岁及其以上的人口为 13 755 万人，总抚养比为

36.2%，老年抚养比为13.7%，而实际退休年龄要远远低于65岁。由此我们可以看出，中国现阶段的人口年龄阶层和建国初期已经有了明显不同，不管是人口寿命还是人体健康状况都有了很大改善。社会在变，时代在变，但是，就劳动者的退休年龄而言，却依旧没有什么大的变化。

1.3 延迟退休年龄"渐进式"的必要性

所谓"渐进式延迟退休年龄"，第一，要有一个预告期，提前几年告知社会。第二，要分步骤，可能会首先考虑从现在规定退休年龄最低的群体先开始起步。第三，延迟退休年龄一定是要"迈小步"，以"一年提高几个月"这样的方式，一步一步进行，用较长的一段时间逐步完成平滑过渡。由于我国经济、社会的复杂性和独特性，延迟退休政策制定是一个复杂的系统工程，既不能一刀切，也不能一蹴而就，需要"渐进"，具体体现在以下几个方面。

1.3.1 社会大众对延迟退休年龄政策理解和接受需要一定时间

延迟退休与公民的切身利益息息相关，从长远来看是一件利国利民的好事，但是由于国民对延迟退休年龄政策的必要性与重要性的理解程度不够，公众对于延迟退休的接受程度也存在不一致的情况。零点指标数据从1993年即已开始的年度追踪调查项目"中国城市居民生活质量指数"，于2015年10月在全国29个省份(新疆、西藏除外)调查了有关延迟退休的相关议题。

零点数据显示，近六成(59.9%)公众反对实行延迟退休，另有四分之一(25%)表示"无所谓"，仅12.8%支持延迟退休。而搜狐新闻的民调数据显示，网民对延迟退休的反对声音更大，有近87%的人明确表示反对，仅有11.22%的人表示支持，另有1.84%的人持无所谓的态度。从学历来看，不同学历者对于延迟退休均以反对为主。中等学历(高中、职高)公众对这政策的支持率最低(9.6%)，而低学历和高学历群体对这项政策的支持率相对较高(小学及以下17%；本科及以上15.5%)。从学历来看，学历越高的群体因为"想多留些时间做自己事情"的比例更高，显示高学历群体的自主性意识明显更强。这些市场机构的数据可信度虽然无法与官方的统计数据相比，其准确程度有待商榷，但确实也反映了一定的问题，表明社会大众对延迟退休的态度和专家学者的观点有很大差异，对延迟退休政策的接受需要一定时间。

综上所述，延迟退休虽说是一项既定的方针政策，但是考虑到社会大众对于延迟退休的不同态度，理解并接受延迟退休年龄政策需要一个过程，为避免激进式改革带来的公众的抵制性情绪，延迟退休政策实行“渐进式”是十分必要的。

1.3.2　延迟退休对劳动力市场影响的不确定性

关于延迟退休年龄政策对就业的影响，综合国内学者的研究，主要有以下几种观点：①延迟退休年龄政策方案会缓解我国劳动力供给减少的趋势，只是一定程度上，不能够彻底解决我国劳动力供给的压力问题；②延迟退休年龄会挤占青年人的就业岗位，使得他们面临更加严峻的就业形势，但是会充分地利用老年劳动力，增加老年劳动力市场供给的活力；③延迟退休年龄会降低中国的失业率，稳定中国的劳动力市场，增加中国劳动力市场的弹性与活力等等；④延迟退休短期内会对青年就业有负面影响，但长期内对青年就业没有影响。

阳义南、谢予昭利用 27 个 OECD 国家 1980 年—2010 年的面板数据进行实证分析，结果表明：当 21 个国家的退休年龄延迟时，有 11 个国家的青年失业率相比之前更低了，只有 5 个国家的青年失业率相比之前更高了。在 4 个退休年龄一直处于下降的国家中，3 个国家的青年失业率没有明显变化，有 1 个国家的青年失业率反而更高了。而在退休年龄保持稳定的日本和韩国，青年失业率也没有表现出一致的走势。因此提高退休年龄后，更可能没有挤出青年就业，反而总体上降低了青年失业率。OECD 国家的经验证据表明，延迟退休从总体上降低了青年失业率。

我国的国情比较特殊，不能完全套用延迟退休年龄政策对 OECD 国家就业影响的经验，因此延迟退休年龄政策对我国的就业的影响具有一定的不确定性。近些年，由于人口出生率下降，加上中国退休年龄较低、提前退休现象较为严重，中国的劳动力供给结构发生了转折性的变化。随着时间的推移和劳动力供给的变化，以及我国产业结构的调整，延迟退休对就业的影响可能不复存在。延迟退休年龄政策不能够“一步到位”，而应该“小步徐趋”，实行“渐进式”延迟退休年龄政策。

1.3.3　养老金细则制定与完善需要一个过程

延迟退休年龄政策中涉及养老金的问题，例如领取全额养老金的年龄、养老金的缴费年限，以及养老金的缴费比例及支付比例，可以说养老金细则是延迟退休政策的重要部分。这些养老金细则对于延迟退休年龄政策的成功与否起着至关重要的作用，而养老金细则的制定需要经过科学的论证，细则也不是一成不变的，而应当随着实施阶段的效果反馈进行不断的调整。

养老金细则的制定与每个人的切身利益相关，采用“渐进式”的延迟退休方式能够减少对每个人的影响，这是许多国家采用的普遍做法，我们可以借鉴其他国家的做法但要注重具体细节的设计和社会公平性。政策的制定既要考虑差异也要兼顾公平，而做到这些都需要延迟退休政策渐进式的开展。

1.3.4 延退政策执行过程中需要相应配套措施

国家出台的延迟退休政策并不是一个至臻完善的政策，而是一种新生事物，在未来的执行过程中必然会出现一些不相适应的地方。采用渐进式的延迟退休年龄政策，一方面可以使我国的延迟退休年龄政策存在的问题尽快地凸显出来，并及时反馈给政策制定者，尽快寻找新的补救措施和制定相对应的配套措施，方便政策制定者及时调整政策；另一方面，由于渐进式的退休方式，使得政策的实施效应不会太猛太急，需要政策调整的时候可以由更多的应对方式和充裕的完善时间，推出相应的配套措施，保障政策平稳有序地推行。

本章小节

本章首先对中华人民共和国建立以来出台的延迟退休政策和灵活退休政策进行了梳理，这是我国当前开展渐进式延迟退休年龄政策的基础和实施的参考依据。其次分析了我国现阶段延迟退休年龄的必要性：随着人均受教育年限的不断提高，人力资本未能得到充分发挥，人力资源存在极大浪费；人口老龄化加速，养老金支付压力凸显；人均寿命延长和健康水平提高为延长工作年限创造了条件。最后，分析了我国国情，认为实施延迟退休年龄必须“渐进”，其原因有：社会大众对延迟退休年龄政策理解和接受需要一定时间；延迟退休对劳动力市场影响的不确定性；养老金细则有待制定与完善；养老金细则制定与完善需要一个过程；延退政策执行过程中需要相应的配套措施。这些因素都要求我们必须渐进实施延迟退休年龄，碰到问题反馈再修改、完善政策，以使推行的渐进式延迟退休年龄政策与我国经济、社会发展相适应。

第2章

国际典型国家延迟退休的经验借鉴

2.1 国外延迟退休年龄政策出台的背景

2.1.1 经济增长水平放缓

1981年—1990年间，一些工业化国家GDP的平均增长为2.2%，1991年—2000年间，下降为1.5%，相对于二战后到20世纪70年代这段时间，经济增速明显放缓(具体如表2-1所示)。经济增长减速，使得社会保障费总量增幅下降，社会保障支出上升，致使国家开始步入日益严重的财务危机。根据瑞典社会保险部研究表明，如果瑞典经济增长长期维持在2%以下，瑞典补充养老保险就难以有效运行。

表2-1 典型工业化国家GDP和人均GDP增长率

(单位:%)

GDP和人均GDP增长率对比		美国	英国	德国	法国	日本
1950年—1973年	GDP增长率	3.93	2.93	5.68	5.05	9.29
	人均GDP增长率	2.45	2.44	5.02	1.27	8.05
1973年—1998年	GDP增长率	2.99	2	1.76	2.1	2.97
	人均GDP增长率	1.99	1.79	1.6	1.61	2.34

2.1.2 人口老龄化趋势愈益严重

从世界范围来看，很多工业化国家人均寿命都在延长，部分国家较早进入老龄社会(具体如表2-2所示)。根据联合国最新资料显示，2015年全球60岁以上人口占12%。很多工业化国家在1946年—1964年都出现了“婴儿潮”，这批婴儿在

2010 年前后进入老年,从而加剧了这些国家的老龄化进程。

表 2-2　部分国家 65 岁时的人均预期余命变动

(单位:岁)

年份＼国家		日本	英国	芬兰	法国	瑞典	瑞士	意大利	美国
1960 年	男	11.6	12.1	11.4	12.6	—	12.9	13.4	12.9
	女	14.1	15.3	13.7	15.6	—	15.2	15.3	15.9
1980 年	男	14.6	12.9	12.5	14.0	14.1	14.4	13.5	14.0
	女	17.7	16.9	16.5	18.2	17.7	18.3	17.3	18.4
2000 年	男	17.5	15.7	15.5	16.7	16.6	17.1	16.6	15.9
	女	22.4	18.9	19.4	21.3	20.0	20.9	20.7	19.0
2010 年	男	18.1	18.0	17.2	18.0	17.9	18.6	17.6	16.6
	女	23.4	20.4	21.0	22.7	20.9	22.2	22.0	19.1
2020 年	男	18.7	19.6	18.5	19.3	18.9	19.8	18.7	17.3
	女	24.4	21.9	22.1	23.9	21.6	23.3	23.5	19.7
2030 年	男	24.5	20.5	19.4	20.5	19.7	20.9	20.0	17.9
	女	25.1	22.9	22.9	25.1	22.2	24.1	25.1	20.2

资料来源：联合国人口网 http：//www. un. org/popin/

2.1.3　人口赡养比持续增加

人口老龄化导致各国赡养比上升。在欧盟,2000 年年底,约有 73%的劳动力养活 27%的退休者,而到 2050 年,将由 47%的劳动力养活 53%的 65 岁以上的退休老人。在美国,1950 年平均 4.2 名在职职工养 1 名退休人员,1999 年变为 3.4∶1,预计到 2030 年下降为 2∶1。在日本,1990 年国民年金供养比 5∶1,而到 2050 年预计下降为 1.8∶1。在德国情况更为严重,如果退休年龄保持不变,预计到 2030 年将颠覆性地变为 1∶2。

2.1.4　养老保障支出使财政不堪重负

人口老龄化让养老金的支出不断上升,致使许多国家财政不堪重负(如表 2-3 和图 2-1 所示)。如意大利,养老金支出占 GDP 的比重从 1960 年的 5%上升到 2002 年的 14.2%,预计到 2030 年为 25%左右。在法国,每年要拿出 GDP 的 12%用于发放养老金,如此下去,到 2040 年将要上升到 20%。在日本,如果保持现行的退休制度，那么国民年金将在 2018 年后就会出现问题。

表 2-3　养老金支出占 GDP 比重(部分国家)

(单位:%)

国家	2002 年	2003 年	2004 年	2005 年	2006 年	2007 年	2008 年	2009 年
澳大利亚	4.3	4.4	4.5	4.3	4.7	4.7	4.9	4.9
奥地利	10.7	10.9	10.8	10.8	10.7	10.7	11	12
比利时	7	7.1	7.1	7.1	7.2	7.1	7.5	8.1
加拿大	3.9	3.9	3.8	3.7	3.7	3.7	3.8	4.1
智利	6.3	6	5.4	5	4.5	4.3	2.6	2.8
捷克	6.9	6.7	6.4	6.6	6.5	6.6	7	7.8
丹麦	7.1	7.2	7.1	7.3	7.4	7.3	7.4	8.2
芬兰	8	8.3	8.4	8.5	8.6	8.4	8.6	10.2
法国	10.5	10.6	10.8	10.9	11	11.1	11.5	12.3
德国	9	9.2	9.1	9.1	8.8	8.5	8.5	8.1
希腊	10.6	10.4	10.5	11.1	10	10.1	10.4	10.9
匈牙利	7.5	7.5	7.5	7.8	8	8.4	8.8	9.1
冰岛	3.8	4	4	3.8	3.6	2.3	2.3	2.2
爱尔兰	2.7	2.8	2.9	2.9	2.9	3.1	3.6	4.5
意大利	11.2	11.3	11.4	11.5	11.6	11.7	12.2	13
日本	7.7	8	8.3	8.6	8.7	8.8	9.3	10.4
韩国	1	1.1	1.4	1.5	1.6	1.6	1.9	2.1
卢森堡	5.1	5.2	5.2	5.2	5	4.8	5	5.8
墨西哥	0.7	0.9	0.9	0.9	1	1.1	1.2	1.4
荷兰	5.3	5.4	5.6	5.5	5.4	5.3	5.4	5.8
新西兰	4.5	4.3	4.1	4.1	4.2	4.2	4.3	4.5
挪威	6.8	7	6.7	6.3	6	6.1	6.1	7.2
波兰	9.5	9.7	9.5	9.3	9.4	8.7	8.9	9.8
葡萄牙	7.6	8	8.4	8.9	9.1	9.2	9.7	10.6
斯洛伐克	5.8	5.9	5.7	5.7	5.6	5.4	5.2	6.4
西班牙	6.6	6.5	6.5	6.5	6.4	6.5	6.9	7.7

（续表）

国家	2002年	2003年	2004年	2005年	2006年	2007年	2008年	2009年
瑞典	9.2	9.8	9.6	9.4	9.1	9.4	9.4	10.2
瑞士	6.6	6.8	6.6	6.7	6.4	6.3	6.2	—
土耳其	—	—	—	4.8	4.8	5	4.5	5.8
英国	5.7	5.7	5.9	5.9	5.7	5.7	6.2	6.7
美国	5.3	5.3	5.3	5.3	5.3	5.3	5.5	6.1

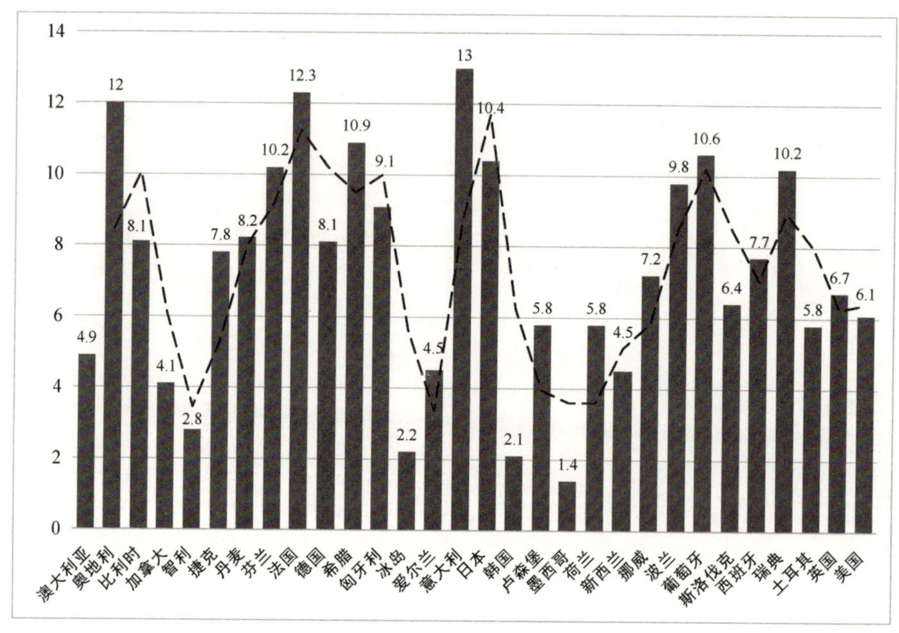

图 2-1　2009 年部分国家养老金支出占 GDP 比重

2.2　国际发达国家渐进式延长退休年龄政策梳理

2.2.1　美国渐进式延长退休年龄政策梳理

1983 年，美国对《社会保障法案》进行修订，在修订案中明确提出到 2025 年提高职工的退休年龄，由 65 岁提高到 67 岁，所需时间为 22 年。美国延迟退休年龄以职工具体的出生年份为准，具体而言就是把 1937 年及其以前出生的职工正常退休年龄定为 65 岁，出生年份介于 1938 年—1943 年的，出生晚一年，退休年龄增加两个月，1943 年出生的职工退休年龄达到 66 岁。出生年份介于 1943 年—1954 年的，退休年龄均为 66 岁。出生年份在 1955 年—1959 年的，出生晚一年，退休年龄增加两个月，到 1960 年增加到 67 岁。在 1961 年及其以后出生的职工，退休年龄维持在 67 岁的水平，如表 2－4 所示。

表 2－4　美国渐进式延长退休年龄的计划

出生年份	推延计划	法定退休年龄
1938	2 个月	65 周岁＋2 个月
1939	4 个月	65 周岁＋4 个月
1940	6 个月	65 周岁＋6 个月
1941	8 个月	65 周岁＋8 个月
1942	10 个月	65 周岁＋10 个月
1943－1954	12 个月	66 周岁
1956	14 个月	66 周岁＋2 个月
1957	16 个月	65 周岁＋4 个月
1958	18 个月	66 周岁＋6 个月
1959	20 个月	65 周岁＋8 个月
1960 年及以后	24 个月	67 周岁

2.2.2　东亚(日本、韩国)渐进式延长退休年龄政策梳理

1）日本

从 20 世纪 90 年代起，日本就已经开始对养老金制度进行改革，从 2013 年到 2025 年，养老金领取年龄将从 60 岁提高到 65 岁，每 3 年提高 1 岁。如果享受公共养老金待遇，至少缴费 25 年。这样可能会发生一名企业员工 60 岁退休后，在接下来的 5 年里没有任何收入来源的情况。为了避免这种现象的发生，日本于 2012 年 8 月通过了修改后的《老年人就业稳定法》，并于 2013 年 4 月 1 日开始实施。修改后的新法规定，日本企业有义务继续雇佣仍有工作意愿的员工至 65 岁。新法具有三个要点：废除过去通过劳资协议限定继续雇佣对象的制度；扩大继续雇佣企业的范围；将违反制度的企业名单公布于众。

2）韩国

从 2016 年起韩国所有公有企业和大企业都必须将员工的退休年龄延迟到 60

岁,2017年起扩大到社会全部。2013年领取养老金年龄调整为61岁,2033年将提高至65岁。

2.2.3 欧洲(德国、英国、法国)渐进式延长退休年龄政策梳理

1) 德国

1949年出生的职工按照出生月份的差异,延迟退休的月数也不同。1950年至1958年出生的职工每出生晚一年,退休年龄增加一个月,1958年出生的职工退休年龄达到66岁。出生年份介于1959年至1964年的职工每晚一年出生,退休年龄在66岁的基础上增加两个月,1964年达到67岁。67岁以后出生的职工实行统一的退休年龄即67岁。2012年—2029年,逐步将退休年龄延长到67岁,前12个月每年延长一个月,之后,每年延长两个月。具体如表2-5所示。

表2-5 德国延长退休年龄的计划

出生日期	推延计划	法定退休年龄
1949年1月	1个月	65周岁1个月
1949年2月	2个月	65周岁2个月
1949年3—12月	3个月	65周岁3个月
1950年	4个月	65周岁4个月
1951年	5个月	65周岁5个月
1952年	6个月	65周岁6个月
1953年	7个月	65周岁7个月
1954年	8个月	65周岁8个月
1955年	9个月	65周岁9个月
1956年	10个月	65周岁10个月
1957年	11个月	65周岁11个月
1958年	12个月	66周岁
1959年	14个月	65周岁2个月
1960年	16个月	65周岁4个月
1961年	18个月	65周岁6个月
1962年	20个月	65周岁8个月
1963年	22个月	65周岁10个月
1964年	24个月	67周岁

2）法国

法国退休年龄提高的程度相对较小。法国改革前的退休制度规定男女退休年龄为 60 岁，领取全额养老金的退休年龄是 65 岁。2010 年法国通过了退休制度改革法案，将法定退休年龄由 60 岁提高至 62 岁，领取全额养老金年龄延迟至 67 岁。从 2013 年开始，职工法定退休年龄每年都将延长 4 个月，最迟到 2018 年将退休年龄延长至 62 岁，足额退休金领取年龄从 65 岁提高到 67 岁。

3）英国

与美德法等国家不同，英国长期以来实行男女不同年龄退休的制度。延迟退休改革采取先将女性退休年龄提高至与男性相同，再将男女退休年龄同时延迟的方式。2010 年，英国政府公布延长退休年龄计划，从 2010 年 6 月至 2018 年 11 月，将女性退休年龄由 60 岁提高到 65 岁，届时与男性退休年龄持平。2018 年至 2026 年，将所有公民的退休年龄由 65 岁提高到 66 岁；2026 年至 2036 年，提高到 67 岁；2036 年至 2046 年，提高到 68 岁。

2.3　国际渐进式延长退休年龄的举措

2.3.1　退休年龄与领取养老金年龄差异化

养老金领取年龄是决定养老金负担水平的一个基本因素。提高养老金领取年龄会增加在职职工，减少退休人员，增加工作年数，使得制度赡养比率降低。在其他条件不变的情况下会减少养老金负担水平。具体如表 2－6 和图 2－2 所示。

表 2－6　1945 年—2050 年部分国家领取养老金年龄的变化趋势

国家		1949 年	1958 年	1971 年	1983 年	1989 年	1993 年	1999 年	2002 年	2010 年	2020 年	2030 年	2040 年
奥地利	男	65	65	65	65	65	65	65	65	65	65	65	65
	女	65	60	60	60	60	60	60	60	60	63	65	65
比利时	男	60	60	60	60	60	60	60	60	60	60	60	60
	女	55	60	60	60	60	60	60	60	60	60	60	60
丹麦	男	65	65	67	67	67	67	67	67	65	65	65	65
	女	65	60	62	62	62	67	67	67	65	65	65	65

（续表）

国家		1949 年	1958 年	1971 年	1983 年	1989 年	1993 年	1999 年	2002 年	2010 年	2020 年	2030 年	2040 年
法国	男	—	65	65	65	60	60	60	60	60.5	61	61	61
	女	—	65	65	65	60	60	60	60	60.5	61	61	61
德国	男	63	63	63	63	63	63	63	63.5	65	65	65	65
	女	60	60	60	60	60	60	60	60.5	65	65	65	65
希腊	男	55	57	57	57	57	57	57	57	57	60	60	60
	女	55	57	57	57	57	57	57	57	57	60	60	60
意大利	男	60	60	60	55	55	55	55	57	59	61	65	65
	女	55	55	55	55	55	55	55	57	59	61	65	65
日本	男	—	60	65	65	65	65	65	65	65	65	65	65
	女	—	60	60	60	60	61	63	65	65	65	65	65
韩国	男	—	—	—	—	—	60	60	60	60	60	62	64
	女	—	—	—	—	—	60	60	60	60	60	62	64
新西兰	男	65	60	60	60	60	60	61.1	64.1	65	65	65	65
	女	65	60	60	60	60	60	61.1	64.1	65	65	65	65
瑞士	男	—	65	65	65	65	65	65	65	65	65	65	65
	女	—	60	60	60	62	62	62	62	63	64	64	64
土耳其	男	—	—	60	45	45	45	45	44	44.9	48.6	53.1	57.7
	女	—	—	60	45	45	45	45	40	41	45.2	50.4	55.6
英国	男	65	65	65	65	65	65	65	65	65	65	67	68
	女	60	60	60	60	60	60	60	60	60	65	66	67
美国	男	65	65	65	65	65	65	65	65	65	65	67	67
	女	65	65	65	65	65	65	65	65	65	65	67	67

20 世纪 70 年代以来，许多国家为了应对不断上涨的养老金支出，普遍提高了养老金的领取年龄，以此减少支付总额方式，相对降低养老金。自 1961 年起，劳动者可以在 62 岁时开始领取部分养老金。假定达到正常退休年龄时领取的养老金为 1000 美元，则出生越早，在 62 岁退休时领取的养老金越高。1937 年及之前出生的人，正常退休年龄为 65 岁，如果在 62 岁时领取的养老金为 800 美元每月，其养老金下降 20%；1960 年及以后出生的人正常退休年龄为 67 岁，如果 62 岁时开始领取的养老金水平为 700 美元每月，养老金下降 30%（具体如表 2－7 所示）。美

国修订了《社会保障法案》，提出到 2025 年，将职工的正常退休年龄从 65 岁提高到 67 岁。在 2003 开始实施，计划用 22 年的时间来实现目标。

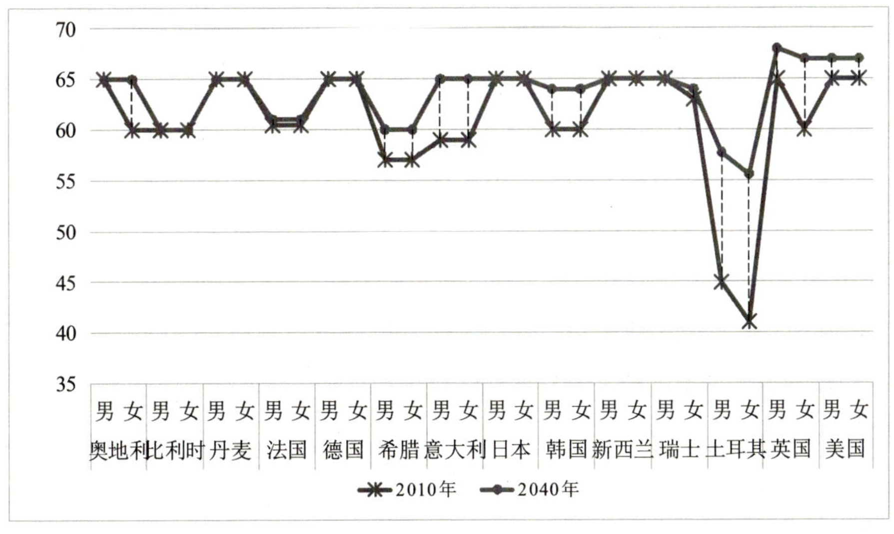

图 2-2　部分国家领取养老金年龄的变化趋势

表 2-7　美国 62 岁领取的养老金水平

出生年份	法定退休年龄	法定退休年龄和62 岁之间的月数	1000 美元的退休金在 62 岁提前退休时的水平(美元)	养老金水平下降比(%)
1937	65 周岁	36	800	20.01
1938	65.2 周岁	38	791	20.83
1939	65.4 周岁	40	783	21.66
1940	65.6 周岁	42	775	22.50
1941	65.8 周岁	44	766	23.33
1942	65.10 周岁	46	758	24.17
1943—1954	66 周岁	48	741	25.00
1956	66.2 周岁	50	733	26.67
1957	66.4 周岁	52	725	27.50
1958	66.6 周岁	54	716	28.33
1959	66.8 周岁	56	708	29.17
1960 年后	67 周岁	58	700	30.01

许多国家建立渐进式退休工作激励机制。在退休年龄上规定最低退休年龄和法定退休年龄,以此作为领取养老金的标准。劳动者在满足规定缴费年限后,可申请在最低退休年龄退休,提前领取退休金,但是养老金给付将被适当扣减。只有达到法定退休年龄,才可以领取全额养老金。例如瑞典的正常退休年龄是65岁,人们可以提前到60岁退休,也可以延后到70岁退休,在65岁退休时领取全额养老金,随着年龄的增加,领到的养老金比例递增。1992年,德国规定每提前一年退休,养老金减发3.6%。爱尔兰规定每提前一年退休,养老金减少4.5%,领取部分养老金并取得收入的人仍需缴费。英国规定超过法定退休年龄仍在工作的劳动者,不缴纳任何养老金缴费,但其雇主需为其缴纳雇主部分的养老金缴费,允许提前退休领取部分养老金。爱尔兰规定每提前一年退休,养老金减少4.5%;瑞典规定65岁以前退休,每提前1个月退休养老金减少0.5%;加拿大规定年龄在60～64岁的退休者,养老金每月减少0.5%。

调整男女退休年龄逐步到相同。绝大多数OECD国家在2050年将实现65岁领取法定养老金的目标,冰岛、挪威、美国三个国家男女将达到67岁,英国为68岁,澳大利亚是70岁。目前OECD30个成员中,男女退休年龄一致占成员国总数的70%。预计到2020年时,匈牙利、斯洛伐克共和国和英国的男女退休年龄将达到一致,2030年时,澳大利亚男女退休年龄将一致,到2050年时,仅有波兰、瑞典和土耳其3个国家男女退休年龄不一致。预计在2010年—2050年40年间,男女退休年龄一致的OECD国家将从70% 提高到90% ,具体如表2-8、图2-3、图2-4所示。

表2-8　部分国家男女退休年龄与领取养老金年龄变化

	男		女	
国家	实际退休年龄	法定领取养老金年龄	实际退休年龄	法定领取养老金年龄
芬兰	61.8	65	62	65
法国	60	62(全额65)	59.5	60(全额65)
意大利	60.8	65	60.8	60
奥地利	58.9	65	57.9	60
比利时	59.6	65	58.3	65
卢森堡	59.2	65	60.3	65

（续表）

	男		女	
墨西哥	71.5	65	70.1	65
国家	实际退休年龄	法定领取养老金年龄	实际退休年龄	法定领取养老金年龄
韩国	71.4	60(65/2033)	66.7	60(65/2033)
日本	69.3	64(65/2025)	66.7	62(65/2030)
冰岛	68.2	67	65.7	67
智利	68.1	65	68.1	68
以色列	67.7	67	64.1	62
瑞典	66.3	65	64.4	65
葡萄牙	66.2	65	65.1	65
新西兰	65.9	65	65.7	65
瑞士	65.5	65	64.1	64
澳大利亚	65.2	67(70/2035)	62.9	64(70/2035)
挪威	64.2	67	64.3	67
加拿大	63.8	65	62.5	65
英国	63.6	65(68/2040)	62.3	60(68/2040)
荷兰	65.6	68	62.0	65(70)
丹麦	63.5	65	61.4	65
土耳其	63.5	60	70.4	58
爱尔兰	63.3	66	63.5	66
西班牙	62.3	65	63.4	65
德国	61.9	65(67/2030)	61.4	65(67/2030)
希腊	61.8	65	59.9	62

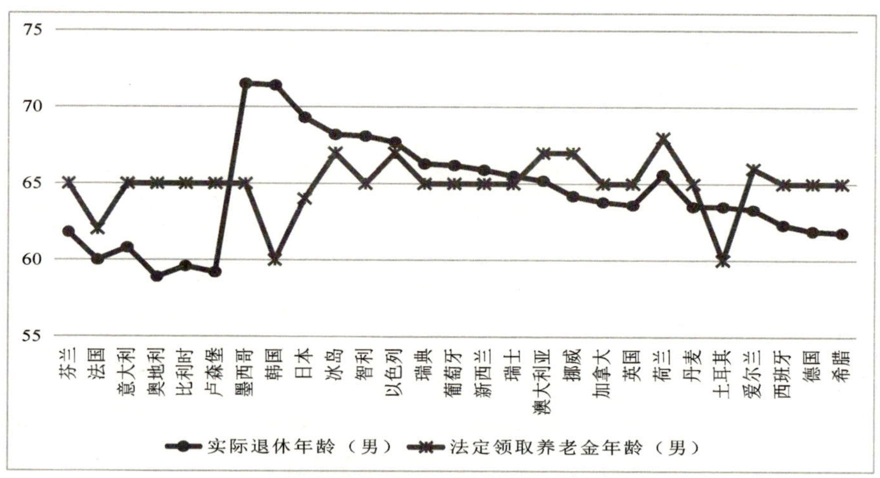

图 2-3　男性退休年龄与领取养老金年龄变化

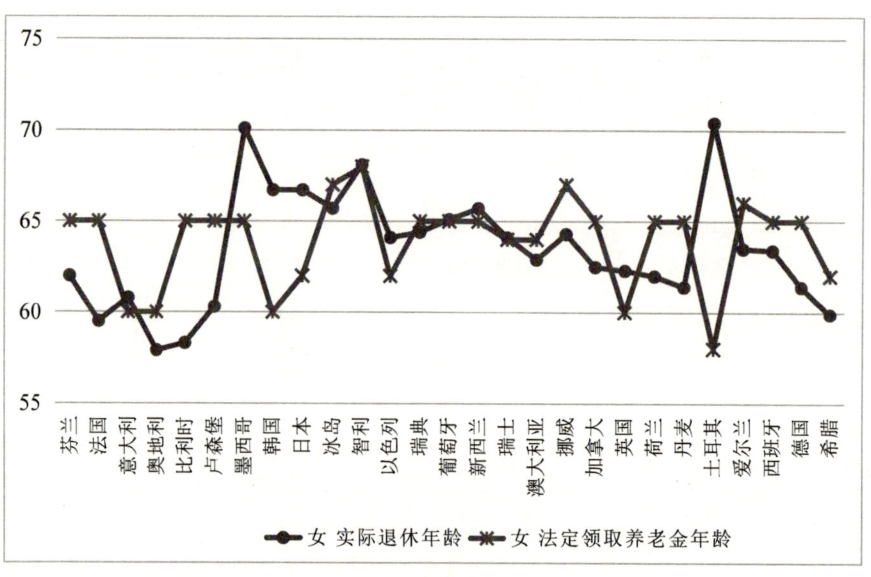

图 2-4　女性退休年龄与领取养老金年龄变化

2.3.2　"渐进式"为延迟退休的普遍方式

国外实行延迟退休年龄政策的国家，普遍采用了渐进式的方式来完成推迟退休年龄的目标。以渐进式的方式延迟退休年龄都是基于平稳过渡、减少社会不稳定因素的需要，当然渐进式的形式更多是出于对当时劳动力供求和老龄化程度等社会发展因素的综合考虑，同时也给了劳动者一定的心理接受过程。

2.3.3　男女退休年龄差异较小或趋于统一

当前世界上大多数国家男女退休年龄基本相同或者差异较小，就是在当前男女不同龄退休的一些国家，未来制定渐进式延迟退休年龄制度也趋于使男女退休年龄同步，这主要基于男女平等原则的要求。在一些国家，如果男女不实行同龄退休将被视为有年龄歧视，男女不同龄退休被认为是不平等的表现，有的国家专门设定平等机会委员会，将由该委员会调整。还有的国家法律规定要求女性较男性提前退休是违反宪法的，一些法院还审理了男女不同龄退休的性别歧视案。男女同龄退休既是世界上多数国家选择，更是未来退休制度发展的必然趋势。

2.4　国际渐进式延迟退休年龄政策设计对我国的启示

2.4.1　发达国家延迟退休改革措施特点

如表 2-9 所示，同为发达国家的美国和日本相比，退休年龄为 65 岁，且男女同岁。相比于我国，国外平均退休年龄较高，且没有我国不同人群的碎片化退休年龄，便于管理和社会公平。

表 2-9　发达国家代表与我国当前退休年龄对比

国家	退休年龄		优势	劣势	机会	风险
	男	女				
美国	65	65	男女退休年龄相同，养老金积累多	工作时间长，老年生活较短	养老金支付压力相对较小	退休年龄延长空间较小
日本	65	65	男女退休年龄相同，养老金积累多	工作时间太长，晚年生活较短	养老金支付压力较小	退休年龄延长空间小
中国	60	50/55	考虑男女差异，女干部女职工差异	工作时间太短，养老金积累少	退休年龄延长空间大	养老金支付压力大

2.4.2 国外渐进式延迟退休年龄政策对我国的启示

1）注重渐进式调整幅度和男女平等

发达国家退休年龄平均比我国高 3～5 岁，且男女趋向于同岁。随着我国公民受教育程度的提高，延长退休年龄，退休年龄男女平等、男女同岁将成为我国延迟退休年龄的方向。此外，国外典型国家在延迟退休年龄时均考虑了国民的接受程度和经济社会的适应情况，都安排了一个政策宣传期和心理准备期，然后再渐进式地延迟退休，一年延退几个月，缓慢调整到预期目标。这些是值得我国借鉴的。

2）在研究渐进式延迟退休方案时，设计延迟退休激励机制

美国法定退休年龄改革和延迟正常退休年龄实践经验已经表明，社会养老保险制度中存在的退休激励因素直接影响到老年劳动力的退休决策。因此，美国在延迟正常退休年龄时，对社会养老保险制度中存在的就业负激励因素进行改革，通过降低退休收入核查制度的影响，同时提供延迟退休补助等方式，使得延迟领取养老金是一个精算平衡的选择，由此美国老年劳动力市场参与率逐渐提高。

我国在探讨渐进式延迟退休方案的同时，如何在社会养老保险制度设计中增加延迟退休的激励机制，关系到延迟退休改革能否发挥实效。

3）完善渐进式延迟退休年龄改革的配套措施

美国在实行渐进延迟正常退休年龄的改革方法，根据劳动者出生年份的不同，确定不同的正常退休年龄。此外对提前退休及延迟退休的养老金水平进行调整，养老金水平随着出生年份以及领取养老金年龄不同而不同。如此精细的退休年龄改革使得养老保险制度对普通劳动者而言极为复杂。由此，美国社会保障总署推出了养老金通知单。养老金通知单包括个人的工薪税缴纳记录、各年的收入记录、最早领取养老金的年龄、不同领取年龄的养老金水平等。2012 年 5 月 1 日起美国开通了养老金通知单网上查询系统，社会保险参保者可以通过网上系统查询自己的养老金水平。在我国延迟退休制度逐步细化的过程中，让社会养老保险参保者及时了解养老金水平的变化，提高其对养老保险制度的认知度，有助于延迟退休改革的顺利实施。

本章小结

本章首先梳理了发达国家推出延迟退休年龄的时代背景，发现发达国家是在

经济增长水平放缓、人口老龄化趋势愈益严重、人口赡养比持续增加、养老保障支出使财政不堪重负的背景下推出延迟退休年龄政策的，这给我国推出退休年龄的时机提供了一定的参考。接着本章梳理了北美、东亚、欧洲主要发达国家延迟退休年龄的政策和推出过程，发现他们在实施过程中注重退休年龄与领取养老金年龄差异化，“渐进式”为延迟退休的普遍方式，男女退休年龄差异较小或趋于统一。本章最后给出国际主要发达国家延迟退休年龄政策对我国的启示，即：注重渐进式调整幅度和男女平等；在研究渐进式延迟退休方案时，设计延迟退休激励机制；实施渐进式延迟退休政策要完善其配套措施，两者要互为补充，互为支撑才能推行顺利。

第 3 章

渐进式延迟退休年龄对劳动力供给的影响

劳动力供给是经济增长的重要组成部分，是能够投入到劳动中的人口数量。延迟退休年龄对劳动力供给有直接的影响，是立竿见影的，选定合适的预测方法能较好地进行量化分析研究。经济增长的影响因素很多，通过研究渐进式延迟退休年龄对劳动力供给的影响来研究其对经济影响是一种好的思路，因此本章聚焦于渐进式延迟退休年龄对劳动力供给的影响研究。

3.1　劳动力供给预测的方法与参数设定

劳动力供给的预测方法很多，本报告采用被称为“公共政策实验室”的系统动力学的研究方法来进行预测。现对总人口数量进行预测，然后根据劳动力在总人口的比重设定，预测劳动力供给。

3.1.1　人口预测的理论基础

影响人口变动的因素有人口的出生、死亡和迁移，在已知期初人口数和期内人口出生数、死亡数和迁移数时，可以利用人口平衡方程预测期末人口数。

$P_{t+1,x+1} = P_{t,x} - D_{t,x} + I_{t,x} - E_{t,x}$

其中，$P_{t+1,x+1}$ —$t+1$ 年初 $x+1$ 岁的人口数；

$P_{t,x}$ —t 年初 x 岁的人口数；

$D_{t,x}$ —t 年内 x 岁的死亡人数；

$I_{t,x}$ —t 年内 x 岁的迁入人数；

$E_{t,x}$ —t 年内 x 岁的迁出人数。

0 岁人口数通过预测出生人口数得到，以 B_{t-1} 表示 $t-1$ 年内出生人数，P_B 表示年内存活到 T 年初的婴儿存活率，有

$$P_{t,0} = B_{t-1} P_B$$

运用上述平衡方程预测人口，需要首先预测人口的出生数和分年龄死亡人口数，在不考虑国际迁移时，全国人口的变化只受死亡率和出生率的影响。

已知预测期人口寿命 $e(0)$，预测期末精算假设的人口寿命 $e(n)$ 下，可以根据人口寿命的变动规律，依据一定的递推公式计算出预测期内各年的人口余寿 $e(t)$，由于

$$e(t) = \int_0^{\infty} s p_{t,x} \mathrm{d}s \approx \sum_{k=0}^{\infty} k+1 p_{t,x}$$

其中，sp_t —x 为 t 年 x 岁存活 s 岁的概率 $s \geqslant 0$；

$k+1p_{t,x}$ —x 为 t 年 x 岁存活 $k+1$ 年的概率，$k=0,1,2\cdots$

根据人口的分年龄死亡模式，可以估计出 t 年的存活概率。根据生命表可以预测未来年份的年龄存活概率。各年龄段死亡率和生命表如图 3－1 和图 3－2 所示。

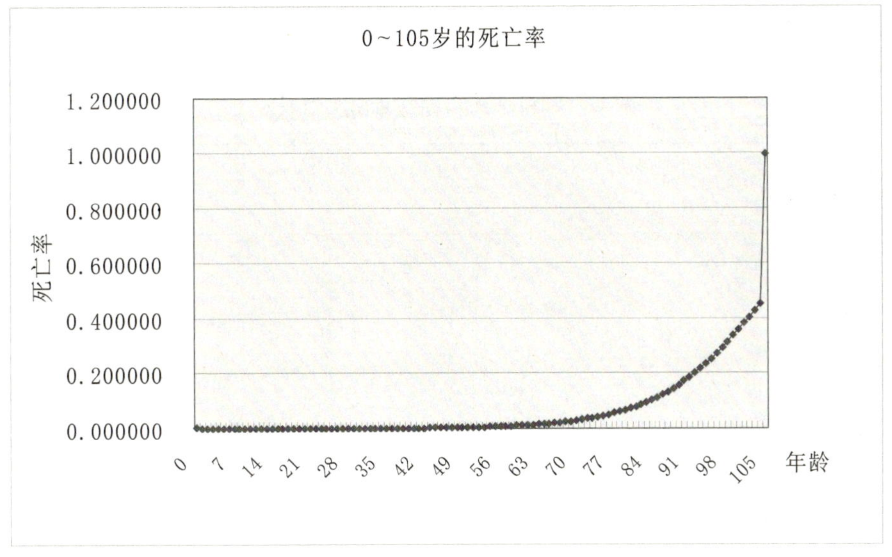

图 3－1　各年龄段人口死亡率

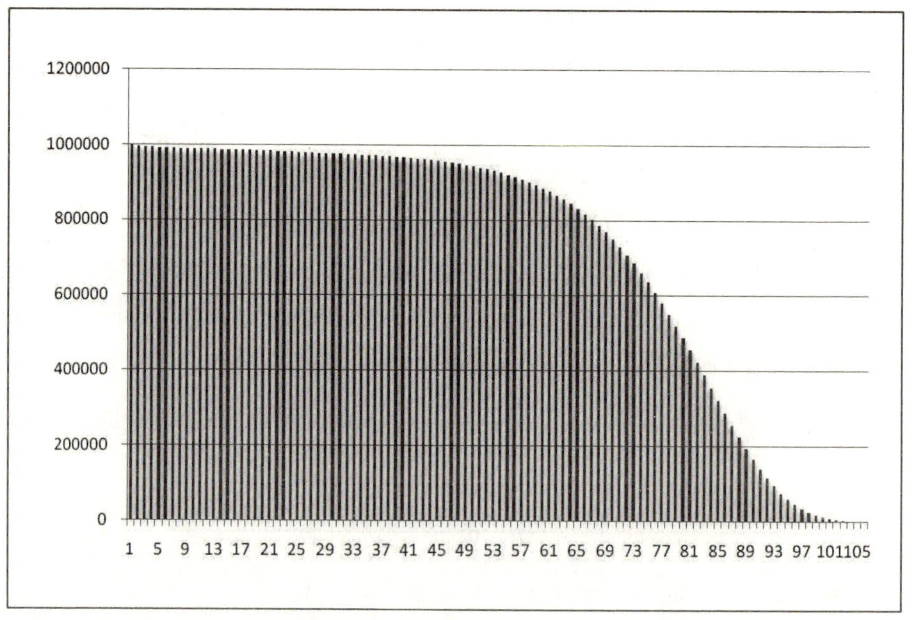

图 3-2 生命表

3.1.2 基于系统动力学的人口预测

1）人口数据

根据我国人口普查的资料为依据，确定各相关参数和各年龄段人口的初始值，2015 年我国大陆 31 个省、自治区、直辖市的人口状况如表 3-1 所示。

表 3-1 2015 年中国分年龄人口状况

年龄	平均人口(人)			死亡人口(人)		死亡率(‰)	
	合计	男	女	男	女	男	女
总计	1 124 402	576 011	548 391	4 293 783	3 128 207	6.30	4.82
0～4 岁	63 990	34 484	29 506	55 145	44 663	1.31	1.27
5～9 岁	63 132	34 326	28 807	13 621	7 562	0.36	0.23
10～14 岁	58 287	31 616	26 671	15 243	7 845	0.37	0.22
15～19 岁	64 719	34 584	30 136	28 088	12 381	0.52	0.25
20～24 岁	90 785	46 891	43 894	43 738	18 814	0.70	0.30

（续表）

年龄	平均人口（人）			死亡人口（人）		死亡率（‰）	
	合计	男	女	男	女	男	女
25～29 岁	98 845	49 801	49 044	42 497	18 164	0.84	0.37
30～34 岁	82 546	41 777	40 768	55 804	24 156	1.11	0.50
35～39 岁	81 792	41 761	40 032	98 382	42 149	1.59	0.71
40～44 岁	101 959	52 086	49 873	149 111	67 242	2.37	1.11
45～49 岁	99 249	50 455	48 795	179 446	83 085	3.50	1.68
50～54 岁	77 909	39 470	38 439	226 888	110 509	5.48	2.81
55～59 岁	66 409	33 781	32 628	324 817	169 522	8.04	4.29
60～64 岁	61 608	28 960 290	27 909 051	377 069	209 091	13.02	7.49
65～69 岁	41 709	20 573	21 137	435 007	260 655	21.26	13.06
70～74 岁	29 133	14 528	14 606	599 394	400 259	37.02	24.36
75～79 岁	21 330	10 179	11 151	657 140	505 554	59.13	40.89
80～84 岁	13 289	5 987	7 302	553 704	528 000	98.56	73.98
85～89 岁	5 604	2 244	3 360	306 678	379 784	146.53	115.29
90～94 岁	1 757	581	1 175	104 048	175 521	211.66	180.24
95～99 岁	347	106	241	23 292	51 437	212.07	219.46
100 岁及以上	36 283	9 208	27 075	4 671	11 814	507.28	436.34

2）性别比

根据我国人口普查数据显示，我国新生婴儿，男性与女性的平均性别比为 105∶100，且有上涨趋势。

3）政策系数

政策系数是一个参数，2015 年 10 月 29 日党的十八届五中全会允许实行普遍二孩政策，政策规定一对夫妇可生育两个孩子政策。但考虑有些家庭由于经济和抚养压力大等因素不愿生二孩，可能选择仍然只生育一个孩子或者不生孩子，因此，本报告中设定政策系数为 1.5。

4）出生速率

$$男性出生速率 = “男性 15 \sim 64” \times 出生率 \times \frac{性别比}{100 + 性别比} \times 政策系数$$

$$女性出生速率 = “女性 15 \sim 64” \times 出生率 \times \frac{性别比}{100 + 性别比} \times 政策系数$$

5）妇女生育时间

分别求出适合生育年龄的妇女所生的人口数量，加总得到最终新增人口。将从国家统计局选取的数据，得出表 3－2。

表 3－2　适合生育年龄妇女的生育率

年龄	15	16	17	18	19	20	21
概率	0.0003	0.0008	0.0030	0.0074	0.0176	0.0452	0.0836
年龄	22	23	24	25	26	27	28
概率	0.1074	0.1226	0.1264	0.1181	0.1103	0.0978	0.0873
年龄	29	30	31	32	33	34	35
概率	0.0761	0.0643	0.0563	0.0463	0.0374	0.0307	0.0229
年龄	36	37	38	39	40	41	42
概率	0.0186	0.0150	0.0119	0.0089	0.0071	0.0057	0.0040
年龄	43	44	45	46	47	48	49
概率	0.0037	0.0032	0.0029	0.0028	0.0027	0.0025	0.0027

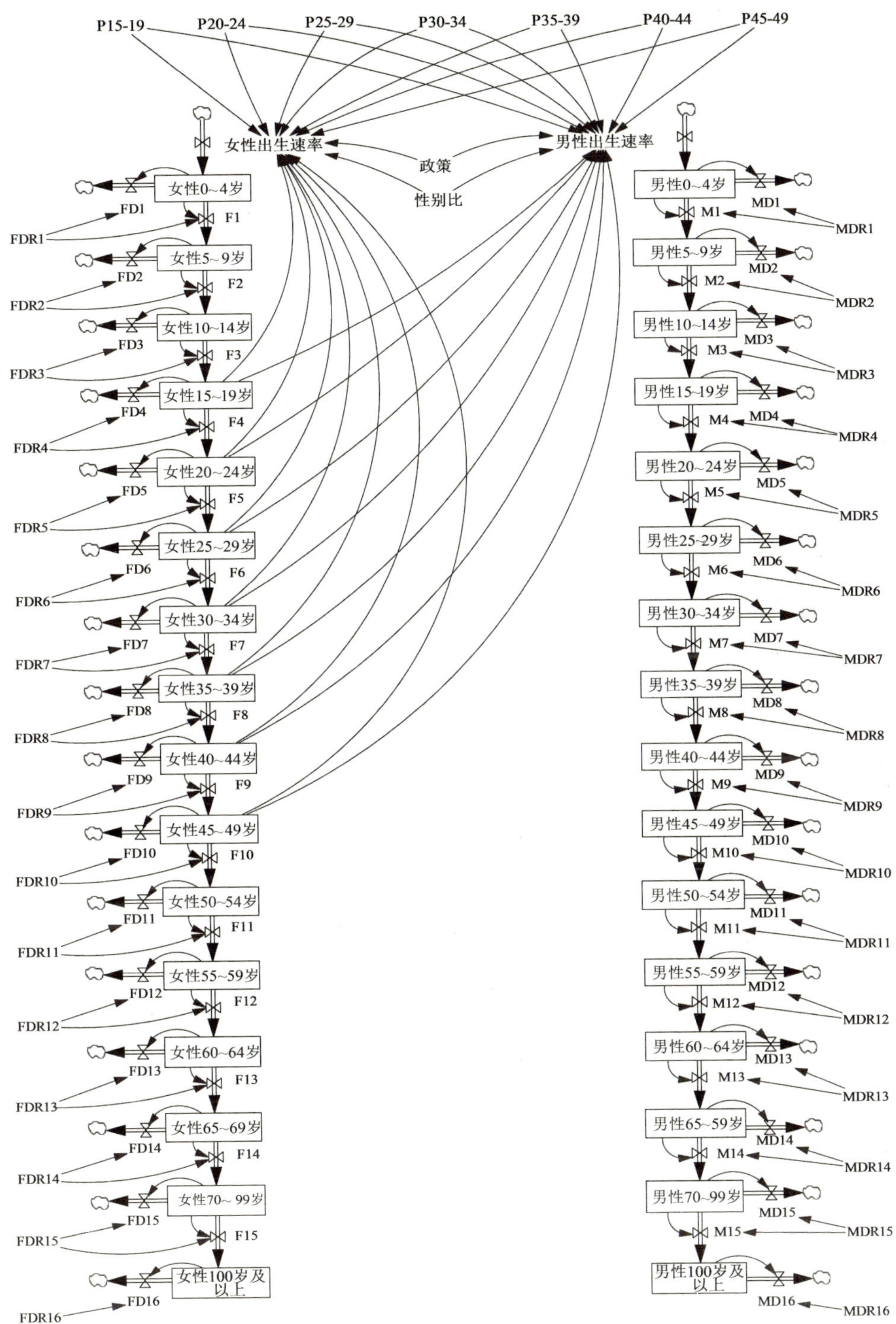

图 3－3　人口预测系统模型

公式说明：

(001)女性出生速率=(“女性 15～19 岁”×“P15-19”+“女性 20～24 岁”×“P20-24”+“女性 25～29 岁”×“P25-29”+“女性 30～34 岁”×“P30-34”+“女性 35～39 岁”×“P35-39”+“女性 40～44 岁”×“P40-44”+“女性 45～49 岁”×“P45-49”)/5×[100/(100+性别比)]F5-F6-FD6×政策系数

(002)“女性 0～4 岁”=INTEG(女性出生速率-F1-FD1)

(003)“女性 5～9 岁”=INTEG(F1-F2-FD2)

(004)“女性 10～14 岁”=INTEG(F2-F3-FD3)

(005)“女性 15～19 岁”=INTEG(F3-F4-FD4)

(006)“女性 20～24 岁”=INTEG(F4-F5-FD5)

(007)“女性 25～29 岁”=INTEG(F5-F6-FD6)

(008)“女性 30～34 岁”=INTEG(F6-F7-FD7)

(009)“女性 35～39 岁”=INTEG(F7-F8-FD8)

(010)“女性 40～44 岁”=INTEG(F8-F9-FD9)

(011)“女性 45～49 岁”=INTEG(F9-F10-FD10)

(012)“女性 50～54 岁”=INTEG(F10-F11-FD11)

(013)“女性 55～59 岁”=INTEG(F11-F12-FD12)

(014)“女性 60～64 岁”=INTEG(F12-F13-FD13)

(017)“女性 65～69 岁”=INTEG(F13-F14-FD14)

(018)“女性 70～99 岁”=INTEG(F14-F15-FD15)

(019)“女性 100 岁及其以上”=INTEG(F15-F16-FD16)

(020)男性出生速率=(“男性 15～19 岁”×“P15-19”+“男性 20～24 岁”×“P20-24”+“男性 25～29 岁”×“P25-29”+“男性 30-34”×“P30-34”+“男性 35～39 岁”×“P35-39”+“男性 40～44 岁”×“P40-44”+“男性 45～49 岁”×“P45-49”)/5×[性别比/(100+性别比)]×政策系数

(021)“男性 0～4 岁”=INTEG(男性出生速率-M1-MD1)

(022)“男性 5～9 岁”=INTEG(M1-M2-MD2)

(023)“男性 10～14 岁”=INTEG(M2-M3-MD3)

(024)“男性 15～19 岁”=INTEG(M3-M4-MD4)

(025)“男性 20～24 岁”=INTEG(M4-M5-MD5)

(026)“男性 25～29 岁”＝INTEG(M5－M6－MD6)

(027)“男性 30～34 岁”＝INTEG(M6－M7－MD7)

(028)“男性 35～39 岁”＝INTEG(M7－M8－MD8)

(029)“男性 40～44 岁”＝INTEG(M8－M9－MD9)

(030)“男性 45～49 岁”＝INTEG(M9－M10－MD10)

(031)“男性 50～54 岁”＝INTEG(M10－M11－MD11)

(032)“男性 55～59 岁”＝INTEG(M11－M12－MD12)

(033)“男性 60～64 岁”＝INTEG(M12－M13－MD13)

(034)“男性 65～69 岁”＝INTEG(M13－M14－MD14)

(035)“男性 70～99 岁”＝INTEG(M14－M15－MD15)

(036)“男性 100 岁及其以上”＝INTEG(M15－M16－MD16)

(037)F1＝“女性 0～4 岁”/5×(1－FDR1/1000)

(038)F2＝“女性 5～9 岁”/5×(1－FDR2/1000)

(039)F3＝“女性 10～14 岁”/5×(1－FDR3/1000)

(040)F4＝“女性 15～19 岁”/5×(1－FDR4/1000)

(041)F5＝“女性 20～24 岁”/5×(1－FDR5/1000)

(042)F6＝“女性 25～29 岁”/5×(1－FDR6/1000)

(043)F7＝“女性 30～34 岁”/5×(1－FDR7/1000)

(044)F8＝“女性 35～39 岁”/5×(1－FDR8/1000)

(045)F9＝“女性 40～44 岁”/5×(1－FDR9/1000)

(046)F10＝“女性 45～49 岁”/5×(1－FDR10/1000)

(047)F11＝“女性 50～54 岁”/5×(1－FDR11/1000)

(048)F12＝“女性 55～59 岁”/5×(1－FDR12/1000)

(049)F13＝“女性 60～64 岁”/5×(1－FDR13/1000)

(050)F14＝“女性 65～69 岁”/5×(1－FDR14/1000)

(051)F15＝“女性 70～99 岁”/30×(1－FDR15/1000)

(052)F16＝“女性 100 岁及其以上”/5×(1－FDR16/1000)

(053)FD1＝“女性 0～4 岁”/5×(FDR1/1000)

(038)FD2＝“女性 5～9 岁”/5×(FDR2/1000)

(039)FD3＝“女性 10～14 岁”/5×(FDR3/1000)

(040)FD4＝“女性 15～19 岁”/5×(FDR4/1000)

(041)FD5="女性 20～24 岁"/5×(FDR5/1000)

(042)FD6="女性 25～29 岁"/5×(FDR6/1000)

(043)FD7="女性 30～34 岁"/5×(FDR7/1000)

(044)FD8="女性 35～39 岁"/5×(FDR8/1000)

(045)FD9="女性 40～44 岁"/5×(FDR9/1000)

(046)FD10="女性 45～49 岁"/5×(FDR10/1000)

(047)FD11="女性 50～54 岁"/5×(FDR11/1000)

(048)FD12="女性 55～59 岁"/5×(FDR12/1000)

(049)FD13="女性 60～64 岁"/5×(FDR13/1000)

(050)FD14="女性 65～69 岁"/5×(FDR14/1000)

(051)FD15="女性 70～99 岁"/30×(FDR15/1000)

(052)FD16="女性 100 岁及其以上"/5×(FDR16/1000)

(053)M1="男性 0～4 岁"/5×(1－MDR1/1000)

(054)M2="男性 5～9 岁"/5×(1－MDR2/1000)

(055)M3="男性 10～14 岁"/5×(1－MDR3/1000)

(056)M4="男性 15～19 岁"/5×(1－MDR4/1000)

(057)M5="男性 20～24 岁"/5×(1－MDR5/1000)

(058)M6="男性 25～29 岁"/5×(1－MDR6/1000)

(059)M7="男性 30～34 岁"/5×(1－MDR7/1000)

(060)M8="男性 35～39 岁"/5×(1－MDR8/1000)

(061)M9="男性 40～44 岁"/5×(1－MDR9/1000)

(062)M10="男性 45～49 岁"/5×(1－MDR10/1000)

(063)M11="男性 50～54 岁"/5×(1－MDR11/1000)

(064)M12="男性 55～59 岁"/5×(1－MDR12/1000)

(065)M13="男性 60～64 岁"/5×(1－MDR13/1000)

(066)M14="男性 65～69 岁"/5×(1－MDR14/1000)

(067)M15="男性 70～99 岁"/30×(1－MDR15/1000)

(068)M16="男性 100 岁及其以上"/5×(1－MDR16/1000)

(069)0－4MD1="女性 0～4 岁"/5×(MDR1/1000)

(070)MD2="男性 5～9 岁"/5×(MDR2/1000)

(071)MD3="男性 10～14 岁"/5×(MDR3/1000)

(072)MD4＝“男性 15～19 岁”/5×(MDR4/1000)

(073)MD5＝“男性 20～24 岁”/5×(MDR5/1000)

(074)MD6＝“男性 25～29 岁”/5×(MDR6/1000)

(075)MD7＝“男性 30～34 岁”/5×(MDR7/1000)

(076)MD8＝“男性 35～39 岁”/5×(MDR8/1000)

(077)MD9＝“男性 40～44 岁”/5×(MDR9/1000)

(078)MD10＝“男性 45～49 岁”/5×(MDR10/1000)

(079)MD11＝“男性 50～54 岁”/5×(MDR11/1000)

(080)MD12＝“男性 55～59 岁”/5×(MDR12/1000)

(081)MD13＝“男性 60～64 岁”/5×(MDR13/1000)

(082)MD14＝“男性 65～69 岁”/5×(MDR14/1000)

(083)MD15＝“男性 70～99 岁”/30×(MDR15/1000)

(084)MD16＝“男性 100 岁及其以上”/5×(MDR16/1000)

根据以上数据，利用系统动力学对我国人口结构进行模拟与仿真，在没有延迟退休年龄政策的情况下得出结果如表 3－3 所示。

表 3－3　人口仿真结果

年份	2012	2014	2016	2018	2020	2022	2024
0～14 岁(万人)	23 401	23 929	24 550	24 989	2 5001	24 941	24 847
15～64 岁(万人)	98 011	96 907	95 347	94 382	93 471	92 599	91 754
64 岁以上(万人)	12 273	12 699	12 982	13 156	13 253	13 291	13 301
年份	2026	2028	2030	2032	2034	2036	2038
0～14 岁(万人)	24 697	24 524	24 304	24 143	23 843	23 641	23 519
15～64 岁(万人)	90 928	90 118	89 322	88 535	87 757	86 987	86 225
64 岁以上(万人)	13 265	13 214	13 147	13 069	12 981	12 878	12 791
年份	2040	2042	2044	2046	2050	2055	2060
0～14 岁(万人)	23 306	23 124	22 833	22 698	22 339	21 354	21 276
15～64 岁(万人)	85 470	84 722	83 981	83 246	81 802	80 121	78 762
64 岁以上(万人)	12 690	12 588	12 484	12 380	12 171	11 910	11 659

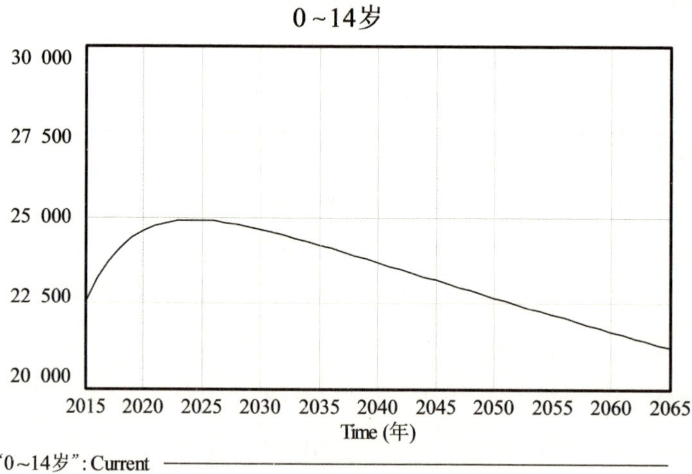

图 3-4　0～14 岁人口变化情况

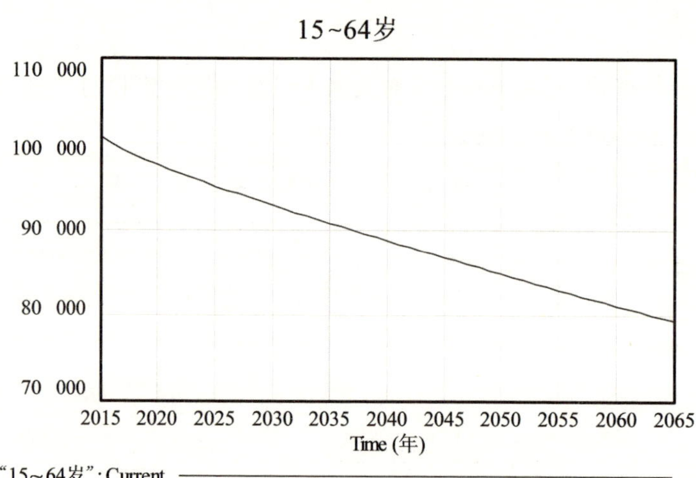

图 3-5　15～64 岁人口变化情况

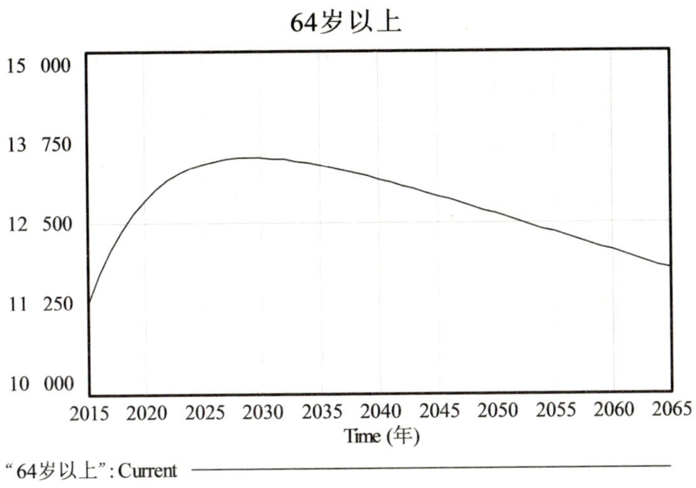

图3-6　64岁以上人口变化情况

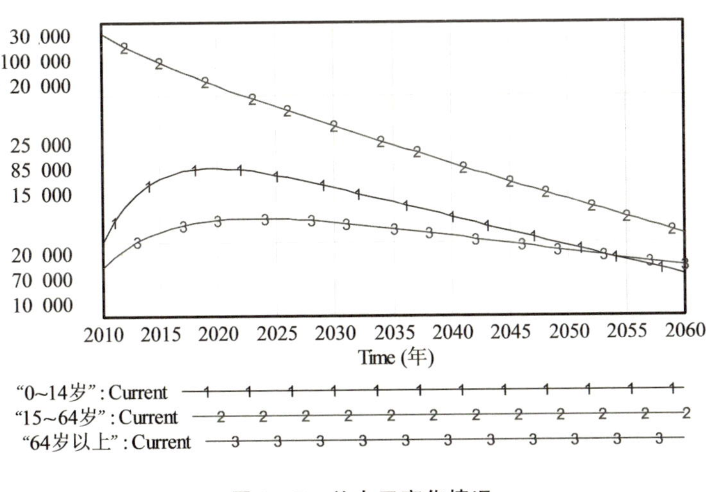

图3-7　总人口变化情况

3.2　渐进式延长退休年龄政策对劳动力供给的影响

未来几年，在我国实施渐进式延长退休年龄政策已经基本确定。但具体如何实施，调整到多少岁，每年延迟几个月，不同人群是否差异化对待，学术界和政府决策咨询部门有很大争议。在这种背景下，本报告根据人社部相关领导的发言内容，初步假定我国将在2017年推出渐进式延迟政策征求意见稿，经过讨论完善后，在2022年开始实施。本章初步假定我国退休年龄最终延迟到65岁，分性别、分每年延迟1个月、2个月、3个月、4个月、6个月以及12个月等多种情况对我国延迟退休年龄后的人口结构变化进行仿真，进而发现渐进式延迟退休年龄对我国劳动力供给的影响，为我国渐进式延迟退休年龄方案的制定提供指导性建议和意见。

3.2.1 目前我国人口结构状况

经过对我国统计年鉴的数据进行处理，当前我国不同年龄段在人口总数中的分布情况如表3-4所示。

表3-4 中国部分年份不同年龄段年龄人口结构

年龄(岁)	该年龄组人口在总人口中所占的比重(%)						
	1982年	1990年	1995年	2000年	2005年	2010年	2015年
15～19	12.49	10.67	7.71	7.99	9.13	7.75	6.82
20～24	7.41	10.95	10.00	7.33	7.69	8.82	7.53
25～29	9.22	8.55	10.24	9.48	7.03	7.41	8.55
30～34	7.27	7.43	7.99	9.71	9.10	6.77	7.17
35～39	5.4	7.62	6.93	7.57	9.32	8.78	6.55
40～44	4.82	5.51	7.10	6.55	7.25	8.97	8.49
45～49	4.72	4.25	5.10	6.67	6.24	6.95	8.65
50～54	4.07	3.95	3.90	4.75	6.31	5.97	6.65
55～59	3.38	3.61	3.56	3.58	4.43	5.93	5.62
60～65	2.73	2.93	3.17	3.18	3.26	4.07	5.49
总和	61.51	65.47	65.70	66.81	69.76	71.39	71.52

资料来源：中国统计年鉴整理

从表3-4可以看出，15～19岁年龄段的人口占比总体上呈下降趋势，到2015年达到最低状态；从15～64岁年龄段人口的占比总体呈现递增的状态，到2015年达到最高值71.52%，但增速还是放缓。

3.2.2 假设说明

这里我们要做几点说明：首先我们把65岁设定为延迟退休的最终目标，但

15～65岁一定是我国当前的劳动人口年龄段吗？在农村可以这样粗略地认为，但我国目前城市实际平均退休年龄只有 54 岁，要把城市和农村统一考虑起来，才能找到一个比较准确的判断。要想做这样一个测算，必须知道农村人口和城市人口数量比值。2015 年我国城镇化率达到 56.1%，本报告认为在城市常住劳动人口和农村常住劳动人口的比值为 56.1∶43.9。其次，由于我国已经出台了每个家庭可以两个孩子的计划生育政策，这里我们假定每个家庭都生育两个孩子。最后，假定男女性别比例为：105∶100，根据我们课题组万人抽样统计结果女工人和女职工的比例为 3∶1。必须要说明，或许这些假定有一定的误差，但我们主要目标是做趋势的分析和研判，这些误差应该不会影响我们对劳动力供给趋势的研究。

3.2.3　不同渐进式延迟退休年龄方案的我国劳动力人口占总人口比重

根据以上假设以及本报告设定的多种渐进式延迟退休方案可以对劳动力人口占总人口的比重进行预测（计算过程略）。表 3－5 是不考虑人群差异的劳动年龄段劳动人口占总人口比重预测，表 3－5 中单元格中第一行是不同劳动年龄段劳动人口占总人口比重，第二行括号内是劳动年龄段的选取，具体结果如表 3－5 所示。

表 3－5　不同延退调幅下劳动人口占总人口比重（%）

延迟调幅 延退进度	2 个月	3 个月	4 个月	6 个月	12 个月
2022 年	60.17 （15～60 岁 2 个月）	60.25 （15～60 岁 3 个月）	60.33 （15～60 岁 4 个月）	60.48 （15～60.6 岁）	60.89 （15～61 岁）
2023 年	60.51 （15～60 岁 4 个月）	60.83 （15～60.5 岁）	61.34 （15～60 岁 8 个月）	62.10 （15～61 岁）	62.96 （15～62 岁）
2024 年	60.93 （15～60.5）	61.12 （15～60 岁 9 个月）	61.91 （15～61 岁）	63.14 （15～61.5 岁）	64.83 （15～63 岁）
2024 年	61.34 （15～60 岁 8 个月）	61.75 （15～61 岁）	62.45 （15～61 岁 4 个月）	64.26 （15～62 岁）	66.98 （15～64 岁）
2025 年	61.59 （15～60 岁 10 个月）	62.07 （15～61 岁 3 个月）	62.97 （15～61 岁 8 个月）	65.17 （15～62.5 岁）	68.15 （15～65 岁）
2026 年	61.90 （15～61 岁）	62.71 （15～61.5 岁）	63.51 （15～62 岁）	66.11 （15～63 岁）	/

（续表）

延迟调幅 延退进度	2个月	3个月	4个月	6个月	12个月
2027年	62.26 （15～61岁2个月）	63.05 （15～61岁9个月）	65.04 （15～62岁4个月）	67.18 （15～63.5岁）	/
2028年	62.66 （15～61岁4个月）	63.56 （15～62岁）	64.24 （15～62岁8个月）	68.09 （15～64岁）	/
2029年	62.99 （15～61.5岁）	63.98 （15～62岁3个月）	65.13 （15～63岁）	68.95 （15～64.5岁）	/
2030年	63.24 （15～61岁8个月）	64.45 （15～62.5岁）	65.78 （15～63岁4个月）	69.80 （15～65岁）	/
2031年	63.55 （15～61岁10个月）	64.83 （15～62岁9个月）	66.65 （15～63岁4个月）	/	/
2032年	63.80 （15～62岁）	65.25 （15～63岁）	67.28 （15～64岁）	/	/
2033年	64.11 （15～62岁2个月）	65.68 （15～63岁3个月）	67.86 （15～64岁4个月）	/	/
2034年	64.43 （15～62岁4个月）	66.21 （15～63.5岁）	68.25 （15～64岁8个月）	/	/
2035年	64.81 （15～62.5岁）	66.65 （15～63岁9个月）	68.99 （15～65岁）	/	/
2036年	65.09 （15～62岁8个月）	67.04 （15～64岁）	/	/	/
2037年	65.56 （15～62岁10个月）	67.27 （15～63岁3个月）	/	/	/
2038年	65.87 （15～63岁）	67.76 （15～63.5岁）	/	/	/
2039年	65.04 （15～63岁2个月）	68.21 （15～63岁9个月）	/	/	/
2040年	65.41 （15～63岁4个月）	68.55 （15～64岁）	/	/	/

（续表）

延迟调幅 延退进度	2个月	3个月	4个月	6个月	12个月
2041年	65.69 （15～63.5岁）	68.55 （15～64岁3个月）	/	/	/
2042年	65.96 （15～63岁8个月）	68.55 （15～64岁6个月）	/	/	/
2043年	66.23 （15～63岁10个月）	68.55 （15～64岁9个月）	/	/	/
2044年	66.46 （15～64岁）	68.57 （15～65岁）	/	/	/
2045年	66.73 （15～64岁2个月）	/	/	/	/
2046年	67.13 （15～64岁4个月）	/	/	/	/
2047年	67.32 （15～64.5岁）	/	/	/	/
2048年	67.77 （15～64岁8个月）	/	/	/	/
2049年	67.99 （15～64岁10个月）	/	/	/	/
2050年	68.83 （15～65岁）	/	/	/	/

从表3－5中的预测我们可以看出实行不同的延迟退休年龄调幅，不仅最终达到65岁的时间不一样，同样的每年按照不同的调幅调节之后，劳动力市场上的劳动人口占比也不尽相同；不同的延迟调幅，所得到的延迟效果也不尽相同。每年延迟2个月，男性职工要到2050年才能够达到65岁的退休年龄（女性则需要更长的时间，下同），时间跨度比较大，市场上劳动人口占比也会出现小幅度的变化，总体上呈现逐渐递增的趋势；每年延长4个月，男性职工需要到2035年才能达到65岁的退休年龄，时间跨度适中，市场上劳动人口占比不会出现太大的变化，总体上呈现逐渐递增的趋势；每年延长12个月，男性劳动者只需要5年即可达到65岁的退

休年龄，时间跨度小，但是市场上劳动人口占比出现了很大的变化，总体上也呈现逐渐递增的趋势。不同的延迟退休调整方案会对劳动力供给产生不同的影响，调整幅度越大，劳动人口占总人口比重与其正相关，但并非正比例函数关系。

现实生活中，女性平均退休年龄比男性早，尤其是女工人就更早，50 岁就退休，因此制定“先女后男”“女快男慢”的延退政策也很有必要。表 3－6 是假定女工人从 2022 年起一年延迟 12 个月退休，相对应的女职工和男劳动者比女工人略慢节奏的方案，对未来的劳动年龄段内劳动人口占比的预测分析，具体如表 3－6 所示（单元格中第一行是不同劳动年龄段劳动人口占总人口比重，第二行括号内是劳动年龄段的选取）。

表 3－6　不同延退调幅下劳动年龄段劳动人口占总人口比重（分性别）（%）

延迟调幅 延退进度	女工人（12 个月） 男劳动者（6 个月） 女职工（4 个月）	女工人（12 个月） 男劳动者（4 个月） 女职工（3 个月）	女工人（12 个月） 男劳动者（3 个月） 女职工（2 个月）	女工人（12 个月） 男劳动者（2 个月） 女职工（1 个月）
2022 年	60.46 （15～60.6 岁）	60.30 （15～60 岁 4 个月）	60.21 （15～60 岁 3 个月）	60.14 （15～60 岁 2 个月）
2023 年	62.07 （15～61 岁）	61.34 （15～60 岁 8 个月）	60.79 （15～60.5 岁）	60.49 （15～60 岁 4 个月）
2024 年	63.14 （15～61.5 岁）	61.91 （15～61 岁）	61.26 （15～60 岁 9 个月）	60.98 （15～60.5）
2025 年	64.24 （15～62 岁）	62.43 （15～61 岁 4 个月）	61.73 （15～61 岁）	61.32 （15～60 岁 8 个月）
2026 年	65.15 （15～62.5 岁）	62.95 （15～61 岁 8 个月）	62.05 （15～61 岁 3 个月）	61.57 （15～60 岁 10 个月）
2027 年	66.09 （15～63 岁）	63.49 （15～62 岁）	62.69 （15～61.5 岁）	61.88 （15～61 岁）
2028 年	67.16 （15～63.5 岁）	65.02 （15～62 岁 4 个月）	63.03 （15～61 岁 9 个月）	62.24 （15～61 岁 2 个月）
2029 年	68.07 （15～64 岁）	64.22 （15～62 岁 8 个月）	63.54 （15～62 岁）	62.64 （15～61 岁 4 个月）
2030 年	68.93 （15～64.5 岁）	65.11 （15～63 岁）	63.96 （15～62 岁 3 个月）	62.97 （15～61.5 岁）

（续表）

延迟调幅 延退进度	女工人(12 个月) 男劳动者(6 个月) 女职工(4 个月)	女工人(12 个月) 男劳动者(4 个月) 女职工(3 个月)	女工人(12 个月) 男劳动者(3 个月) 女职工(2 个月)	女工人(12 个月) 男劳动者(2 个月) 女职工(1 个月)
2031 年	69.76 (15～65 岁)	65.76 (15～63 岁 4 个月)	64.43 (15～62.5 岁)	63.22 (15～61 岁 8 个月)
2032 年	/	66.63 (15～63 岁 4 个月)	64.81 (15～62 岁 9 个月)	63.53 (15～61 岁 10 个月)
2033 年	/	67.26 (15～64 岁)	65.23 (15～63 岁)	63.78 (15～62 岁)
2034 年	/	67.84 (15～64 岁 4 个月)	65.66 (15～63 岁 3 个月)	64.09 (15～62 岁 2 个月)
2035 年	/	68.23 (15～64 岁 8 个月)	66.19 (15～63.5 岁)	64.41 (15～62 岁 4 个月)
2036 年	/	68.97 (15～65 岁)	66.63 (15～63 岁 9 个月)	64.79 (15～62.5 岁)
2037 年	/	/	67.02 (15～64 岁)	65.07 (15～62 岁 8 个月)
2038 年	/	/	67.25 (15～63 岁 3 个月)	65.54 (15～62 岁 10 个月)
2039 年	/	/	67.74 (15～63.5 岁)	65.85 (15～63 岁)
2040 年	/	/	68.19 (15～63 岁 9 个月)	65.02 (15～63 岁 2 个月)
2041 年	/	/	68.53 (15～64 岁)	65.39 (15～63 岁 4 个月)
2042 年	/	/	/	65.67 (15～63.5 岁)
2043 年	/	/	/	65.94 (15～63 岁 8 个月)
2044 年	/	/	/	66.21 (15～63 岁 10 个月)

（续表）

延迟调幅 \ 延退进度	女工人(12个月) 男劳动者(6个月) 女职工(4个月)	女工人(12个月) 男劳动者(4个月) 女职工(3个月)	女工人(12个月) 男劳动者(3个月) 女职工(2个月)	女工人(12个月) 男劳动者(2个月) 女职工(1个月)
2044年	/	/	/	66.44 (15～64岁)
2045年	/	/	/	66.71 (15～64岁2个月)
2046年	/	/	/	66.99 (15～64岁4个月)
2047年	/	/	/	67.31 (15～64.5岁)
2048年	/	/	/	67.75 (15～64岁8个月)
2049年	/	/	/	67.97 (15～64岁10个月)
2050年	/	/	/	68.81 (15～65岁)

表3－7是假定女工人从2022年起一年延迟6个月退休，相对应的女职工和男劳动者比女工人略慢节奏的方案，对未来的劳动年龄段内劳动人口占比的预测分析，具体如表3－7所示(单元格中第一行是不同劳动年龄段劳动人口占总人口比重，第二行括号内是劳动年龄段的选取)。

表3－7　不同延退调幅下不同年龄段劳动人口占总人口比重(分工种)(%)

延迟调幅 \ 延退进度	女工人(6个月) 男劳动者(6个月) 女职工(4个月)	女工人(6个月) 男劳动者(4个月) 女职工(3个月)	女工人(6个月) 男劳动者(3个月) 女职工(2个月)	女工人(6个月) 男劳动者(2个月) 女职工(1个月)
2022年	60.26 (16～60.5岁)	60.18 (16～60.4岁)	60.10 (16～60.3岁)	60.06 (16～60.2岁)
2023年	61.34 (16～61岁)	60.25 (16～60.8岁)	60.18 (16～60.6岁)	60.12 (16～60.4岁)

（续表）

延迟调幅 延退进度	女工人(6个月) 男劳动者(6个月) 女职工(4个月)	女工人(6个月) 男劳动者(4个月) 女职工(3个月)	女工人(6个月) 男劳动者(3个月) 女职工(2个月)	女工人(6个月) 男劳动者(2个月) 女职工(1个月)
2024年	61.98 (16～61.5岁)	61.32 (16～61岁)	60.55 (16～60.9岁)	60.43 (16～60.6岁)
2024年	62.35 (16～62岁)	61.69 (16～61.4岁)	61.23 (16～61岁)	60.93 (16～60.8岁)
2025年	62.67 (16～62.5岁)	62.34 (16～61.8岁)	61.57 (16～61.3岁)	61.35 (16～60.10岁)
2026年	63.60 (16～63岁)	62.88 (16～62岁)	62.33 (16～61.6岁)	61.74 (16～61岁)
2027年	64.58 (16～63.5岁)	63.50 (16～62.4岁)	63.78 (16～61.9岁)	61.91 (16～61.2岁)
2028年	65.74 (16～64岁)	64.49 (16～62.8岁)	63.30 (16～62岁)	62.46 (16～61.4岁)
2029年	66.85 (16～64.5岁)	65.08 (16～63岁)	63.89 (16～62.3岁)	62.79 (16～61.6岁)
2030年	68.72 (16～65岁)	66.12 (16～63.4岁)	64.46 (16～62.6岁)	62.90 (16～61.8岁)
2031年	/	66.89 (16～63.8岁)	64.87 (16～62.9岁)	63.44 (16～61.10岁)
2032年	/	67.38 (16～64岁)	64.98 (16～63岁)	63.93 (16～62岁)
2033年	/	67.96 (16～64.4岁)	65.32 (16～63.3岁)	64.30 (16～62.2岁)
2034年	/	68.34 (16～64.8岁)	65.66 (16～63.6岁)	64.62 (16～62.4岁)
2035年	/	68.88 (16～65岁)	65.89 (16～63.9岁)	64.93 (16～62.6岁)
2036年	/	/	66.77 (16～64岁)	65.21 (16～62.8岁)

（续表）

延迟调幅 / 延退进度	女工人(6个月) 男劳动者(6个月) 女职工(4个月)	女工人(6个月) 男劳动者(4个月) 女职工(3个月)	女工人(6个月) 男劳动者(3个月) 女职工(2个月)	女工人(6个月) 男劳动者(2个月) 女职工(1个月)
2037年	/	/	67.32 (16～64.3岁)	65.48 (16～62.10岁)
2038年	/	/	67.69 (16～64.6岁)	65.83 (16～63岁)
2039年	/	/	68.23 (16～64.9岁)	66.09 (16～63.2岁)
2040年 2041年	/	/	68.79 (16～65岁)	66.52 (16～63.4岁)
2042年	/	/	/	66.86 (16～63.6岁)
2043年	/	/	/	67.03 (16～63.8岁)
2044年	/	/	/	67.39 (16～63.10岁)
2044年	/	/	/	67.82 (16～64岁)
2045年	/	/	/	67.97 (16～64.2岁)
2046年	/	/	/	68.15 (16～64.4岁)
2047年	/	/	/	68.43 (16～64.6岁)
2048年	/	/	/	68.76 (16～64.8岁)
2049年	/	/	/	69.11 (16～64.10岁)
2050年	/	/	/	69.35 (16～65岁)

从表3-6和表3-7的预测可以看出，不同性别、不同工种的劳动者延迟退休调幅不同，对于劳动力人口占比也会产生影响，考虑不同人群的差异设置“先女后男”“女快男慢”的延退政策对劳动力供给的提高有显著效果。

本章小结

通过本章对于延迟退休年龄对劳动力供给的预测分析，我们可以得出以下几个结论：不同的延迟退休调整方案会对劳动力供给产生不同的影响，调整幅度越大，劳动人口占总人口比重与其正相关，但并非正比例函数关系，而且最终完成调整的跨度也不一样，过快的完成调整可能超出了社会的承受能力。因此，调整幅度不宜过快，也不宜过慢，应该适中，应根据市场上劳动力供给与需求的状态合理设定退休年龄调幅；要设置“女先男后”“女快男慢”的人群差异延迟退休策略。

第 4 章

延迟退休年龄对我国养老保险基金的影响

4.1 基本养老金筹集的影响因素

基本养老金的筹集，包括社会统筹基金总收入和个人账户基金总收入。社会统筹基金总收入由征缴收入、财政补贴收入和其他收入三部分组成；单位参保职工征缴收入取决于单位参保职工缴费工资和单位参保职工人数。参加基本养老保险金的计划人数与当年未参保职工与当年未退休人员有关。当年未参保职工受到当年新增退休人员、参保职工的死亡率，当年新增加的参保职工与当年初参保的职工有关。当年未退休人员与分年龄和性别死亡率、当年新退休人员与当年初退休人员有关。对于社会统筹和个人账户基金的缴费比例，大体上受到个人所从事的工作种类、工资水平的多少、参保单位缴交率等因素的影响。影响单位缴费量的因素有：参加基本养老金单位的数量、单位缴费率以及收缴率的情况。其复杂的系统动力学因果关系图如图 4 - 1 所示。

在确定了养老金筹集影响因素的因果关系之后，结合系统动力学模型，我们就可以得到相应的流图(如图 4 - 2 所示)。其中，相应的变量分别代表：

S——基本养老保险金缴交量(百万元)；

SO——企业养老金缴交部分收入(百万元)；

PR——个人养老金缴交增长速度(百万元/年)；

WR——单位缴交养老金增长速度(百万元/年)；

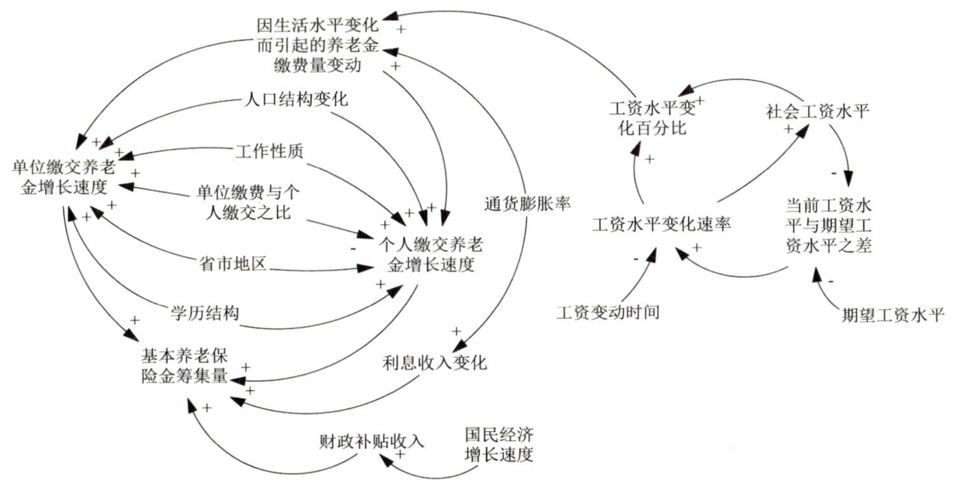

图 4－1　养老金筹集影响因素的因果关系图

LSX——因生活水平变化引起养老金缴交量变动百分比(%/年)；

CPI——通货膨胀率(%)；

X——单位缴交与个人缴交之比；

D——性别结构；

DM、*DW*——男性、女性；

P——工作种类下的养老金缴交量(百万元)；

PM、*PW*、*BM*、*BW*——体力控制、体力处理、脑力劳动控制、脑力处理；

PC——养老金参保人数(万人)；

*PC*1、*PC*2、*PC*3、*PC*4——养老金参保人数随机划分人口参数(万人)；

*P*2——总就业人口(万人/年)；

L——工资水平(百万元)；

LX——工资水平变化百分比(%)；

LR——工资水平变化速度(元/年)；

DISC——当前工资水平与期望工资水平之差(元)；

LI——工资变动时间(年)；

EL——期望工资水平(元)。

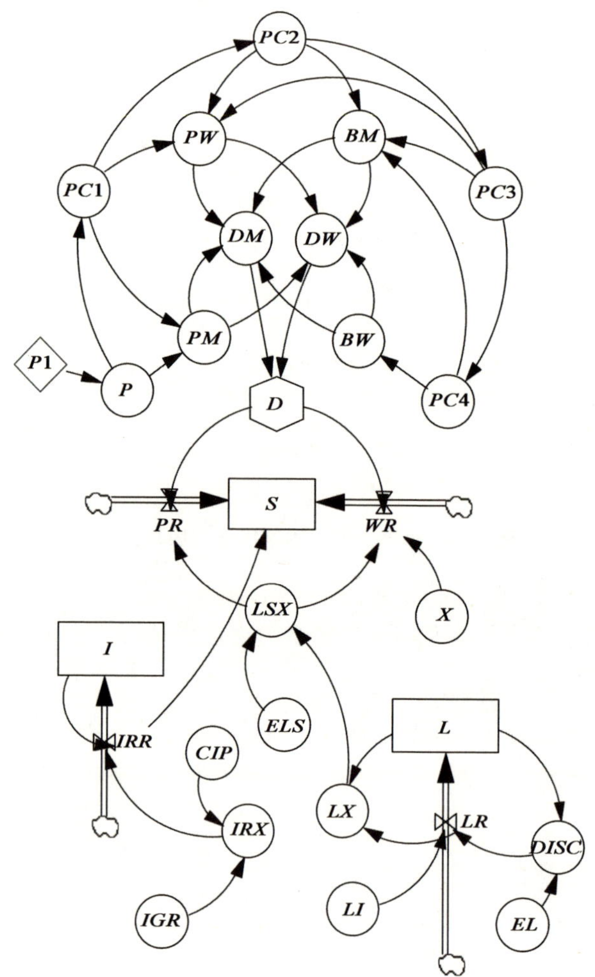

图 4-2 养老金筹集影响因素的系统动力学流图

4.1.1 参保人数

在我国人口结构发生变化的背景下,养老保险参保人口结构也在不断发生变化。参保人口的数量是基本养老金在筹集过程中最为基础的因素之一,主要能够影响到养老金一年的筹资情况,因此对参保人口进行预测显得尤为重要。其因果关系如图 4-3 所示。

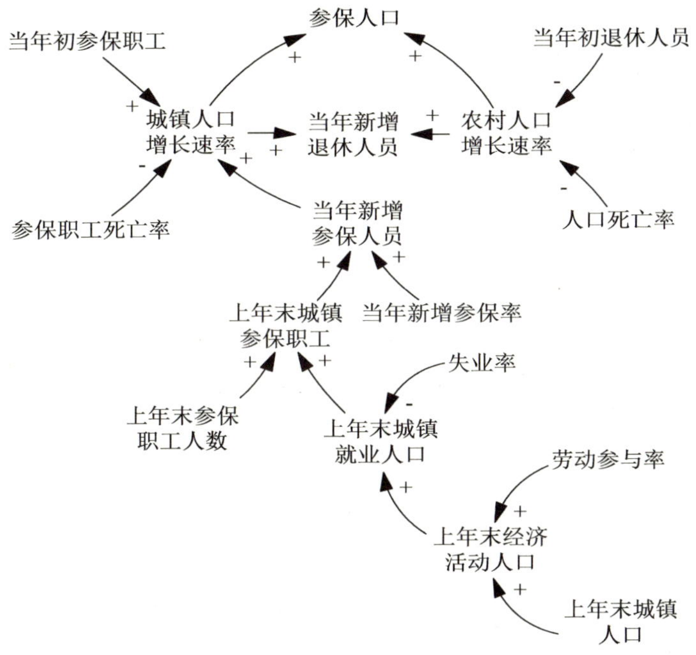

图4-3 参保人口影响因素的因果关系图

结合参保人口影响因素，将其转化为系统动力学流图(如图4-4所示)，相应的变量如下：

JP——参保人员(万人)；

CPB——城镇人口增长速度(%)；

VPB——农村人口增长速度(%)；

BRP——当年初退休人员(万人)；

BCP——当年初参保人员(万人)；

PDB——人口死亡率(‰)；

MDB——男性人口死亡率(‰)；

WDB——女性人口死亡率(‰)；

CDB——参保员工死亡率(‰)；

NCP——当年新增参保人员(万人)；

NNP——当年新增参保率(%)；

LCP——年末城镇参保职工(万人)；

LPP——年末参保职工人数(万人);

LCW——年末城镇就业人员(万人);

LPC——年末城镇人口(万人);

WCB——劳动参与率(%);

NEP——失业率(%)。

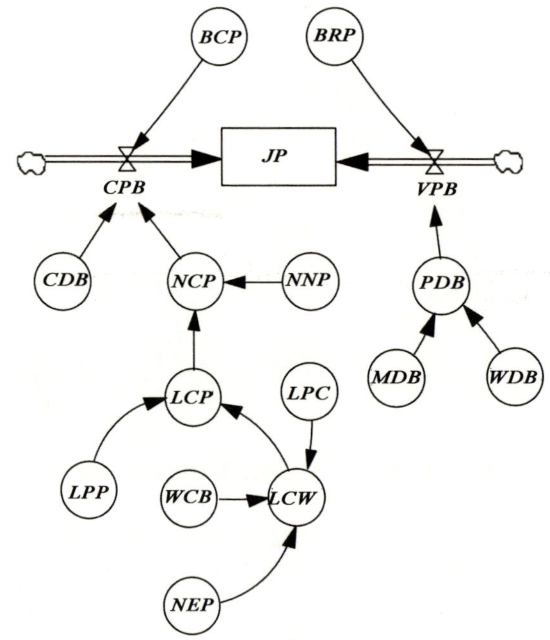

图 4-4 参保人口影响因素的系统动力学流图

参保人口预测模型如下:

$$(LP)_t = \sum_{x=y}^{r-1} P_{t,x}$$

$$(TEP)_t = \sum P_{t,x}(PLEP)_{x,t}(1-RUE)_{t,x}$$

$$(EP)_{t,x} = P_{t,x}(RLEP)_{x,t}(1-RUE)_{t,x}$$

$$(CL)_{t,x} = (EP)_{t,x}(RC)_{t,x}$$

$(LP)_t$—— 表示 t 年劳动适龄人口;

$(TEP)_t$—— 表示 t 年在业人口总数;

$(EP)_{t,x}$—— 表示 t 年 x 岁的在业人口数;

$(RLEP)_{x,t}$—— 表示 t 年 x 岁的劳动参与率;

$(CL)_{t,x}$—— 表示 t 年 x 岁的参加养老保险的在职职工人数；

$(TCL)_t$—— 表示 t 年参加养老保险的在职职工总人数；

$(RC)_{t,x}$—— 表示 t 年 x 岁养老保险的覆盖率；

y 为劳动力年龄下限，r 为退休年龄。根据系统动力学预测方法，我国未来参保人口的人口结构预测如表 4 - 1 所示。

表 4 - 1　参保人口预测

年份	2015	2016	2017	2018	2019	2020	2021	2022
参保人数(万人)	85 939	87 049	87 836	88 448	88 967	89 437	89 880	90 310
年份	2023	2024	2025	2026	2027	2028	2029	2030
参保人数(万人)	90 734	91 156	91 577	91 998	92 421	92 845	93 271	93 699
年份	2031	2032	2033	2034	2035	2036	2037	2038
参保人数(万人)	94 129	94 560	95 994	95 430	95 867	96 307	96 749	97 192
年份	2039	2040	2041	2042	2043	2044	2045	2046
参保人数(万人)	97 638	98 086	98 535	98 987	99 441	99 897	100 356	100 816
年份	2047	2048	2049	2050	2051	2052	2053	2044
参保人数(万人)	101 274	101 743	102 209	102 678	103 149	103 622	104 097	104 574
年份	2055	2056	2057	2058	2059	2060		
参保人数(万人)	105 054	105 536	106 020	106 506	106 994	107 485		

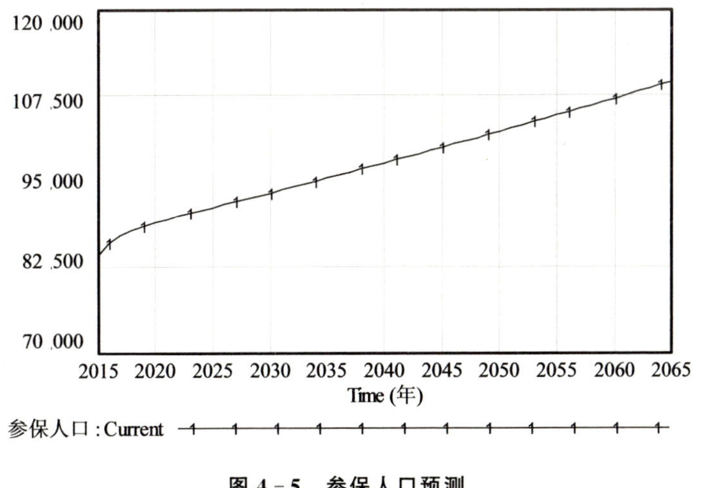

图 4 - 5　参保人口预测

4.1.2 社会平均工资

社会平均工资通常是指国家一年内全部职工工资总额除以这一时期内职工人数后所得的平均工资，是这一时期在内的全体职工的工资总额与职工平均人数之比。基本养老保险金是依照个人工资水平的一定比例来收缴的，因此，平均工资的多少是影响基本养老保险金收入的决定性因素之一。表 4-2 是 2004 年—2013 年间我国职工社会平均工资。

表 4-2 2004—2013 年全国职工平均年收入水平

年份		2004	2005	2006	2007	2008
职工平均工资(元)		24 398	26 823	29 569	34 707	39 502
其中	国有单位	24 726	28 803	36 010	46 426	53 554
	集体单位	11 539	12 819	15 209	19 244	21 787
	其他单位	26 270	26 792	27 459	30 687	35 180
年份		2009	2010	2011	2012	2013
职工平均工资(元)		42 789	46 757	51 968	56 300	60 435
其中	国有单位	62 390	70 585	79 541	86 042	90 965
	集体单位	25 390	28 225	42 010	45 990	48 735
	其他单位	37 104	40 397	46 314	51 035	56 694

数据来源:《中国统计年鉴》。

4.1.3 法定缴费率

企业缴纳基本养老保险费的比例，一般不得超过企业工资总额的 20%，具体比例由省、自治区、直辖市人民政府确定。个人缴费比例为本人工资的 8%(根据省市情况可适当提高)。

在探讨工作种类与养老金缴费量的关系中，利用 Eviews 软件，进行虚拟变量的回归模型进行估计预测，测算不同工作种类对于养老金缴费水平的影响。本次模型中将工作种类分为四类，分别是从事体力劳动的男性，从事体力劳动的女性，从事脑力劳动的男性，从事脑力劳动的女性。模型引入四个虚拟变量分别表示不同工作种类，即

$$E_1=\begin{cases}1, & \text{体力劳动(男)}\\0, & \text{其他}\end{cases}$$

$$E_2=\begin{cases}1, & \text{体力劳动(女)}\\0, & \text{其他}\end{cases}$$

$$E_3=\begin{cases}1, & \text{脑力劳动(女)}\\0, & \text{其他}\end{cases}$$

$$E_4=\begin{cases}1, & \text{脑力劳动(男)}\\0, & \text{其他}\end{cases}$$

用 y 表示参保员工的缴费量，则模型设定为：

$$Y=E_0+\beta_1 E_1+\beta_2 E_2+\beta_3 E_3+\beta_4 E_4$$

通过发放调查问卷的形式调查不同学历结构人员对于缴费量的不同水平结构，对通过 *Eviews* 软件统计，结果如表 4-3 与图 4-6、图 4-7 所示。

表 4-3　工作种类与养老金缴费关系参数

Dependent Variable：Y

Method：Least Squares

Included observations：4805

Variable	Coefficient	Std. Error	t-Statistic	Prob.
C	500.0000	31.57360	12.23263	0.0000
E1	389.1354	43.86801	9.174208	0.0000
E2	401.4354	43.86801	10.307365	0.0000
E3	602.2354	43.86801	14.426375	0.0000
E4	610.6354	43.86801	15.012536	0.0000
R-squared	0.811618	Mean dependent var		965.4800
Adjusted R-squared	0.805416	S.D. dependent var		321.4731
S.E. of regression	136.4247	Akaike info criterion		12.41945
Sum squared resid	1564059.	Schwarz criterion		12.62942
Log likelihood	−604.9879	Hannan-Quinn criter.		12.53069
F-statistic	118.9946	Durbin-Watson stat		1.999186
Prob(F-statistic)	0.000000			

由上表得出 $R^2=0.81>0.8$，因此模型可靠，故回归方程为：

$$y=500+389E_1+401E_2+602E_3+610E_4$$

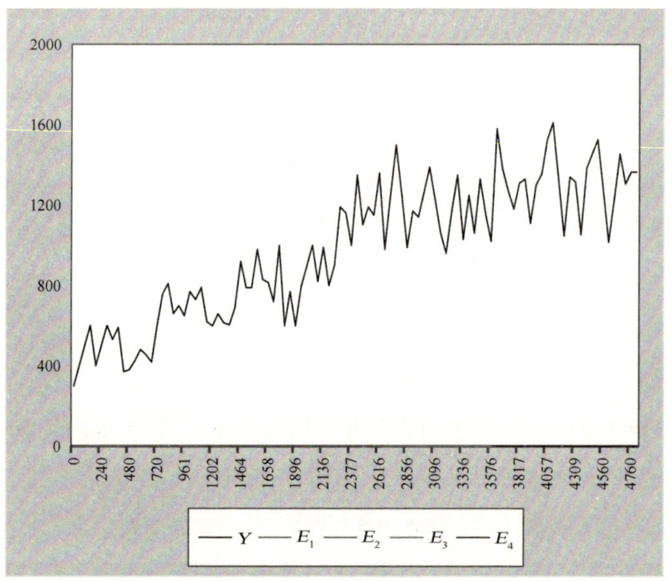

图 4-6　学历结构与养老金缴费量关系折线图

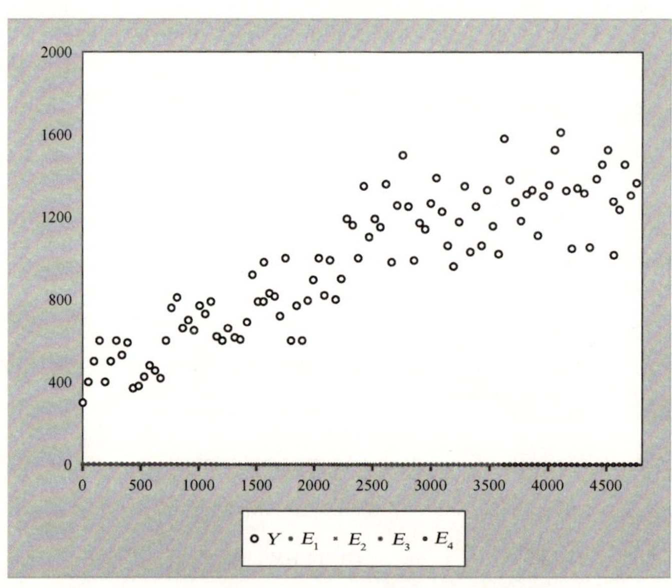

图 4-7　学历结构与养老金缴费量关系点图

根据工作种类与养老金缴费量关系折线图与散点图我们大致可以得出这样一个概念：工作种类与养老金的缴费量之间大致呈现出正相关的关系，随着工作种类的变动，养老金的缴费额度也会相应地变动。

4.1.4　财政补贴收入

如表 4－4 所示，自 1998 年中央提出“两个确保”以来，各级财政尤其是中央财政通过调整支出结构，对企业基本养老保险投入总量有所增加。“十五”期间，财政对养老保险基金补贴平均相当于年基金支出的 19.1%。

表 4－4　养老金历年财政补贴收入

年份	1998	1999	2000	2001	2002	2003	2004
补贴金额(亿元)	53	150	337	349	408	530	614
所占养老金收入比例(%)	3.6%	7.6%	14.8%	14.02%	12.9%	14.4%	14.4%
年份	2005	2006	2007	2008	2009	2010	2011
补贴金额(亿元)	651	1745	1157	1437	1646	1954	2272
所占养老金收入比例(%)	12.8%	22.7%	14.8%	14.8%	14.3%	14.6%	13.4%
年份	2012	2013	2014	2015			
补贴金额(亿元)	2648	3019	3548	3671			
所占养老金收入比例(%)	13.2%	13.3%	14.1%	15.1%			

资料来源：根据历年《劳动和社会保障事业发展统计公报》整理。

4.2　养老保险基金投资的影响因素

影响养老金投资的因素主要包括养老金基金当年投资存量及各类投资的投资比例。养老金当年投资存量包括养老金当年征缴量、养老金的投资收益以及往年的剩余部分。具体如图 4－8 所示。

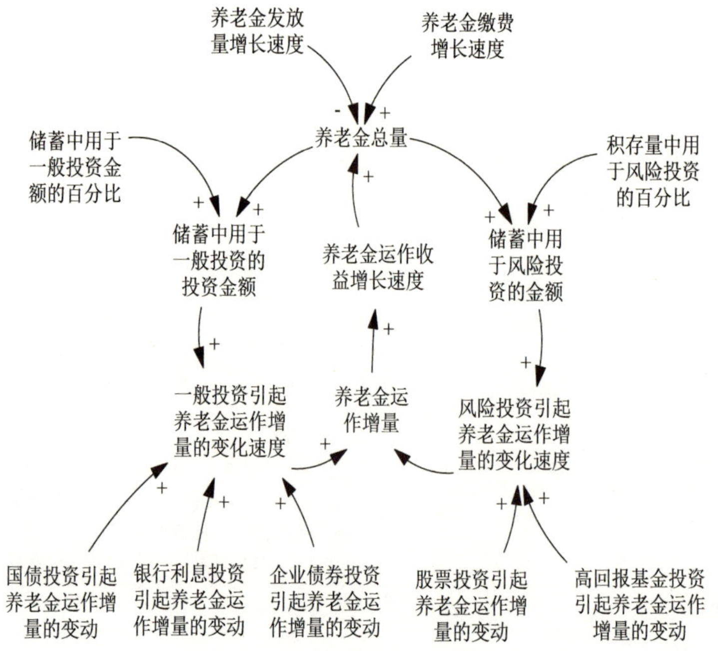

图 4-8　养老金投资影响因素的因果关系图

确定了养老金投资影响因素的因果关系后，结合系统动力学模型，得到了相应的流图（如图 4-9 所示）。其中，相应的变量分别表示为：

JXL——养老金总量（百万元）；

SR——养老金缴交增长速度（百万元/年）；

HR——养老金运作收益增长速度（百万元/年）；

DR——养老金发放量增长速度（百万元/年）；

DO——养老金发放支出（百万元/年）；

HO——养老金投资部分收入（百万元/年）；

H——养老金资金运作增量（百万元）；

AHR——风险投资引起养老金运作增量的变化速度（百万元/年）；

WHR——一般投资引起养老金运作增量的变化速度（百万元/年）；

*X*1——积蓄量中用于风险投资的金额（百万元）；

*X*2——积蓄量中用于一般投资的金额（百万元）；

$F1$——银行利息的收益率(%)；

$F2$——国债的收益率(%)；

$F3$——企业债券的收益率(%)；

$F4$——股票投资的收益率(%)；

$F5$——高回报基金的收益率(%)；

$T1$——积存量中用于风险投资金额的百分比(%)；

$T2$——积存量中用于银行利息、国债投资金额的百分比(%)。

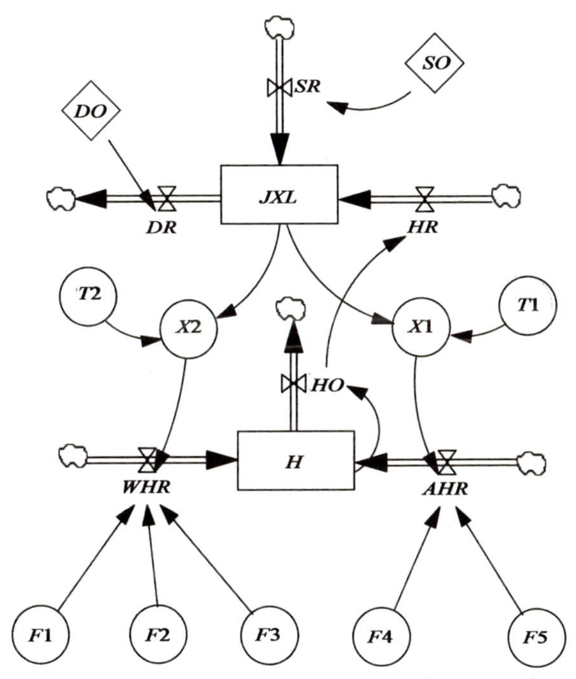

图 4-9　养老金投资影响因素的系统流图

4.2.1　养老金投资的工具选择

基本养老保险投资范围包括：银行存款，中央银行票据，同业存单；国债，政策性、开发性银行债券，信用等级在投资级以上的金融债、企业(公司)债、地方政府债券、可转换债(含分离交易可转换债)、短期融资券、中期票据、资产支持证券，债券回购；养老金产品，上市流通的证券投资基金，股票，股权，股指期货，国债期货。

表 4-5 2001—2014 年基本养老保险投资总额表

年份	投资总额（亿元）	投资增长率（%）	投资收益额（亿元）	投资收益率（%）	通货膨胀率（%）	实际投资收益率(%)
2001	805.9	54.09	7.42	1.73	0.7	1.03
2002	124.86	6.7	19.76	2.59	−0.8	2.59
2003	1 325.01	29.16	44.72	3.56	1.2	2.36
2004	1 711.44	23.75	36.72	2.61	3.9	−1.29
2005	217.87	28.84	71.22	4.16	1.8	2.36
2006	2 728.69	61.37	619.79	29.01	1.5	27.51
2007	4 396.94	61.37	1 453.5	43.19	4.8	38.39
2008	5 623.7	27.9	−393.72	−6.79	5.9	−12.69
2009	7 766.22	38.1	850.49	16.12	−0.7	16.12
2010	8 566.9	10.31	321.22	4.23	3.3	0.93
2011	8 688.2	1.42	74.60	0.86	5.4	−4.56
2012	11 060.37	6.9	654.35	7.10	2.6	4.38
2013	12 415.64	9.5	685.84	6.2	2.6	5.54
2014	15 356.39	51.85	1 424.60	11.69	2.0	8.36

4.2.2 养老金投资的风险偏好与收益期望率

为了更好地选择养老基金投资方式，比较其银行存款、股票、国债、基金的收益和风险。比较结果如表 4-6 所示。

表 4-6 上证综合指数、开放式基金、银行存款、国债的收益风险比较

年份	年始上证指数值	年末上证指数值	上证值收益率(%)	公开式式基金(%)	一年内存款年均比率(%)	十年内国债年均获益率(%)
2004	1 492.72	1 266.48	−15.16	−6.03	2.03	2.74
2005	1 260.78	1 161.05	−7.91	5.88	2.25	3.32
2006	1 163.87	2 675.47	129.88	93.63	2.35	3.24
2007	2 728.18	5 261.56	92.86	99.29	3.2	4.33
2008	5 265	1 820.81	−65.41	−36.43	3.92	5.7

（续表）

年份	年始上证指数值	年末上证指数值	上证值收益率(%)	公开式式基金(%)	一年内存款年均比率(%)	十年内国债年均获益率(%)
2009	1 849.02	3 277.13	77.24	49.35	2.25	3.73
2010	3 289.75	2 808.07	−14.64	4.26	2.3	3.73
2011	2 825.32	2 199.42	−22.15	−19.04	3.02	5.3
2012	2 212	2 269.13	2.58	7.19	3.24	5.03
预计收益率			19.7	22.01	2.73	4.12
获益比率标准差			64.47	48.13	0.64	1.02

数据来源：中国人民银行网站 http://www.pbc.gov.cn

从表 4－6 可以看出，基金和股票的收益率均高于 10%，基金比股票收益率略高。相对于基金而言，股票的波动性较大，风险较高。稳定性较好的是国债和银行存款，但收益率较低，对于养老金增值方面优势较小。因此，养老金投资方式之间合理化的多元式组合就十分有必要了。

计算了以下四种投资工具再按照不同的比例相组合，投资运营的形式为养老保险基金的相关平均收益率和相关标准差。四种投资工具为：一年期银行存款、十年期国债、开放式基金和股票。具体数据见表 4－7。

表 4－7 不同投资组合下的养老金投资收益

1 年期金融存款	10 年期国家债券	公开式公开式基金	上证综合比值	集资经营均收益率	集资经营标准差
100%	0	0	0	2.73%	0
10%	90%	0	0	3.98%	0.0000943
10%	89%	1%	0	4.16%	0.0000839
10%	87%	1%	2%	4.47%	0.000264
10%	86%	2%	2%	4.65%	0.00041
10%	85%	2%	3%	4.81%	0.000681
10%	84%	3%	3%	4.99%	0.000928
10%	82%	4%	4%	5.32%	0.001685
10%	81%	4%	5%	5.48%	0.002233

（续表）

1年期	10年期	公开式	上证综合	集资经营	集资经营
金融存款	国家债券	公开式基金	比值	均收益率	标准差
10%	80%	4%	6%	5.63%	0.002865
10%	78%	5%	7%	5.97%	0.00414
10%	75%	5%	1096	6.43%	0.006956
10%	73%	6%	11%	6.77%	0.008886
10%	70%	8%	12%	7.28%	0.012028
10%	68%	8%	1496	7.59%	0.014989
10%	65%	10%	15%	8.11%	0.019006
10%	63%	10%	17%	8.42%	0.022689
10%	60%	12%	18%	8.93%	0.027582
10%	58%	12%	20%	9.24%	0.031988
10%	55%	13%	22%	9.73%	0.038481
10%	53%	13%	24%	10.05%	0.043669
10%	50%	16%	24%	10.58%	0.049529
10%	48%	16%	26%	10.89%	0.05538
10%	45%	19%	26%	11.43%	0.06199
10%	43%	19%	28%	11.74%	0.068503
10%	40%	22%	28%	12.28%	0.075863
10%	38%	22%	30%	12.59%	0.083039
10%	35%	25%	30%	13.13%	0.091149
10%	33%	25%	32%	13.44%	0.098988
10%	30%	28%	32%	13.98%	0.107847
10%	28%	28%	34%	14.29%	0.116349
10%	25%	31%	34%	14.82%	0.125958
10%	23%	31%	36%	15.14%	0.135123
10%	20%	32%	48%	17.60%	0.200898
10%	15%	24%	51%	16.22%	0.186349
10%	10%	20%	60%	16.91%	0.222627
10%	0%	15%	75%	18.35%	0.299055

（续表）

1 年期金融存款	10 年期国家债券	公开式公开式基金	上证综合比值	集资经营均收益率	集资经营标准差
10%	0%	10%	80%	18.23%	0.310963
10%	0%	5%	85%	18.12%	0.323431
10%	0%	0%	90%	18.00%	0.336457

4.3　养老金发放的影响因素

养老金发放量每年会随着参保退休人口的变化以及养老金总量规模而发生改变，它是由养老金一次性发放量和养老金按月发放量所组成，按照一定的比例关系，我们可以求得养老金支出的组成部分。

因参保退休人口增加引起养老金发放量变动是参保退休人口增长速度与参保退休人口增加速度对养老金发放量的弹性比值，是养老金发放量增速的重要参考因素。

养老金年均一次性领取金额是养老金一次性发放量与养老金一次性领取人数的比值；养老金平均按月领取金额是养老金按月发放量与养老金按月领取人数的比值。一次性领取所要缴纳的税收与按月领取所要缴纳的税收是参照国家个人所得税相关缴纳比例，经核算后养老金所要扣除的税收。

养老金一次性领取人数和养老金按月领取人数组成了养老金总领取人数，其按照一定的比例进行划分。因退休人口增加引起养老金发放水平的变化速度的改变，取决于养老金发放量和参保退休人口增长速度的比值，决定了养老金平均发放量。

而养老金平均发放量与社会平均工资的比值，就是养老金的替代率，是养老金发放水平的重要参考标准。养老金发放子系统的因果关系图和系统动力学流图 4－10和图 4－11 所示。

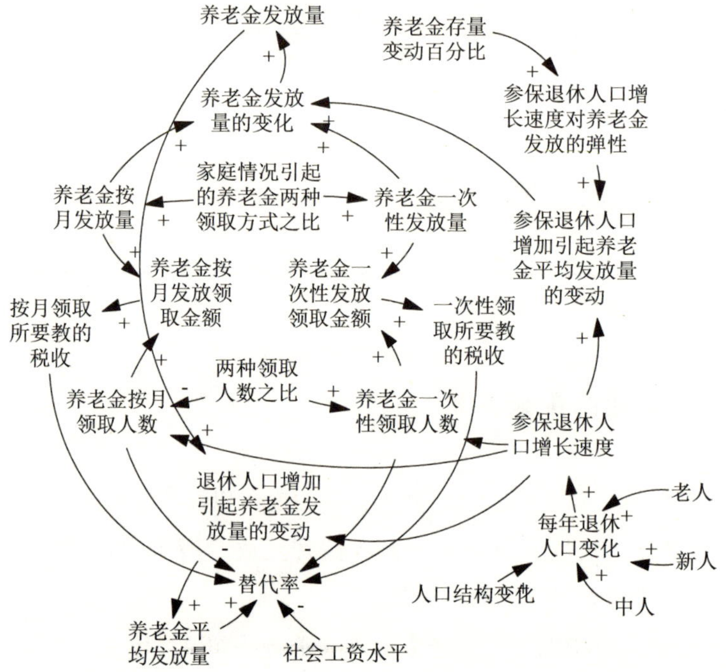

图 4－10　养老金发放影响因素的因果关系图

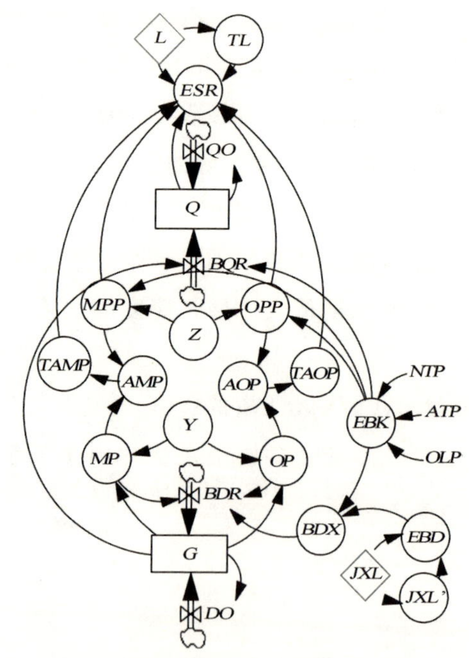

图 4－11　养老金发放影响因素的系统流图

4.3.1　养老金替代率

替代率是指劳动者刚退休时的养老金占退休前工资收入（某一时期员工收入，包括退休前一年、前五年或者终生平均工资的比例等）的比例来反映养老保险的给付水平。它是衡量老年保障程度的关键性指标。

4.3.2　退休人口与养老金发放

养老金参保人员发放养老金的支出指的是养老金的发放量，其发放对象就是退休后的养老金参保人员，随着退休人口的增加，养老金的支出必然会在一定程度上有所增加。

4.3.3　养老金领取方式

我国不同人群的养老金领取方式如表 4－8 所示。

表 4－8　我国不同人群的养老金计发办法

项目	“老人”	“中人”			“新人”	
人群	《决定》（1993年1月1日）实施前已退休的人员	《决定》实施前参加工作，之后退休的人员（个人缴费和视同缴费年限累计满15年）			1993年1月1日后参加工作的人员（个人缴费年限累计满15年）	
计发办法	老办法	过渡办法			新办法	
养老金构成	《国务院关于工人退休、退职的暂行办法》	基础养老金	个人账户养老金	过渡性养老金	基础养老金	个人账户养老金
		38号文件	38号文件	所在地制定	38号文件	38号文件
养老金调整办法	执行	执行			执行	
市级统筹	市养老金调整办法	参照值：市在岗职工社会平均工资；过渡养老金及补贴等计发按市办法；市养老金调整办法			参照值：市在岗职工社会平均工资；市养老金调整办法	

（续表）

项目	"老人"	"中人"	"新人"
省级统筹	省养老金调整办法	参照值：省在岗职工社会平均工资；过渡养老金及补贴等计发按市办法；省养老金调整办法	参照值：省在岗职工社会平均工资；省养老金调整办法

4.4 养老金运营的系统动力学总模型构建

养老金是一个庞大而且复杂的系统，其主要包括：养老金的筹集、养老金的投资、养老金的发放三大部分所组成，而组成这三大部分的其他因素却非常的庞杂，涉及人口因素、投资因素、政策因素以及其他社会因素。所以，我们很难用一个或几个简单的数学公式将它表达出来，因此我们引入了系统动力学这一"公共政策实验室"的系统动力学解决方法。其系统动力学因果关系图和系统流图如图 4－12 和图 4－13 所示。

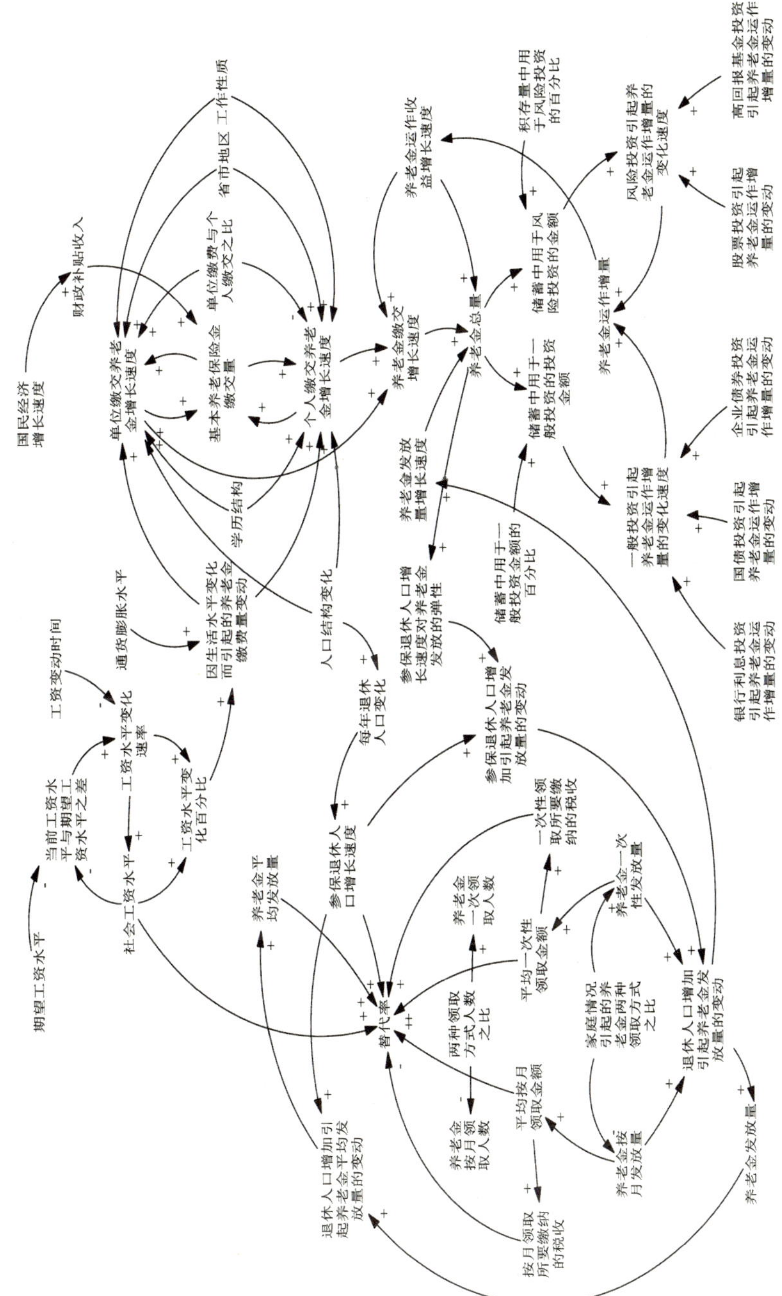

图4-12　养老金系统因果系图

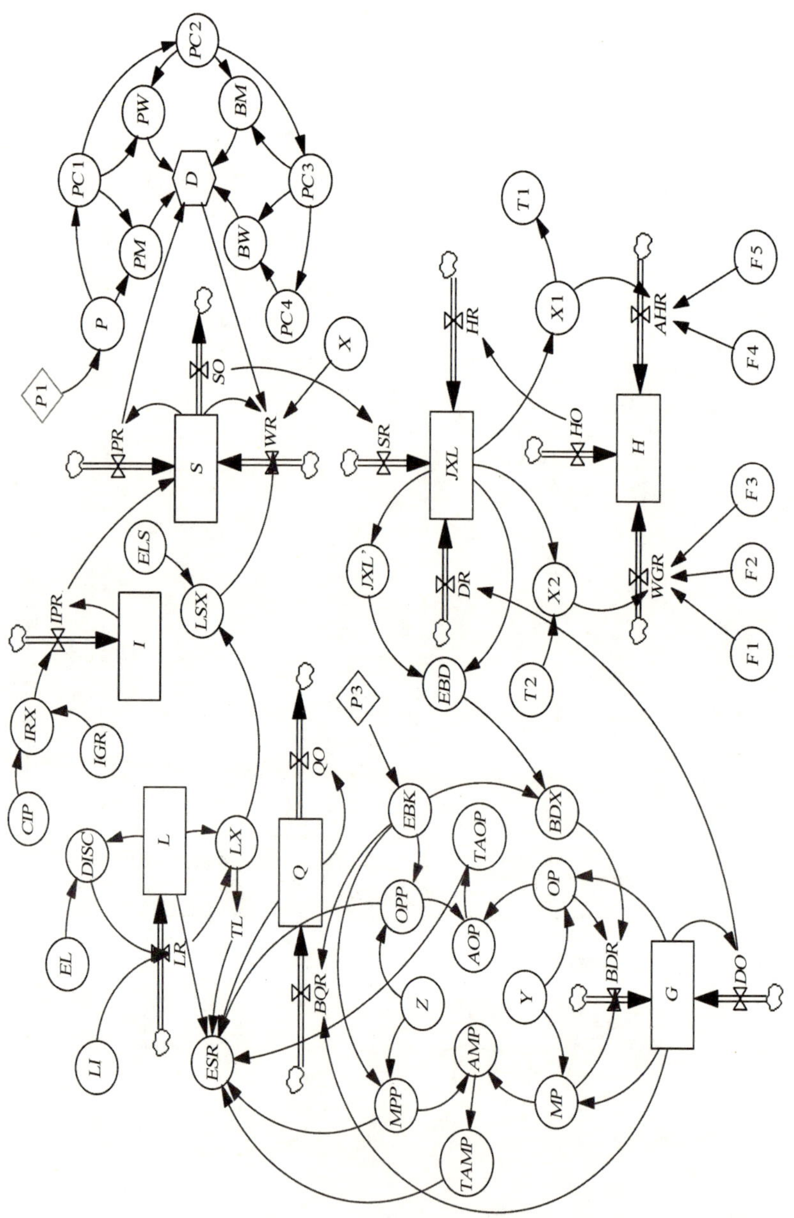

图4-13　养老金系统流图

[状态方程] $L.K = L.J + DT * R.JK$

[决策方程] $R.JK$ ={算式、变量、数值}

[辅助方程] $A.K$ ={算式、变量、数值}

说明：L——状态变量；

R——决策变量；

A——辅助变量；

K——当前时刻；

J——前一时刻；

JK——从前时刻变化到当前时刻；

DT——计算步长，一般规定 $DT = JK$；

S——基本养老保险金缴交量(百万元)；

SO——企业养老金缴交部分收入(百万元)；

PR——个人养老金缴交增长速度(百万元/年)；

WR——单位缴交养老金金增长速度(百万元/年)；

LSX——因生活水平变化引起养老金缴交量变动百分比(%/年)；

CPI——通货膨胀率(%)；

X——单位缴交与个人缴交之比；

P——工作种类下的养老金缴交量(百万元)；

PM、PW、BM、BW——体力劳动(女)，体力劳动(男)脑力劳动(女)、脑力劳动(男)；

PC——养老金参保人数(万人)；

$PC1$、$PC2$、$PC3$、$PC4$——养老金参保人数随机划分人口参数(万人)；

$P2$——总就业人口(万人/年)；

L——工资水平(百万元)；

LX——工资水平变化百分比(%)；

LR——工资水平变化速度(元/年)；

$DISC$——当前工资水平与期望工资水平之差(元)；

LI——工资变动时间(年)；

EL——期望工资水平(元)；

I——财政补贴(百万元)；

IRR——财政补贴增长速度(百万元/年);

IGX——财政补贴变动百分比(%);

IGK——国民经济增长速度(%);

CIP——国民经济增长速度对财政补贴的弹性;

JXL——养老金总量(百万元);

SR——养老金缴交增长速度(百万元/年);

HR——养老金运作收益增长速度(百万元/年);

DR——养老金发放量增长速度(百万元/年);

DO——养老金发放支出(百万元/年);

HO——养老金投资部分收入(百万元/年);

H——养老金资金运作增量(百万元);

AHR——风险投资引起养老金运作增量的变化速度(百万元/年);

WHR——一般投资引起养老金运作增量的变化速度(百万元/年);

*X*1——积蓄量中用于风险投资的金额(百万元);

*X*2——积蓄量中用于一般投资的金额(百万元);

*A*1——银行利息的收益率(%);

*A*2——国债的收益率(%);

*A*3——企业债券的收益率(%);

*A*4——股票投资的收益率(%);

*A*5——高回报基金的收益率(%);

*T*1——积存量中用于风险投资金额的百分比(%);

*T*2——积存量中用于银行利息、国债投资金额的百分比(%);

G——养老金的发放量(百万元);

DO——养老金领取支出(百万元);

BDR——养老金发放量的变化速度(百万元/年);

OPP——养老金一次性领取人数(万人);

MPP——养老金按月领取人数(万人);

AMP——养老金平均一次性领取金额(万元);

AOP——养老金平均按月领取金额(万元);

TAMP——一次性领取养老金缴纳的税收(元);

TAOP——按月领取养老金缴纳的税收(元);

OP——养老金一次性发放量(百万元)；

MP——养老金按月发放量(百万元)；

Y——养老金按月发放量与养老金一次性发放量之比；

BDX——因参保退休人口增加引起企业年金发放量变动(%/年)；

EBD——参保退休人口增加速度对企业年金发放量的弹性；

EBK——每年参保退休人口变化(万人/年)；

Q——养老金平均发放量(元)；

BQR——因参保退休人口增加引起的养老金平均发放量的变化速度(元/年)；

*P*3——省市地区老年总人口(人)；

ESR——养老金替代率(%)。

4.5　多种渐进式延迟退休年龄方案的系统动力学仿真分析

目前,我国对渐进式延迟退休年龄方案还处在研究时期,真正成熟的方案还尚未出台。在2015年,人社部相关人员表示有望在2017年出台渐进式延迟退休年龄的方案,2022年左右开始正式实施渐进式延迟退休年龄方案。

因此,基于对国外发达国家的经验,并结合未来我国人口结构特点,在进行了大量数据推演的基础上,考虑养老金可持续发展因素,将2022年作为调整就业年限或推迟退休年龄开始的时点。

借鉴国外调整经验,结合我国国情和民意调查,对于渐进式延迟退休年龄的调整节奏,“一年几个月”的调整节奏可能接受度较高,这种设置有以下多种选择,见表4-9。

表4-9　调整节奏的设置方案

方案	调整步幅(每年延迟的月数)	调整节奏(延迟1岁经过的年数)	满意度评价
1	1	12年1岁	☆☆
2	2	6年1岁	☆☆☆☆
3	3	4年1岁	☆☆☆☆☆
4	4	3年1岁	☆☆☆☆☆
5	6	2年1岁	☆☆☆☆
6	12	1年1岁	☆☆

表中方案 1 和方案 6 为最慢与最快的调整节奏，社会民众接受度比较低，可以不考虑。

4.5.1 “一刀切”模式进行渐进式延迟退休年龄

一刀切模式即男女渐进式延迟退休年龄的步频相同，如男女共同每年延迟 6 个月退休，通过对养老金替代率及养老金收支状况进行预测，得到相应结果如图 4－14～图 4－16 所示。

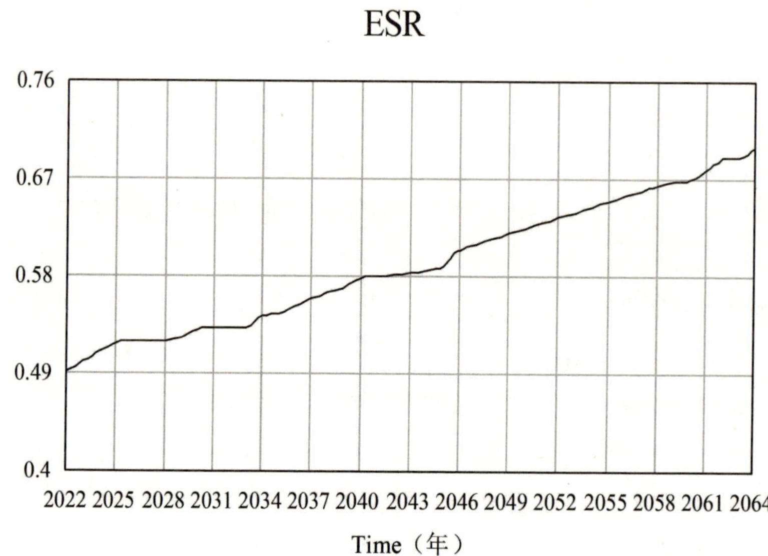

图 4－14　养老金替代率预测

表 4－10　养老保险金收支及累计结余　　**单位：亿元**

年份	基金收入	基金支出	累计结余
1989	146.7	118.8	68.0
1990	178.8	149.3	97.9
1991	215.7	173.1	144.1
1992	365.8	321.9	220.6
1993	503.5	470.6	258.6
1994	707.4	661.1	304.8

（续表）

年份	基金收入	基金支出	累计结余
1995	950.1	847.6	429.8
1996	1 171.8	1 031.9	578.6
1997	1 337.9	1 251.3	682.8
1998	1 459.0	1 511.6	587.8
1999	1 965.1	1 924.9	733.5
2000	2 278.5	2 115.5	947.1
2001	2 489.0	2 321.3	1 054.1
2002	3 171.5	2 842.9	1 608.0
2003	3 680.0	3 122.1	2 206.5
2004	4 258.4	3 502.1	2 975.0
2005	5 093.3	4 040.3	4 041.0
2006	6 309.8	4 896.7	5 488.9
2007	7 834.2	5 964.9	7 391.4
2008	9 740.2	7 389.6	9 931.0
2009	11 490.8	8 894.4	12 526.1
2010	13 872.9	10 755.3	15 787.8
2011	18 004.8	13 363.2	20 727.8
2012	21 830.2	16 711.5	26 243.5
2013	24 732.6	19 818.7	31 274.8
2014	27 619.9	23 325.8	35 644.5
2015			

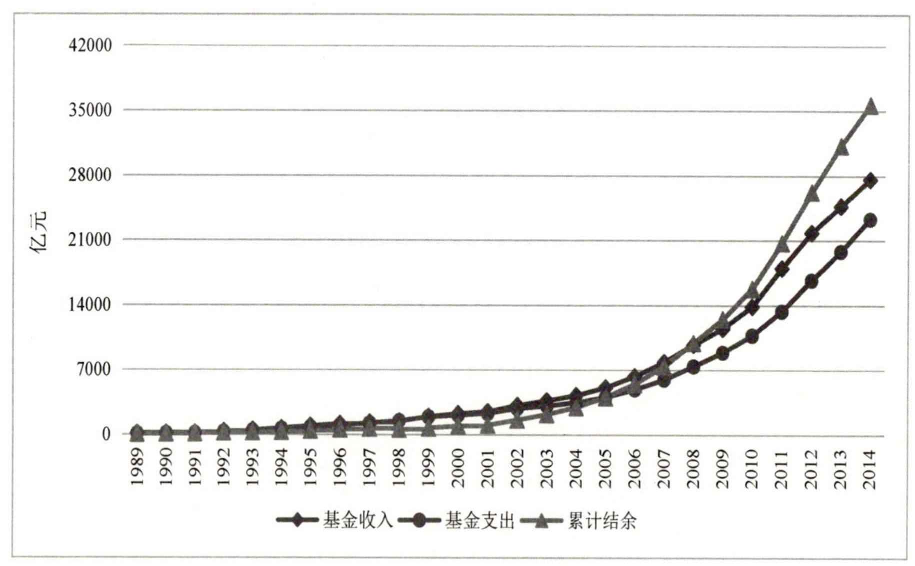

图 4－15　近年养老金状况

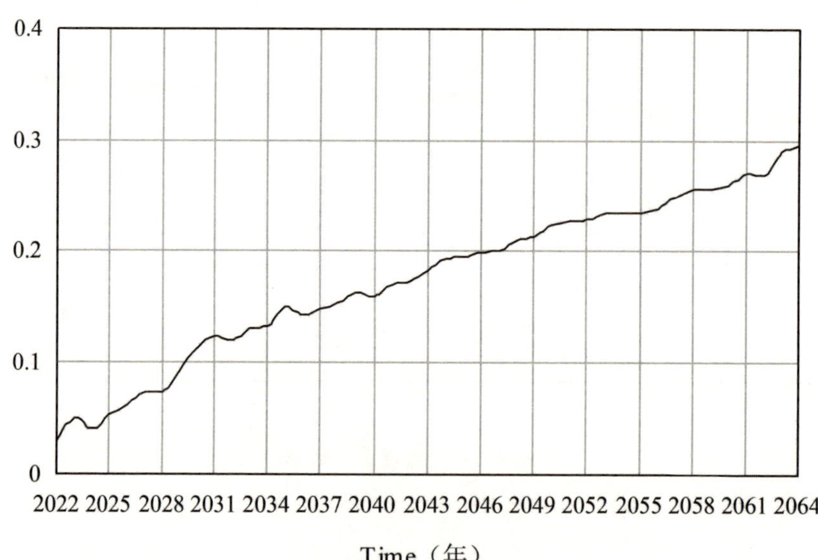

图 4－16　养老金安全系数预测

从图 4－17 中可以看出假如分性别实施渐进式延迟退休年龄，在 2064 年以后，养老金替代率可高达到 0.71 左右，从图 4－18 中可以看出养老金安全系数也将达到 0.29 左右。在这里我们定义 0～5%为安全性较差，5%～10%安全性一般，10%～20%为安全性较好，20%～30%为安全性很好。

4.5.2　“分性别”实施渐进式延迟退休年龄

分性别实施渐进式延迟退休年龄即对男性、女性延迟退休年龄的步频进行差异化，如男性每年延迟 4 个月退休，到 2036 年可以完成退休年龄的调整。女性每年延迟 6 个月退休，到 2052 年可以完成退休年龄的调整。通过对养老金替代率，养老金筹资比例及养老金收支状况进行预测，得到相应结果如图 4－17 和图 4－18 所示。

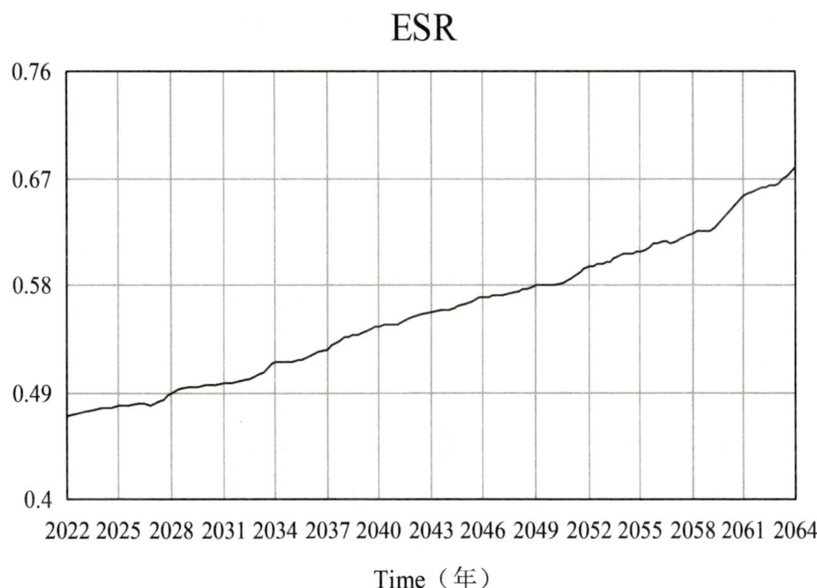

图 4－17　养老金替代率

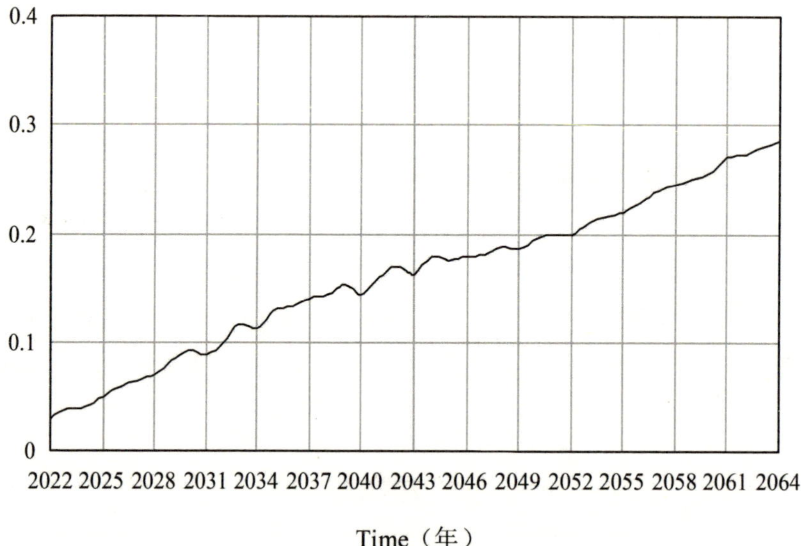

图 4-18 养老金安全系数预测

从图 4-17 和图 4-18 中可以看出假如分性别实施渐进式延迟退休年龄，在 2064 年以后，养老金替代率可高达到 0.69 左右，养老金安全系数也将达到 0.28 左右。

4.5.3 “分性别，分工作种类”实施渐进式延迟退休年龄

按照工作种类对男性、女性进行步频差异化的延迟退休年龄，即从事脑力工作的男性每年延迟 4 个月退休，到 2037 年可以完成退休年龄的调整。从事体力工作的男性每年延迟 3 个月如退休，到 2042 年可以完成退休年龄的调整。从事脑力工作的女性每年延迟 6 个月退休，到 2060 年可以完成退休年龄的调整。从事体力工作的女性每年延迟 4 个月退休，到 2043 年可以完成退休年龄的调整。通过对养老金替代率及养老金收支状况进行预测，得到相应结果如图 4-19、图 4-20 所示。

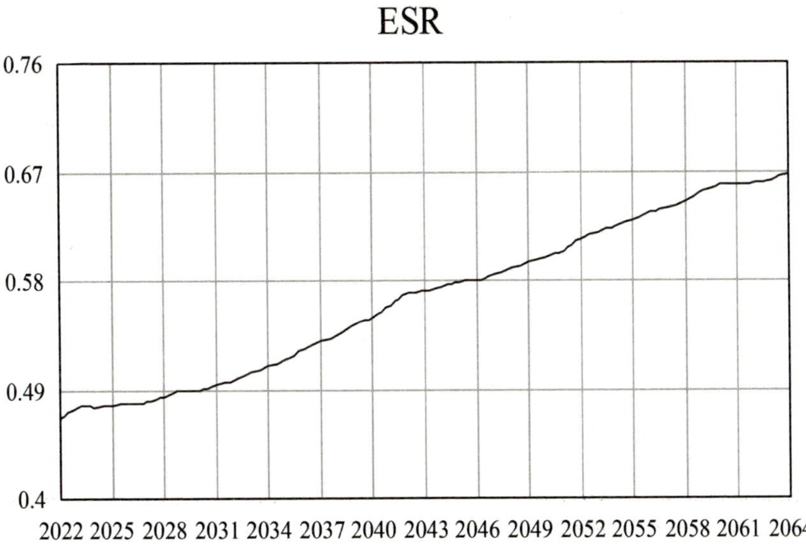

图 4－19　养老金替代率预测

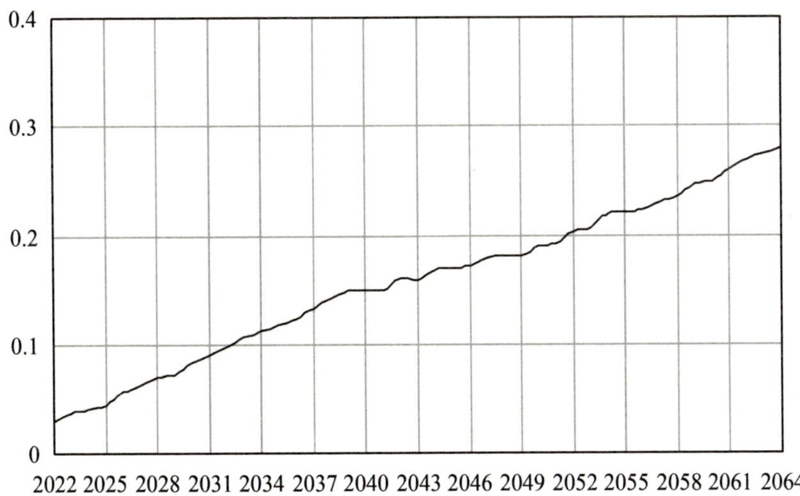

图 4－20　养老金安全系数预测

从图 4－19 和图 4－20 中可以看出假如分性别实施渐进式延迟退休年龄，在 2064 年以后，养老金替代率可高达到 0.67 左右，养老金安全系数也将达到 0.27 左右。

4.5.4 “分性别，分工作种类，分地区”实施渐进式延迟退休年龄

按照生活在不同省市的男性、女性所从事的工作性质，进行步频差异化的延迟退休年龄。

随着人口老龄化的上升和劳动强度的不断下降，参保人口结构发生了变化。鉴于当前我国基本养老保险基金为省级统筹模式，以及各省市人口老龄化的程度不同，本书对我国 31 个省市进行聚类分析，其中：

P_1——年末总人口；

P_2——出生率；

P_3——死亡率；

P_4——参保职工人数；

P_5——离退休人员；

P_6——参保职工人口占年末总人口比重；

P_7——参保离退休人口占年末总人口比重。

表 4－11　全国各省市数据

地区	P_1（万人）	P_2（‰）	P_3（‰）	P_4（万人）	P_5（万人）	P_6（%）	P_7（%）
全国	136 782	12.37	7.16	25 531.0	8 593.4	18.67	6.28
北京	2 152	9.75	4.92	1 163.7	228.9	54.07	10.64
天津	1 517	8.19	6.05	370.2	175.3	24.40	11.56
河北	7 384	13.18	6.23	908.3	353.6	12.30	4.79
山西	3 648	10.92	5.93	501.1	190.9	13.74	5.23
内蒙古	2 505	9.31	5.75	332.2	192.7	13.26	7.69
辽宁	4 391	6.49	6.23	1 167.3	601.9	26.58	13.71
吉林	2 752	6.62	6.22	415.6	261.1	15.10	9.49
黑龙江	3 833	7.37	6.46	646.7	443.4	16.88	11.57
上海	2 426	8.35	5.21	1 005.0	452.4	41.43	18.65

（续表）

地区	P_1（万人）	P_2（‰）	P_3（‰）	P_4（万人）	P_5（万人）	P_6（%）	P_7（%）
江苏	7 960	9.45	7.02	2 054.3	637.6	25.81	8.01
浙江	5 508	10.51	5.51	2 079.2	468.8	37.75	8.51
安徽	6 083	12.86	5.89	596.9	232.3	9.81	3.82
福建	3 806	13.70	6.20	708.1	140.2	18.60	33.83
江西	4 542	13.24	6.26	562.8	221.1	12.39	4.87
山东	9 789	14.23	6.84	1 858.7	511.5	18.99	5.22
河南	9 436	12.80	7.02	1 089.3	342.3	11.54	3.6.3
湖北	5 816	11.86	6.96	847.0	419.2	14.56	7.21
湖南	6 737	13.52	6.89	769.8	349.0	11.43	5.18
广东	10 724	10.80	4.70	4 363.6	445.9	40.69	4.16
广西	4 754	14.07	6.21	377.3	180.3	7.93	3.80
海南	903	14.56	5.95	182.4	59.9	20.19	6.63
重庆	2 991	10.67	7.05	532.2	293.3	17.79	9.81
四川	8 140	10.22	7.02	1191.6	648.1	14.64	7.96
贵州	3 508	12.98	7.18	274.3	87.1	7.82	2.48
云南	4 714	12.65	6.45	279.22	118.7	5.92	2.52
西藏	318	15.76	5.21	11.6	3.7	3.65	1.16
陕西	3 775	10.13	6.26	516.1	200.3	13.67	5.31
甘肃	2 591	12.21	6.11	193.9	105.0	7.48	4.05
青海	583	14.67	6.18	65.7	28.8	11.27	4.94
宁夏	662	13.10	4.53	107.2	44.2	16.19	6.68
新疆	2 298	16.44	4.97	341.6	149.1	14.86	6.49

运用 SPSS 对表 4－11 的数据进行层次聚类（系统聚类）分析，采用 Ward 聚类法，得到相应结果。

如果根据各地区城镇参保人口结构状况把 31 各地区分为 4 类，结果为：

第一类：广东、浙江，2 个；

第二类：山东、江苏、黑龙江、四川、湖北、重庆、吉林，7 个；

第三类：西藏、云南、贵州、广西、河南、新疆、宁夏、海南、青海、江西、陕西、湖南、甘肃、安徽、福建、内蒙古、山西、河北，18 个；

第四类：辽宁、天津、上海、北京，4 个。

根据聚类结果以及各省市特点，选取四个类别中具有典型意义的城市，它们分别为：

广东：人口流入大省；

重庆：城乡统筹下的新型城市；

河南：人口流出大省；

上海：老龄化大省，国际化大都市。

分地区、分性别、分工作种类进行步频差异化的延迟退休年龄。第一类地区从事体力劳动的男性在 2045 年可以完成退休年龄的调整，从事脑力劳动的男性在 2049 年可以完成退休年龄的调整，从事体力劳动的女性在 2060 年可以完成退休年龄的调整，从事脑力劳动的女性在 2048 年可以完成退休年龄的调整。第二类地区从事体力劳动的男性在 2037 年可以完成退休年龄的调整，从事脑力劳动的男性在 2049 年可以完成退休年龄的调整，从事体力劳动的女性在 2060 年可以完成退休年龄的调整，从事脑力劳动的女性在 2048 年可以完成退休年龄的调整。第三类地区从事体力劳动的男性在 2033 年可以完成退休年龄的调整，从事脑力劳动的男性在 2042 年可以完成退休年龄的调整，从事体力劳动的女性在 2047 年可以完成退休年龄的调整，从事脑力劳动的女性在 2039 年可以完成退休年龄的调整。第四类地区从事体力劳动的男性在 2029 年可以完成退休年龄的调整，从事脑力劳动的男性在 2035 年可以完成退休年龄的调整，从事体力劳动的女性在 2047 年可以完成退休年龄的调整，从事脑力劳动的女性在 2039 年可以完成退休年龄的调整。通过对养老金替代率，养老金筹资比例及养老金收支状况进行预测，得到相应结果如图 4－21、图 4－22 所示。

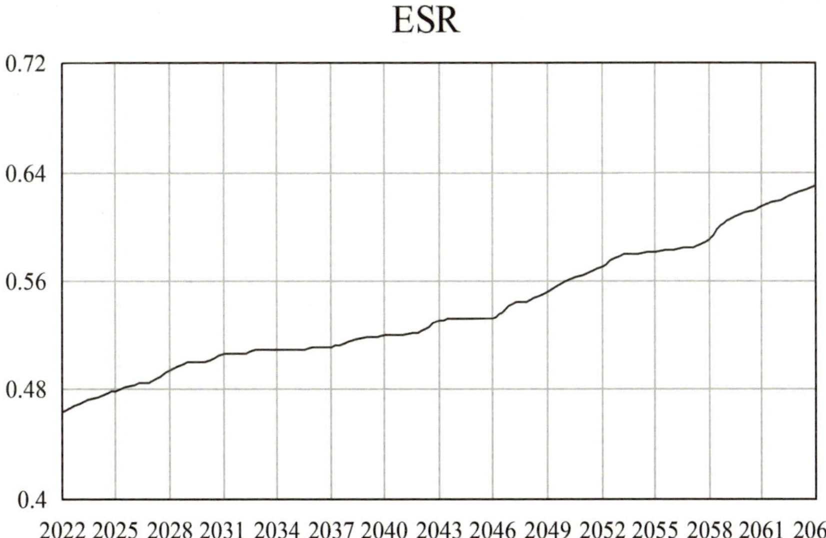

图 4－21　养老金替代率预测

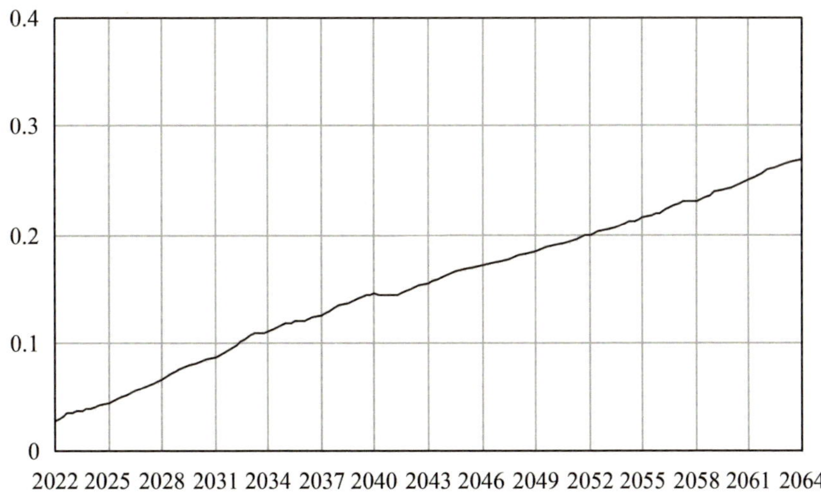

图 4－22　养老金安全系数预测

从图 4－21、图 4－22 中可以看出假如分性别实施渐进式延迟退休年龄，在 2064 年以后，养老金替代率可高达到 0.63 左右，养老金安全系数也将达到 0.26 左右。但是在这几十年间养老金安全系数线仅有个别处有波动，较利于养老金整体的安全性。

4.6 养老金关键参数对渐进式延迟年龄政策的敏感性分析

基本养老金缴费率的主要影响因素有社会平均工资水平、养老金参保率等。如图所示，在实施不同的渐进式延迟退休年龄方案时，参保人数增长率是不同的，但都是上升趋势。具体如图 4－23、图 4－24、图 4－25、图 4－26 所示。

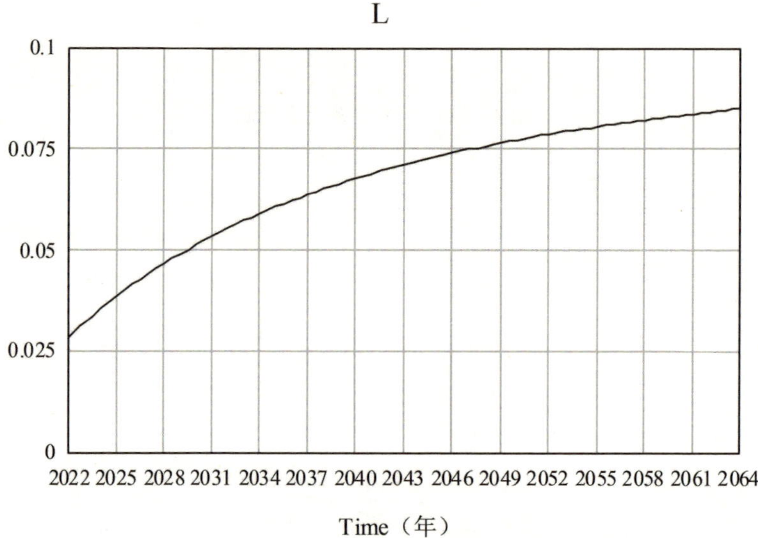

图 4－23 “一刀切”模式实施渐进式延迟退休年龄对参保人数增长率的预测

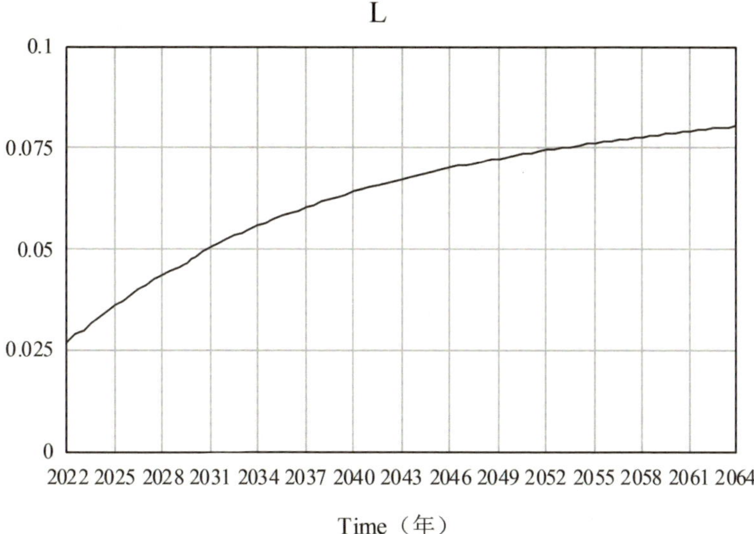

图4-24 “分性别”实施渐进式延迟退休年龄对参保人数增长率的预测

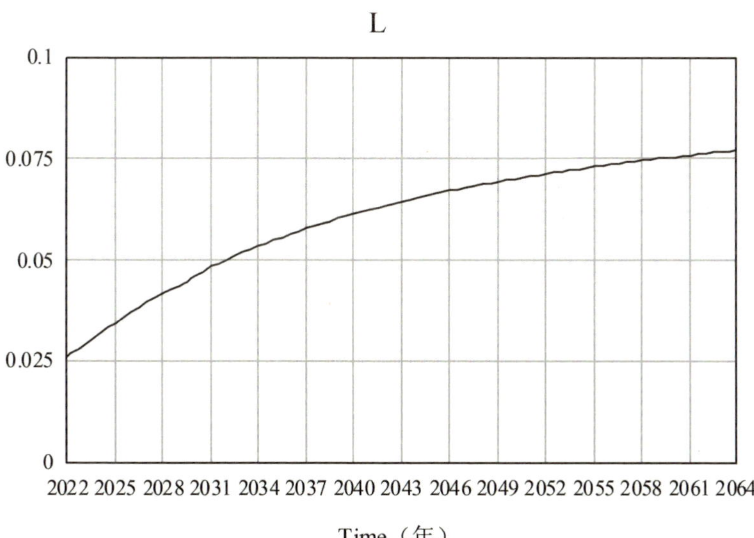

图4-25 “分性别，分工作种类”实施渐进式延迟退休年龄对参保人数增长率的预测

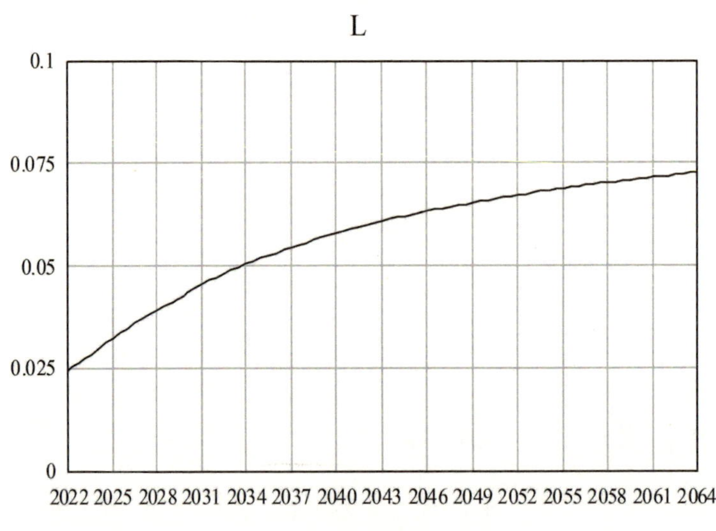

图 4－26 “分性别，分工作种类，分地区”实施渐进式延迟退休年龄对参保人数增长率的预测

通过对比我们发现，养老金缴交累积增长率在短期内波动幅度较小，上升程度平缓，后期则波动幅度较大，上升趋势逐渐明显；而在缴交的规模上较之前有了一定幅度的上升。可见，养老金的参保人数决定了养老金缴交率的基础。养老金缴交累计增长率的敏感度分析如图 4－27、图 4－28、图 4－29、图 4－30 所示。

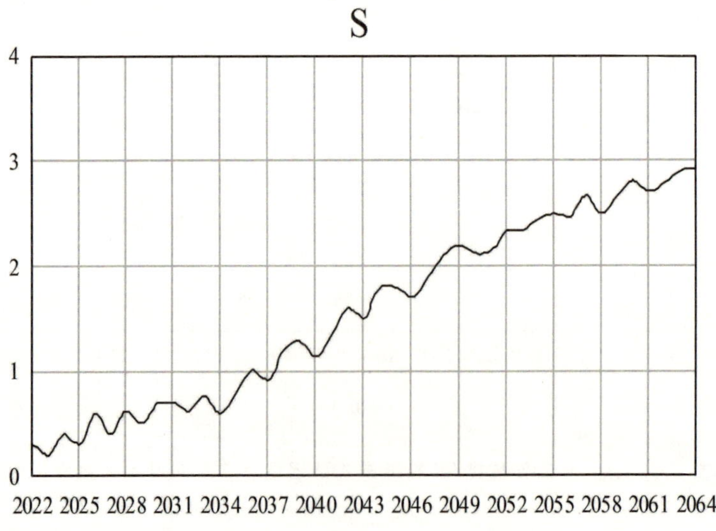

图 4－27 “一刀切”模式实施渐进式延迟退休年龄对养老金缴交累积增长率的影响

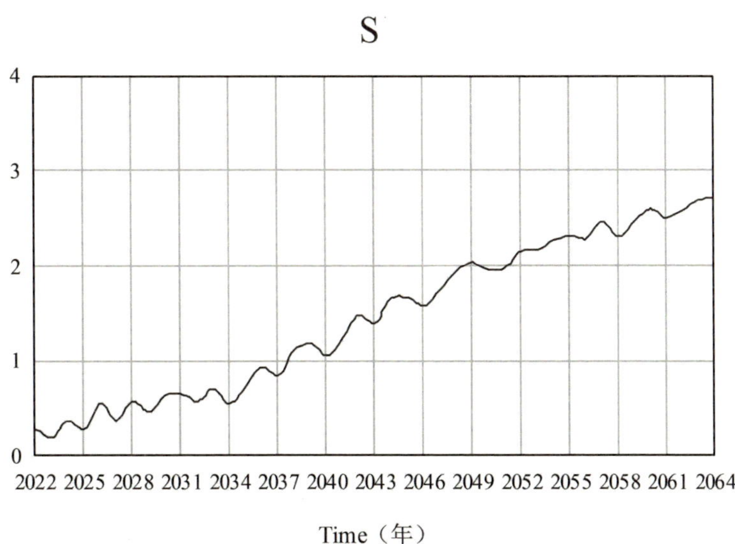

图 4-28　“分性别”实施渐进式延迟退休年龄对养老金缴交累积增长率的影响

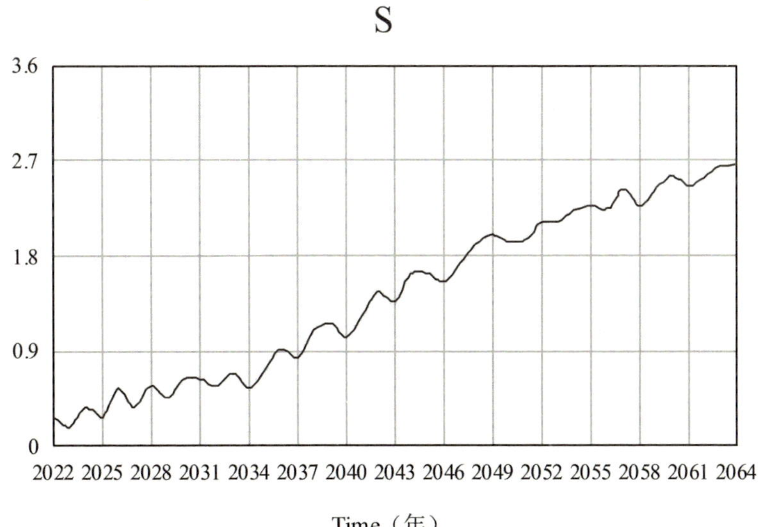

图 4-29　“分性别，分工作种类”实施渐进式延迟退休年龄对养老金缴交累积增长率的影响

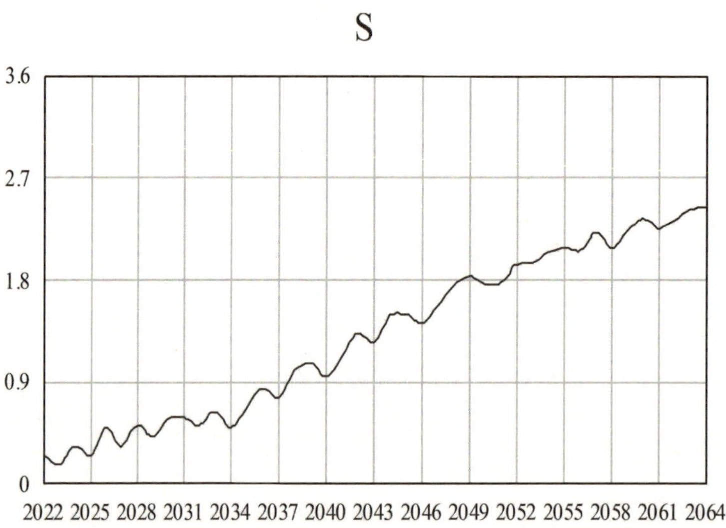

图 4－30 “分性别、分工作种类、分地区”实施渐进式延迟退休年龄对养老金缴交累积增长率的影响

然后，分析社会平均工资的变化情况对养老金缴交率的影响，分别将社会平均工资的增长速度提高至当前工资水平的 1.2 倍、1.4 倍和 1.6 倍，养老金缴交率的预计变化状况如图所示，通过图 4－31 可以看出社会平均工资的变化对养老金缴交率的变化影响较为明显，养老金的缴交率增长速度随着社会平均工资的增加而逐步提升。

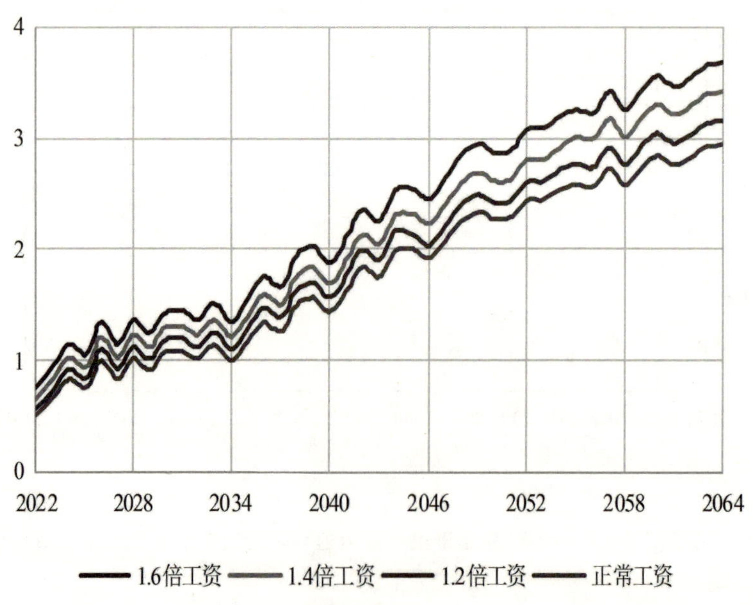

图 4－31 社会平均工资变化对养老金缴交累积增长率的影响

本章小结

养老保险基金的可持续问题是一个复杂的系统问题，针对这样一个复杂问题，本章采用系统动力学这一被称为“公共政策实验室”的研究方法研究了渐进式延迟退休年龄政策对我国养老保险基金均衡的影响。首先构建了养老保险基金的筹集系统、投资系统以及发放系统等子系统的系统动力学分析框架，然后构建了渐进式延迟退休年龄政策对我国养老保险基金均衡的总系统动力学框架。最后是使用这个系统动力学分析框架对我国渐进式延迟退休年龄政策对我国养老保险基金均衡的政策仿真和政策参数调整进行了敏感度分析，分析结果表明：延迟退休年龄对我国养老保险基金的均衡有很好的正向积累效应，分地区、分性别、分工种的差异化灵活延迟退休政策在满足社会意愿的情况下，相对于“一刀切”政策不影响其对养老保险基金均衡的影响，同时也使养老金安全系数曲线波动更加平稳。

第 5 章

延迟退休年龄对就业的影响

本章首先尝试从岗位“替代—创造”效应的角度，分析延长退休年龄对就业的影响。根据劳动力市场恒定理论，对岗位替代效应做了简单的阐述，然后使用变期限迭代模型分析了影响岗位创造效应、岗位替代效应的各因素。最后发现社会保险缴费率、就业率、失业保险替代率、失业保险覆盖面、人口增长率、工作退休两期时长差、资本的收入份额等对于延迟退休的就业效应上起到的影响力度不同，但是它们仍然不能决定就业的总体方向。另外，本书还用上海市的数据对岗位“替代—创造”效应进行了算例分析说明。

5.1　渐进式延长退休年龄政策的岗位替代效应

5.1.1　就业需求结构静态意义上的岗位替代效应

根据劳动力市场恒定理论，在一定时间阶段内，劳动市场上的劳动力需求是一定的，所以说延迟退休之后必将产生劳动力过剩现象，即所谓的劳动力替代效应。对于劳动力的替代效应难以定量研究，这主要是因为当前的社会动态变化迅速，各行各业转化力度较大，从而带动劳动力需求的变化周期越来越短。如果假设退休年龄改革方案严格执行，并且劳动力需求长期保持不变，那么劳动力替代效应与延迟退休的年龄幅度、老年从业人员正相关，与行业种类数量、劳动者死亡率、经济发展速度负相关。

5.1.2　就业需求结构动态意义上的岗位替代效应

随着时间的推移和经济的发展，新的就业结构需求就会应运而生。年轻劳动力会更倾向于向互联网经济、虚拟现实经济、大数据经济、智能制造等领域流动，而我国目前短期内延迟退休的劳动力主要集中在传统行业和传统领域，因此，他们的延迟退休并不一定对年轻人的就业有很大的岗位替代效应，而且这种岗位替代效应会随着时间的推移和时代的变迁而动态变化，并不一定呈现简单的加减关系。

5.2　渐进式延长退休年龄政策的岗位创造效应

5.2.1　基本假设设定

本书试图使用变期限迭代模型来分析延迟退休对青年人就业产生的影响。该模型的研究焦点在于从数据上定量的研究延迟退休年龄政策实施之后，不仅存在的岗位挤占效应，同时存在的有利岗位创造效应，并且通过模型理论和公式定量分析两者的大小。

变期限迭代模型的基本思想是基于如下几点：

（1）延迟退休之后，在产生挤占效应的同时也产生和存在改善社保基金收支状况，促进青年人就业、创业的退休改革路径，从而有别于简单的传统思维。

（2）提出了新的岗位创造机制，即是“延迟退休—赡养率改善—缴费率下降—用工成本减轻—就业岗位增加——促进创业就业”机制。

（3）本理论模型阐述的作用机制异于不同年龄段就业交叉弹性和消费差异的假设，比较实际可靠。

（4）模型的定量计算必须基于某些假设，本模型的假设在于短时期内劳动者工资固定，其次是短时期内劳动力供给量需求不变等这两个前提假设。

在使用本模型时，注意考虑地区性差异，文中将依上海市的基本数据来验证本模型的实用性和有效性。

5.2.2　基本模型构建

本书利用变期限迭代模型分析延迟退休对青年人的就业产生的影响。本书依照上海地区的青年和老年的现状，进行算例分析和仿真。具体基本迭代模型如下所示。

N^1、N^2分别代表上海市的青年人口数量和老年人人口数量(65 岁以上),n 为人口增长率,根据基本常识,$N^1=N^2(1+n)$假设老年人的时间长度经过标准化之后是 d,青年人的时间长度标准化之后为 1,那么预算的平常人的寿命就是 $1+d$。假设劳动者在工作期间的平均工资为 W,缴纳的社会保险比例是 θ,由此计算出的企业用工成本是$(1+\theta)W$,假设劳动者的退休时间是 a,那么实施延期退休之后的劳动人群符合公式为:

$$N^r=(d-a)N^2 \tag{5.1}$$

迭代模型中,产生的劳动替代弹性函数如式(5.2)所示:

$$Y=[\eta K_\rho+(1-\eta)L^\rho]^{1/\rho} \tag{5.2}$$

其中 $\rho=(\sigma_{KL}-1)/\sigma_{KL}$,公式中,$\eta$ 代表生产资本的使用效率,$1-\eta$ 代表劳动者平均劳动效率,σ_{KL} 代表生产者的劳动替代弹性。根据计算,$\sigma_{KL}=1$ 或 $\rho=0$ 时,替代弹性函数就会发生变化—柯布—道格拉斯函数变换。生产厂商的目标函数依照利润最大化为目标,求得劳动力需求的条件,满足如下公式:

$$(1+\theta)W^*=\partial Y/\partial L=(1-\eta)[\eta(K/L)^\rho+(1-\eta)]^{(1-\rho)/\rho} \tag{5.3}$$

本模型的主要研究目的是分析在延迟退休年龄政策实施之后,市场不单产生挤出效应,同时存在相当大的岗位创造效应。在本模型的启动计算过程中要设定几个基本条件。第一是劳动人员的工资相当固定,其次是劳动力供给无弹性。本书的研究抛开了就业者的基本刚性意愿,而是单纯的考虑到基本就业常识,即当工作岗位增加时,就业者的就业概率和机会就会增加,反之,就业者的就业概率开始下降。这就是所谓的劳动力供给无弹性。

从式 5.3 中可以看出,当劳动者的工资固定时,当缴费率增加时,劳动力的需求将会下降,即呈负相关的关系,这说明缴费率下降引起企业雇佣劳动者的数量上升,这就是所谓的岗位创造效应。

假设 l 为就业率,从而 $1-l$ 为失业率,由此可以得出劳动力市场的条件为:

$$l=L/N^w=L(1+n)/[N^1(1+n+a)] \tag{5.4}$$

根据式 5.3 和式 5.4 可以发现,在缴费率和劳动者的工资不变的情况下,片面的延迟退休年龄时,会使就业率大幅度下降,产生岗位挤出效应。

影响延迟退休策略好坏评价的还有社会保险这一重要因素。上海的社会保险根据保险不同、个人的待遇不同、缴费年限不同等存在不同的险种。我国社会保险主要的特点主要有:第一,我国的社会保险主要是个人投资和社会投资相互结合。第二,延迟退休后在个人保险的账户上有所缓解,这对于减轻社会保险压力是有利的。第三，我国的失业保险相对较少，保险率仅为 0.66，用 ε 来表示。

根据我国上海的保险因素，根据政府的相关预算，满足如下的条件：

$$\theta N^W/W^* = P(d-a)N^2 + (1-l)\varepsilon_\delta N^W \lambda W^* \tag{5.5}$$

公式中，λ 代表劳动者失业保险的替代率；P 代表劳动者退休之后的养老金待遇；假设 δ 代表劳动者未退休时的养老金替代率；根据我国相关文献资料，我国退休养老金的多少与上缴年限有关，大部分区域都是上缴保险的年数越多，退休后获得的养老金越多。本书中的替代率为 $p=\delta(1+a)/W^*$。

退休后的养老金多少与上缴年限挂钩的同时，一般的劳动者失业后将不需要上缴社会保险，但在之后的新工作中会做相应扣除，所以说替代率 P 与失业保险和劳动者的失业率相关。为了维护社会平衡，社会保险应满足如下公式：

$$\theta = [\delta(1+a)(d-a)l + (1-l)\varepsilon_\mu \lambda (1+n+a)]/[l/(1+n+a)] \tag{5.6}$$

从公式中可以看出，公式中的分母和分子 $\delta(d-a)l$ 分别是保险的年限效应和领取保险金的年限效应，分子中的 $\delta(1+a)l$ 则进一步体现了替代率效应，公式中的参数公式 $(1-l)\varepsilon_\mu\lambda(1+n+a)$ 是体现了当劳动者延迟退休之后对保险计划产生的相关影响情况。

5.2.3　模型求解和影响因素分析

整合式 5.2 到式 5.6，得到如下模型公式：

$$\frac{\delta(1+a)(d-a)l + (1-l)\varepsilon_\mu\lambda(1+n+a)}{[l(1+n+a)]} = (1-\eta)[\eta(K/L)^\rho + (1-\eta)]^{(1-\rho)/\rho}/W^* - 1 \tag{5.7}$$

上述公式中，主要体现的是就业率与退休年龄之间的影响关系。在本模型中，关于就业与退休年龄之间的关系主要从如下两个方面分析。第一方面是关于社会岗位创造和挤出效应的大小情况，在延迟退休之后，社会保险必然得到改善并且上缴赡养率不会降低，从而产生一定的社会岗位创造效应。当 $\mathrm{d}l/\mathrm{d}a>0$ 时，就能改善就业也就是岗位创造效应大于挤出效应。反之出现就业率下降问题。一般来讲，延迟退休之后，社会中的部分岗位被占用是必然的，为了缓解就业，重要方法之一就是通过降低社会保险的缴费率来减轻企业的用工成本，从而创造出新的就业岗位，所以关于第二方面的指标就是 θ^r/θ^f，因式中 θ^r 代表补偿老年人在职之后的岗位占用引起的社会保险率必然降低的幅度，以后在下文中成为“必然缴费率下降”；θ^f 被简称为“可行的缴费率下降”，即是在延迟退休之后，存在社会制度内的赡养率的改善，造成社保缴费率可以下降到一定幅度的同时仍然维持原先的社保基金收支状况，该指标实际就是关于“岗位创造效应”的衡量数值化。从因式中不难看出，如果 $\theta^r/\theta^f<1$，说明延迟退休之后，岗位的创造前景较好，社保可行的缴费率下降幅度首先可以补偿老年人占用的岗位，其次还可以维持青年人就业率不降低；如果 $\theta^r/\theta^f>1$，则说明延迟退休之后，社会中的岗位占用现象偏大，需要新的途径来解决。

对式 5.7 两端求导之后得到如下结果：

$$\frac{\mathrm{d}l}{\mathrm{d}a}\Big|_{a=0}=l2\frac{\delta(1-d)+(1+\theta)\chi_K/\sigma_{KL}}{(1+n)[(1+\theta)l\chi_K/\sigma_{KL}-\varepsilon_\mu\lambda]} \tag{5.8}$$

$$\chi_K=\eta(K/L)^\rho/[\eta(K/L)^\rho+(1-\eta)] \tag{5.9}$$

$$\theta^r/\theta^f=\{(1+\theta)[\chi_K/\sigma_{KL}-(1-\gamma)W_0/\bar{W}]\}/\delta(1-d)+\theta] \tag{5.10}$$

如上述式 5.8，尽管两个评价延迟退休就业的指标含义有所不同，但从根本上说是对应统一的，当 $\mathrm{d}l/\mathrm{d}a>0$ 时，推导出 $\theta^r/\theta^f<1$，说明岗位创造效应大于岗位挤出效应，反之，说明岗位挤出效应大于岗位创造效应。从式 5.9 中可以看出，χ_K 代表在现实生活中的资本收入份额，在 $MPK.K\mid(MPK.K+MPK.L)$ 中，MPK 为资本的边际输出，MPL 为劳动边际产出，根据式 5.8，在 $\chi_K/\sigma<[\delta(1-d)+\theta]/(1+\theta)$ 时，$\mathrm{d}l/\mathrm{d}a>0$，这说明在此时延迟退休年龄不仅不会减少就业岗位，市场还会在该种情况下提供很多就业岗位。

在式 5.8 中，每个参数对延迟退休就业效应的影响如表 5-1 所示。

表 5-1　公式参数对岗位的影响作用①

参数符号	含义	对方向的影响	对规模的影响
δ	替代率	+	+
$1-d$	工作退休两期时长差	+	+
θ	社会保险缴费率	+	−，$\chi_K/\sigma_{KL}>\lambda\varepsilon_\mu/[l[1-\delta(1-d)]+\lambda\varepsilon_\mu]$
χ_K	资本的收入份额	−	−
σ_{KL}	资本劳动替代弹性	−	+
n	人口增长率	无	−

① 数据来源：http://www.stats-sh.gov.cn/data/toTjnj.xhtml? y=2013

（续表）

参数符号	含义	对方向的影响	对规模的影响
l	就业率	无	$-,\varepsilon_\mu\lambda>(1+\theta)\chi_K/2\sigma_{KL}$
λ	失业保险替代率	无	$+,\varepsilon_\mu\lambda<(1+\theta)\chi_K/2\sigma_{KL}$
ε_μ	失业保险覆盖面	无	$+,\varepsilon_\mu\lambda<(1+\theta)\chi_K/2\sigma_{KL}$

如表 5-1 中所示，当 $1-d>0$ 时，也即是代表常规的工作时间大于退休时间，在延迟退休之后，替代率效应会小于领取的年限效应，以至于社会保险替代率上升，造成的工作和退休期时长差距变大，对就业的影响也会扩大，社会保险缴费率提高，在延迟退休之后，缴费年限效应也会增强，养老基金的收入也会增长，不过由于缴费率是企业用工成本的重要组成部分，当缴费率扩大后，企业为了减少成本，岗位占用必然加重。假设就业率不变，根据式 5.7 之后的变形，社保缴费率和就业之间的关系证明如下：

$$\theta^r=|\mathrm{d}\theta/\mathrm{d}a|_{l-\bar{l}}|=(1+\theta)W^*\chi_K\bar{l}/[\sigma_{KL}(1+n)] \tag{5.11}$$

在公式中反映的主要问题是，如果要延迟退休年龄且保证就业率不变，那么必然需要降低社保缴费率。反之在社保缴费率偏高时，则就业率就难以保证，也就是挤出效应会更加明显。公式中同时说明了资本收入份额以及资本劳动替代弹性在延迟退休之后对岗位和就业的影响。总结起来就是，在其他条件不变的情况下，当资本收入份额偏高或者劳动资本替代弹性较小时，企业会对人工成本变动的敏感度降低，为了维持同等程度的就业水平，社会保险的缴费率必然会下降；除此之外，如果企业的劳动力用工成本敏感度变弱，则延迟退休之后对就业的影响规模也会大大减弱。

从本迭代模型中可以看出，城市的人口增长率以及就业率对于延迟退休的就业效应上起到的影响力度不同，不能决定就业的总体方向。在本模型中，人口的增长率与人口的赡养率关系比较密切，可以从侧面推导出，当人口的增长率减小时将使赡养率降低，延迟退休后回到劳动力市场的老年人也会增多，从而对就业率产生巨大影响。在本迭代模型中，当企业的失业保险偏高时，失业率的敏感度会上升，反之，造成失业率的升高，也就是对就业影响也会加大。延迟退休之后，将有相当的一部分人成为失业人口，所以说失业保险的力度也是影响就业问题的一个很重要因素，这在本模型中有很好的体现。下面将以上海市为例通过本迭代模型进行算例分析。

5.3 渐进式延长退休年龄政策的岗位创造效应实验数据检验

5.3.1 数据来源

通过上述基本迭代模型可以看出，模型的各项参数包括社保缴费率、人口增长率、资本份额、退休年龄等基本数据。根据人社部规定，我国的企业社会保险企业缴费率不超过社会平均工资的 20%，个人缴费为 8%。失业保险的缴费率为企业缴纳 2%，个人承担 1%；企业上缴医疗保险的上限是社会平均工资的 6%。尽管上海市人社局基本上严格按照上述规定执行。但还是难以保证每个企业都会在缴存上有个别差异，本书的计算是以参保的总份额除以参保总人数，求出平均工资以及平均缴费作为参考。下文中关于上海的数据和基本情况来自上海统计年鉴(2010—2014)。

1) 上海市基本经济

上海市在 2014 年创造的生产总值(GDP)为 23 560.94 亿元，比起 2013 年增长了 7 个百分点，具体见图 5-1。

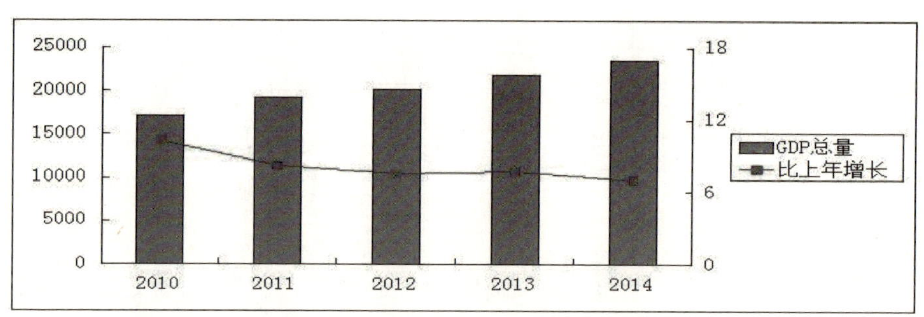

图 5-1　2010—2014 年上海市生产总值[①]

从图 5-1 中可以看出，近五年来，上海市的生产总值总量不断增长，但是其同比增长率出现了小幅度的下降。根据上海市统计局的相关数据显示，2014 年，上海市的第三产业的增加值占到了上海市 GDP 的 64.8%，可以看出，上海市的经济

① 数据来源：http://www.stats-sh.gov.cn/data/toTjnj.xhtml? y=2013

发展主要依赖于第三产业的发展。另外,按照上海市常住人口总量计算,上海市的人均生产总值为9.73万元。

2)就业和保险情况

根据上海市统计局的相关数据显示,2014年,上海市常住人口总量达到了2 425.68万人。具体地,其户籍常住人口占到了58.92%,而外来常住人口占总人口的41.08%。可以看出,上海市有接近一半的外来常住人口。另外,上海市的人口自然增长率为0.314%,其中户籍人口自然增长率为0.07%。另外,上海市的户籍人口平均预期寿命高达82.29岁。其中,男性的平均预期寿命为80.04岁,女性的平均预期寿命为84.59岁。

上海市2014年新增的就业岗位有59.96万个,农村多余的劳动力转非农行业就业的有10.78万个。2014年新安置16 296名就业困难的人员,新消除231户零就业家庭。2014年,上海市共帮助11 014人创业成功,同时也协助6 754名长期失业的年轻人实现再就业。其中高技能的人才占到了29%。另外,2014年,上海市共有626人入选中央千人计划,有442人入选上海"千人计划"。上海市对53.40万人进行了职业培训,使其更好地适应或者胜任各项工作。其中,接受培训的人中,农民工有24.64万人。到2014年年末,全上海市的城镇登记失业率降低到了4.2%。其中,2010—2014年新增就业岗位情况见图5-2。

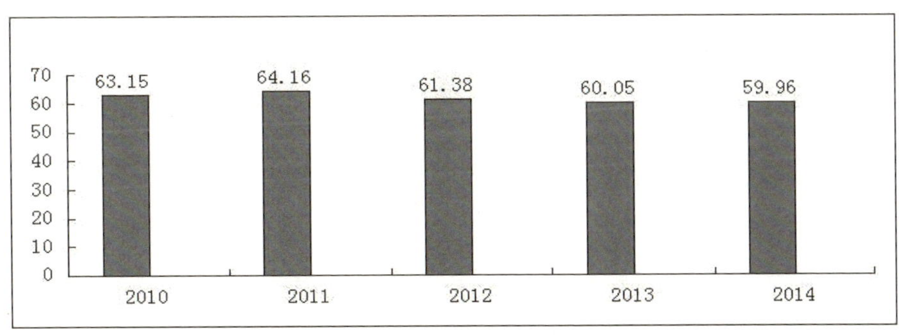

图5-2 2010—2014年新增就业岗位情况[①]

从图5-2中可以看出,2014年上海市全市新增加的就业岗位有59.96万个,该值与前四年相比较,有一定程度的下降。然而,参加基本养老保险的最低标准有了小幅度的提高,并且参加养老保险的人也有所增加。具体地,截至2014年年末,

① 数据来源:上海统计局,http://www.stats-sh.gov.cn/data/toTjnj.xhtml? y=2013

上海市有 1 373.37 万人参加了城镇职工基本养老保险，而城乡居民中仅有 78.3 万人参加了基本养老保险。关于最低生活标准方面，上海市农村最低生活保障从 2013 年的 6 000 元提高到 7 440 元，城镇最低生活保障标准从 2013 的每人每月的 640 元提高到了 2014 年的 710 元，另外，上海市的月最低工资、小时最低工资标准都有一定程度的提高。具体地，小时最低工资标准已经从 2010 年的 14 元提高到了 17 元，月最低工资标准也已经从 2010 年的 1 620 元提高到 1 820 元。上海市各区、县户籍老年人口年龄构成的具体数据如表 5－2 所示。

表 5－2　上海市各区、县户籍老年人口年龄构成(2012)　　(单位:万人)

地区	合计	60～64 岁	65～79 岁	80 岁及以上
全　市	367.32	122.05	178.24	67.03
浦东新区	68.63	23.32	33.53	11.78
黄浦区	24.82	8.52	10.79	5.51
徐汇区	24.40	7.45	12.02	4.93
长宁区	15.78	4.85	7.66	3.27
静安区	8.80	2.81	4.05	1.94
普陀区	24.12	8.48	10.89	4.75
闸北区	18.36	6.50	8.29	3.58
虹口区	22.10	7.53	10.07	4.49
杨浦区	28.32	9.71	13.01	5.60
闵行区	24.22	7.94	12.29	4.00
宝山区	22.91	8.16	10.93	3.82
嘉定区	15.19	4.94	7.69	2.56
金山区	12.60	4.08	6.73	1.79
松江区	13.35	4.25	7.01	2.09
青浦区	11.23	3.44	5.98	1.80
奉贤区	12.96	4.24	6.79	1.92
崇明县	19.53	5.85	10.50	3.19

从表 5－2 中可以看出，上海市的老年人口比例相对较大，尤其是 60～64 岁人口偏多，这就说明上海市的延迟退休年龄政策的实施很具有必要性。这有利于减

轻上海市的社会压力和充分利用剩余劳动力、促进社会发展。其中，上海市各年份社会保险的参保人数见表 5 - 3。

表 5 - 3 各个年份社会保险的参保人数① （单位：万人）

指标	2010	2012	2013
城镇的基本养老保险			
城镇职工	522.45	921.11	922.43
个体工商户人员和自由职业人数	20.44	26.87	29.92
领取养老金的离休退休人数	352.03	378.40	390.63
城镇职工的基本医疗保险			
城镇职工	608.42	954.46	955.70
享受医保的离休退休人数	391.33	421.52	438.39
城镇居民基本医疗保险	259.17	262.59	256.40
城镇职工的失业保险	556.21	617..35	626.74
城镇职工的生育保险	657.31	711.53	713.90
城镇职工的工伤保险	556.36	898.94	904.08
农村合作医疗	148.95	113.21	104.70
少儿住院基金	197.19	208.65	218.94

需要说明的是，自《中华人民共和国保险法》颁布以来，上海市已经于 2011 年对与社会保险相关的政策做出了调整。同时也对养老、工伤、医疗、生育、失业等保险做出了调整。从表 5 - 3 中不难看出，上海的法定缴费率在 60%左右，由于上海的经济比较发达，缴费率偏高，这种情况下很大程度上保证了劳动者的生活保障但也给了企业很大的成本压力。表 5 - 4 是上海 2013 年离休、退休人员的养老金情况。

表 5 - 4 离休、退休、退职人员养老金（2013） （单位：亿元）

指 标	合 计	国有单位	集体单位	其他单位
离休、退休、退职人员养老金	1 192.33	525.46	136.42	530.45
离休职工的离休费用	9.57	6.90	0.15	2.52

① 数据来源：上海统计局，http://www.stats-sh.gov.cn/data/toTjnj.xhtml? y=2013

（续表）

指　标	合　计	国有单位	集体单位	其他单位
退休职工的退休费用	1 173.62	515.03	134.27	524.32
退职人员的退职生活费用	9.14	3.53	2.00	3.61

需要说明的是，表 5 - 4 中的“其他单位”包括了港澳台及外商企业。从表 5 - 4 中可以看出，2013 年国有单位离休和退休人员的养老金要高得多，职工离休后待遇较高。表 5 - 5 是对上海市主要年份离休、退休人数的统计。

表 5 - 5　主要年份离休、退休及退职职工人数[①]　　（单位：万人）

指标	2000	2010	2011	2012
总　计	234.23	352.02	363.95	378.40
国有单位	165.55	166.38	164.54	165.99
离　休	3.39	1.82	1.71	1.60
退　休	161.03	160.53	158.97	160.65
退　职	1.13	4.03	3.86	3.74
集体单位	50.22	46.97	45.63	46.40
离　休	0.10	0.04	0.04	0.04
退　休	48.40	45.15	43.92	44.73
退　职	1.72	1.78	1.67	1.63
其他单位	18.46	138.67	153.78	166.01
离　休	0.21	0.68	0.65	0.60
退　休	18.05	132.29	146.95	158.91
退　职	0.20	5.70	6.18	6.50

正如表 5 - 5 中所示，上海市的离休和退休职工的人员在逐年增加，也无形中增加了企业、国家负担，这将引起了延迟退休的必要性。

5.3.2　对基本模型检验

接下来，本书将上海市统计年鉴中得到的失业保险、失业率、社保缴费率、劳动

① 数据来源：上海市人力资源和社会保障局

替代率等参数代入模型进行模型的基本检验，得到的数据结果如表 5-6 所示。

表 5-6　模型计算结果

时间	θ^r	θ^f	θ^r/θ^f
全市	2.05	2.22	0.9
浦东新区	2.82	7.53	0.37
黄浦区	0.63	1.79	0.35
徐汇区	0.051	1.02	0.05
长宁区	0.33	0.66	0.63
静安区	2.81	8.05	0.34
普陀区	5.18	10.89	0.47
虹口区	0.028	0.07	0.4
杨浦区	9.71	13.01	0.6
闵行区	1.02	12.29	0.08
宝山区	6.21	1.9	3.26
嘉定区	1.76	0.69	2.56
金山区	7.15	2.73	2.62
松江区	0.63	7.01	0.09
青浦区	2.44	5.99	0.40
奉贤区	6.9	6.79	1.02
卢湾区	6.09	17.89	0.34
崇明区	1.59	0.50	3.19

根据表 5-6 的计算结果，得到以下四个结论：

(1) 从总体来看，延迟退休政策是否施行，与施行时间和力度有关。根据公式验证结果，上海市的延迟退休就业效应为正，约为 0.66%。这就是说，在上海施行延迟退休策略之后，就业率会上升 0.66 个百分点，延迟退休的岗位创造效应大于岗位挤占效应，在工资水平和社会保险缴存不变的情况下就业率不会降低。

(2) 根据计算得到 θ^r/θ^f 的数值大约为 0.9，这说明，在延迟退休之后岗位的挤占占到岗位创造效应的 90% 以上，也就是说在不影响青年人就业的情况下，即便是社保缴费率下降 8% 以上，仍然可以维持社保基金的收支情况。

(3) 延迟退休和就业效应与资本劳动的替代弹性密切相关。对于上海的不发达地区 θ^r/θ^f 的值平均(崇明、奉贤、金山、嘉定、宝山)为 2.0,这就说明延迟退休之后,岗位的挤占现象严重,这与地区的经济活跃程度密切相关。

(4) 对于传统产业和老工业地区,延迟退休年龄影响较大,对于第三产业和服务业集中的地区,延迟退休的岗位挤占效应影响很小,甚至创造出大量的岗位,增加了就业。

5.3.3 研究结论

根据以上结论,可见延迟退休政策固然存在挤出效应,但也在一定程度上产生创造岗位效应,从而创造就业机会。要想保持就业率不降低的同时,保证延迟退休策略的施行,需要扩大这种岗位创造效应。两种效应的大小要看该地区生产力的发展和地区的行业结构,一般来说第三产业、服务业发展迅速的地区岗位创造效应大于挤占效应,相反对于传统产业和重工业作为支柱的地区岗位创造效应要小于挤占效应。所以说就全国而言东部地区的岗位创造效应大于西部地区,南方地区的岗位创造效应大于北方地区。表 5-7 是上海各个区间的效应对比表。

表 5-7 上海各个区间的效应对比表

区县名称	效应对比	对比结果(直观)
全市	岗位创造效应>岗位挤占效应	大于
浦东新区	岗位创造效应>岗位挤占效应	大于
黄浦区	岗位创造效应>岗位挤占效应	大于
徐汇区	岗位创造效应>岗位挤占效应	大于
长宁区	岗位创造效应>岗位挤占效应	大于
静安区	岗位创造效应>岗位挤占效应	大于
普陀区	岗位创造效应>岗位挤占效应	大于
虹口区	岗位创造效应>岗位挤占效应	大于
杨浦区	岗位创造效应>岗位挤占效应	大于
闵行区	岗位创造效应>岗位挤占效应	大于
宝山区	岗位创造效应<岗位挤占效应	小于
嘉定区	岗位创造效应<岗位挤占效应	小于
金山区	岗位创造效应<岗位挤占效应	小于

（续表）

区县名称	效应对比	对比结果（直观）
松江区	岗位创造效应＞岗位挤占效应	大于
青浦区	岗位创造效应＞岗位挤占效应	大于
奉贤区	岗位创造效应＜岗位挤占效应	小于
卢湾区	岗位创造效应＞岗位挤占效应	大于
崇明区	岗位创造效应＜岗位挤占效应	小于

从表 5－7 中可以看出，上海的大部分地区在当前经济结构下创造效应大于挤占效应，延迟退休之后，上海总体的验证也是创造效应大于挤占效应，这与上海的经济发展和行业机构密切相关。

5.3.4　不同延迟退休方案的效应分析

根据前面预测出来的社会保险缴费率、失业保险、失业率、社保缴费率、劳动替代率等参数代入模型进行模型的基本检验，结合如下几种渐进式延迟退休方案，得到的延迟退休对就业影响的上海市挤占效应和创造效应之比如表 5－8、表 5－9、表 5－10、表 5－11 所示。

方案 1：男女都 65 岁，每年延长 3 个月；检验结果为表 5－8。

表 5－8　检验结果（方案 1）

时间	θ^r	θ^f	θ^r/θ^f
2020	2.21	2.94	0.75
2025	6.24	2.99	2.09
2030	2.98	1.84	1.62
2035	1.86	0.57	3.26
2040	0.94	0.77	1.22
2045	4.26	2.19	1.95
2050	0.95	0.32	2.97

方案 2：男女都 65 岁，每年延长 4 个月；检验结果见表 5－9。

表 5－9　检验结果(方案 2)

时间	θ^r	θ^f	θ^r/θ^f
2020	2.14	2.88	0.74
2025	2.67	2.9	0.92
2030	0.93	1.67	0.56
2035	1.51	1.94	0.78
2040	2.38	2.93	0.81
2045	4.72	5.36	0.88
2050	0.84	2.66	0.32

方案 3:男 65 岁女 60 岁,每年延长 3 个月;检验结果见表 5－10。

表 5－10　检验结果(方案 3)

时间	θ^r	θ^f	θ^r/θ^f
2020	2.35	2.97	0.79
2025	0.85	1.68	0.51
2030	0.46	1.55	0.30
2035	2.34	2.98	0.79
2040	0.75	2.91	0.26
2045	0.84	1.67	0.50
2050	3.77	5.94	0.63

方案 4:男 65 岁女 60 岁,每年延长 4 个月,检验结果见表 5－11。

表 5－11　检验结果(方案 4)

时间	θ^r	θ^f	θ^r/θ^f
2020	2.05	1.89	1.08
2025	2.26	1.38	1.64
2030	1.86	0.55	3.38
2035	2.79	2.99	0.93
2040	2.9	0.76	3.82

（续表）

时间	θ^r	θ^f	θ^r/θ^f
2045	1.67	0.37	4.51
2050	2.79	2.14	1.30

根据表 5 - 8 至表 5 - 11 的计算结果，得到以下结论。

从总体来看，延迟退休政策是否施行与施行时间和力度有关。根据公式验证结果，方案 1 和方案 4 中，延迟退休岗位创造效应小于挤出效应，在工资水平和社会保险缴存不变的情况下，就业率会降低，而方案 2 和方案 3 则表现为延迟退休的岗位创造效应大于岗位挤占效应，在工资水平和社会保险缴存不变的情况下就业率不会降低。

本章小结

本章尝试用变期限迭代模型分析延迟退休对青年人的就业的影响，其核心思想是用延迟退休的岗位创造替代效应与创造效应之比来研究渐进式延迟退休年龄政策对就业的影响。岗位创造替代效应与创造效应之比与社会保险缴费率、失业保险、失业率、社保缴费率、劳动替代率等参数变量有关。渐进式延迟退休年龄对就业的影响第一方面是关于社会岗位创造和挤出效应的大小情况，在延迟退休之后，社会保险必然得到改善并且上缴赡养率不会降低，从而产生一定的社会岗位创造效应。当 $dl/da>0$ 时，就能改善就业也就是岗位创造效应大于挤出效应。反之出现就业率下降问题。一般来讲，延迟退休之后，社会中的部分岗位被占用是必然的，为了缓解就业，重要方法之一就是通过降低社会保险的缴费率来减轻企业的用工成本，从而创造出新的就业岗位。所以关于第二方面的指标就是 θ^r/θ^f，因式中 θ^r 代表补偿老年人在职之后的岗位占用引起的社会保险率必然降低的幅度，以后在下文中成为“必然缴费率下降”；θ^f 被简称为“可行的缴费率下降”，即使在延迟退休之后，存在社会制度内的赡养率的改善，造成社保缴费率可以下降到一定幅度的同时仍然维持原先的社保基金收支状况，该指标实际就是关于“岗位创造效应”的衡量数值化。从因式中不难看出，如果 $\theta^r/\theta^f<1$，说明延迟退休之后，岗位

的创造前景较好，社保可行的缴费率下降幅度首先可以补偿老年人占用的岗位，其次还可以维持青年人就业率的不降低；如果 $\theta^r/\theta^f>1$，则说明延迟退休之后，社会中的岗位占用现象偏大，需要新的途径来解决。

本书以上海的数据进行算例分析，得出两种效应的大小要看该地区生产力的发展和地区的行业结构，一般来说第三产业、服务业发展迅速的地区岗位创造效应大于挤占效应，相反对于传统产业和重工业作为支柱的地区岗位创造效应要小于挤占效应。所以说就全国而言东部地区的岗位创造效应大于西部地区，南方地区的岗位创造效应大于北方地区。

本章的研究结论也说明，在制定渐进式延迟退休政策时要注意劳动者行业差别和区域产业结构的差异性。

第 6 章

渐进式延迟退休年龄政策的社会意愿调查分析

任何一项制度的推行都离不开民众的支持，退休年龄改革应充分考虑民众的意愿，追求公众利益的最大化。因此，有必要对实施渐进式延迟退休年龄进行民意调查，分析不同社会意愿产生的原因，据此设计配套政策以减少延迟退休的负面社会意愿效应，加强民众参与的积极性。

6.1 调查设计与组织

6.1.1 调查的背景

十八届三中全会提出研究制定渐进式延迟退休年龄政策，并考虑不同群体的退休年龄现状和诉求。延迟退休是现代化进程中西方各国为应对人口结构和劳动力结构的变异而普遍采取的社会政策，我国在社会经济加速发展过程中也面临与西方类似的问题，延长退休年龄势在必行。但由于这项政策的复杂性和敏感性，公众对该政策的看法和接纳程度不一样，进行社会意愿调查更有利于提高政策以设计的合理性、获得公众的支持、推动政策的顺利实施。

6.1.2 调查目的及问卷设计

本次调查的目的如下：①劳动者对延长退休年龄的意愿及看法；②影响劳动者退休决策的主要因素；③劳动者对延长退休年龄方式的选择。

问卷共设计共 24 个问题，分为两个部分：第一部分为劳动者基本信息调查，第二部分为劳动者对延迟退休的态度及其意愿的影响因素调查。

6.1.3 调查对象、地区、方式

本次调查以在职劳动者为主要调查对象，通过网上调查与实地调查相结合的方式开展。实地调查地点选取上海市、北京市、广州市、重庆市、合肥市、扬州市、西安市、哈尔滨市、杭州市、亳州市、台州市进行，覆盖了我国东西南北中大中小各类城市，每个城市安排 5 名调查者分别在商业圈、小区等人口密集处发放调查问卷。

6.2 调查数据分析

此次调研的方向是城镇职工延迟退休年龄的意愿情况，考虑到城乡居民的退休制度和城镇职工的退休制度存在一定的差别，因此本次调查只涉及城镇职工退休意愿。本次调查确定问卷发放数量为 2 400 份，回收有效样本量为 2 112 份，有效问卷回收率 88%。有效问卷的数据通过了效度和信度检验，说明问卷的调查内容设计优良，在此基础上对问卷数据进行统计分析更具有可信性。

6.2.1 调查对象的基本信息

在基本情况调查中，分别对被访者的性别、年龄、文化程度、健康状况、家庭抚养和赡养情况、家庭月消费、个人月收入、工作层次等情况做了调查。在此次的被访者中，男性职工占 48%，女性职工占 52%，基本符合男性与女性人数相近的要求；从被调查者的年龄分布来看，30～60 岁的被调查者占大多数，占到受调查者人数的 80%；从学历程度分布结构来看，本科和大专学历的被调查者占比最大，到达 34.09%，其次为硕士学历者，所占比例为 19.09%；从被调查者的工作单位的性质来看，私有企业劳动者最多，占总人数的 45%，其次是国有企业，占到总人数的 18.18%，其余部分为公务员、事业单位、个体经营者以及其他职业者；从被调查者的月平均收入水平来看，月平均收入水平 2 000～5 000 元者占大多数，所占被调查者比例的 51.36%，其次是月平均收入为 5 000～8 000 元的被调查者，占到被调查者的 28.64%。

6.2.2 公众对延长退休年龄政策的理解状况

从图 6－1 可以看出，在对被调查者认为延长退休年龄对谁最有益的调查中，

有超过一半的被调查者认为延长退休年龄对政府最有利，而对企业、个人、社会的收益相当，说明公众在理解延迟退受益人方面还是存在偏差。被调查者普遍认为，延迟退休是国家出于对当下社会经济形势的考虑而做出的决定，其受益者的比例都应当保持平衡，而不是从某一利益群体的利益出发来制定该政策。图 6－2 显示出被调查者对延迟退休所体现的价值的理解，36％的被调查者认为延迟退休最能体现经济价值，即延迟退休对养老保险基金的收支状况改善较大。同时，从 32％的被调查者所肯定的延迟退休能体现个人人生价值可以看出，延迟退休的经济价值也表现在劳动者经济收入价值及个人通过获得更高收入、通过付出更多劳动所获得的人生价值。这也从侧面说明，只要人们对延迟退休的观念正确，劳动者将意识到延迟退休不仅对政府有益，个人同样受益。表 6－1 显示了被调查者对延迟退休所带来的利弊影响分析，有 64％的被调查者认为延迟退休带来更多的是对社会的不利影响，其中 26％的人认为延迟退休会损害弱势群体的利益而维护既得利益群体的利益，25％人认为延迟退休会使我国严峻的就业形势负担更重，只有 31％的被调查者认为延迟退休是有利的。总的来说，被调查者认为延迟退休所带来的不利影响大于有利影响，因此，制定具体延迟退休政策时应当充分考虑延退所带来的不利影响并采取相应应对措施加以规避。

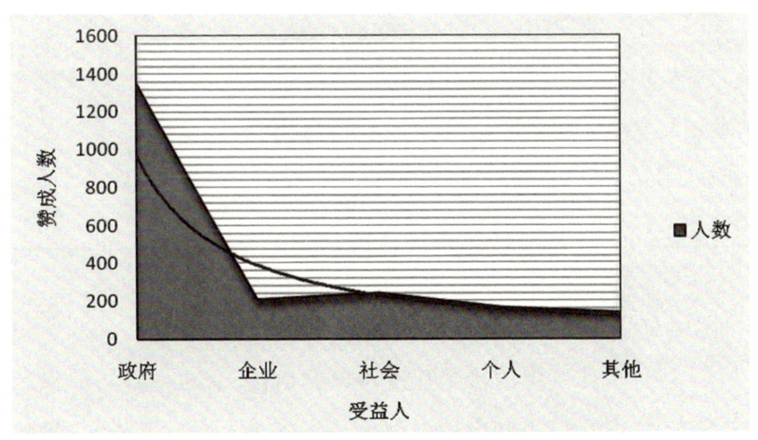

图 6－1　公众对延长退休年龄最大受益者的理解

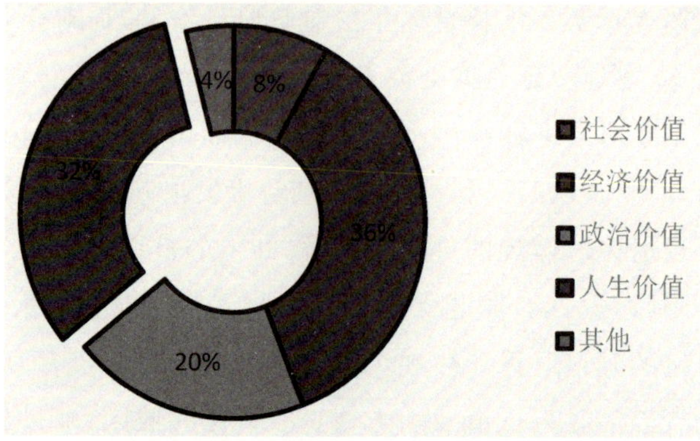

图 6－2　公众对延迟退休所体现的价值的理解

表 6－1　对延迟退休影响的理解

选项	人数	比例
有利影响		
提高退休人群养老金水平	126	6%
更合理利用人力资源	148	7%
有利于弥补养老金缺口	380	18%
不利影响		
加重高龄劳动者健康负担	380	18%
增加年轻人就业压力	528	25%
损害弱势群体的利益而维护既得利益群体的利益	550	26%

6.2.3　影响延迟退休年龄意愿的因素

从图 6－3 几种退休制度的接受程度可以看出，公众对一刀切的强制延长退休年龄反对声最大，反对比例占到受访人数的 65.8%，支持人数只占 19.2%；而对于弹性退休制度公众的接受程度较高，有 63%的人表示支持，只有 20.4%的人表示反对，16.3%的人认为要看制度设计的具体情况决定是否接受弹性退休制度，现在下结论还为时过早。对于柔性退休制度和男女同龄退休，支持和反对的人所占比例相差不大，表明经过利益平衡的调节，这两种制度是有可行性和实用价值的。

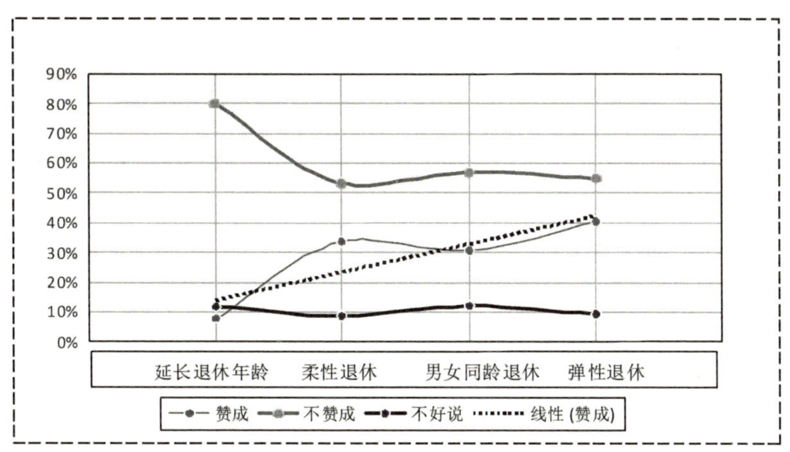

图 6－3　几种退休制度社会接受程度

因此，从公众对延迟退休意愿的调查中，我们可以看出如果国家强制推行延迟退休政策，大部分劳动者是反对的，反对比例高达 65%，而认同比例只有 12.4%，还有 22.6%的劳动者由于对国家政策不了解，处于漠不关心状态。同时，认同延迟退休并不等于个人愿意延长退休年龄，调查发现，在 22.4%认同该政策的比例中，只有 20.4%的人愿意延迟退休；而在 65%的不认同人群中，有 2.2% 愿意延迟退休和 4.4%没考虑的人。因此，人们对延迟退休的看法不仅与国家退休政策的完善程度、人们对政策的了解程度相关，更重要的是与自身利益密切相关。无可否认的是，对于延迟退休政策的推行，大部分人都是持反对态度的，研究如何平衡各利益主体的利益，成为政策顺利实行的关键，而研究如何平衡不同群体的利益关系，则要从劳动者个人退休行为出发，研究影响他们退休决策的因素。

本次调查着重分析影响企业职工推迟退休年龄意愿的各方面因素，通过因子分析，并根据其得分情况将影响劳动者延迟退休意愿的因素分为个人、家庭和经济因素三类。

1）个人因素下延长退休年龄意愿的影响因素

（1）不同年龄的劳动者对推迟退休年龄的态度。

本次调查将个人对延长退休年龄的意愿进行层次划分，将个人在多大程度上赞成延长退休年龄的程度分为 5 个等级：30 分以下表示坚决不同意，30～50 分表示不同意，50～70 分表示无所谓、没有考虑过，70～90 分表示比较同意，90 分以上表示非常同意。如图 6－4 是各年龄层延长退休年龄的个人意愿，从图 6－4 中可以看出,在同意延长退休年龄人群中,40岁以下人群赞成比例较高;而在坚决不同意人群中,50岁以上人群所占比例较高,说明临近退休的人群比较反对退休年龄的延长。

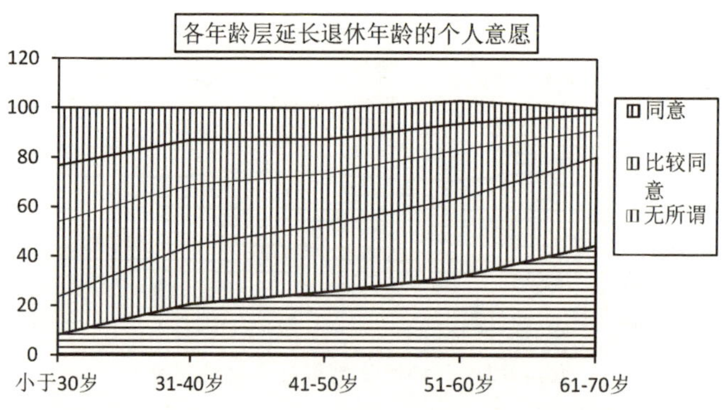

图 6-4　不同年龄的劳动者对延迟退休年龄的态度

(2) 不同健康状况的劳动者对推迟退休年龄的态度。

从调查中可以看出,不同健康状况的劳动者对延迟退休的态度不一。身体比较健康的劳动者对延迟退休政策的赞成比例远大于身体不太健康的劳动者;身体出于亚健康状况、经常生一些小病的劳动者认为自己身体不是很好,再继续工作会使自己身体状况更糟糕,延迟退休对他们的激励不是很大;身体很不健康,长期以来有慢性病的劳动者反对延长退休的比例最高达到80%以上,大部分不希望延迟退休。

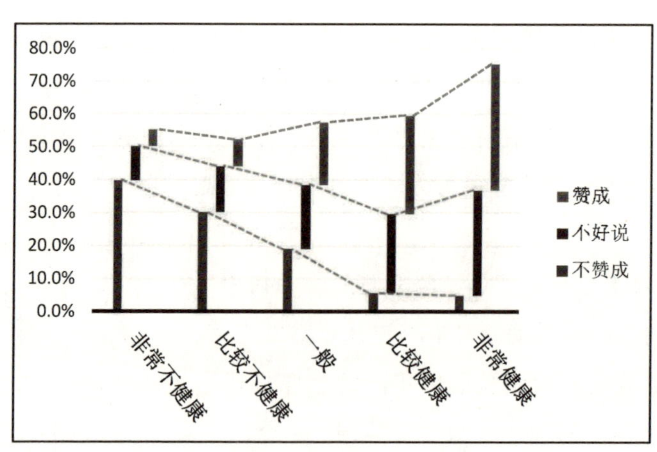

图 6-5　不同健康状况的劳动者对延迟退休的态度

（3）不同教育程度的劳动者对推迟退休年龄的态度。

由图6-6可知，随着受教育程度的提高，人们对延迟退休的支持力度普遍随之增强，硕士以上学历者支持延迟退休的比例最高，处于中等的本科学历劳动者对延迟退休的支持力度与较低学历者相差不大，初中、高中以下学历的受访者反对退休年龄延长比例远大于支持比例，可能原因是低学历者工作的可替代性强，他们对自己到了退休年龄能否继续维持在原工作岗位存在担忧。硕士以上较高学历者认为延迟退休可以充分利用人力资本，最大化实现自身的社会价值，并且大多高学历者意识到目前老龄化的严峻形势，基于国情现实考虑，表示支持退休年龄的适当延长。

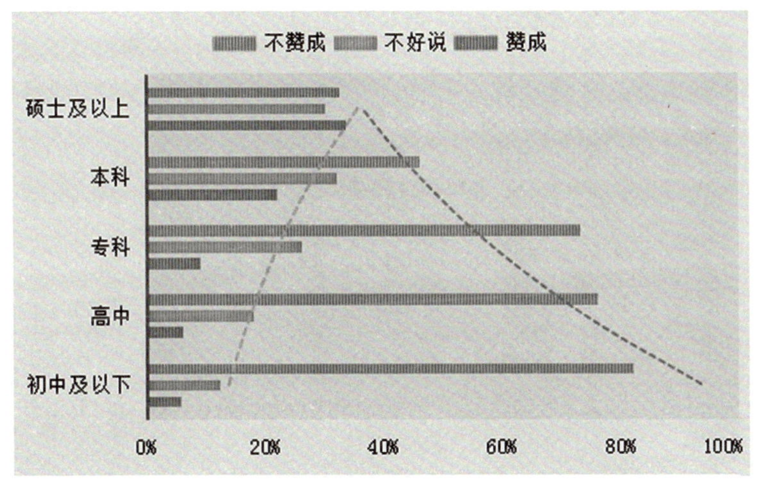

图6-6 不同受教育程度的劳动者对延迟退休的态度

（4）不同退休生活规划的劳动者对推迟退休年龄的态度。

如图6-7所示，规划一表示退休后更多地享受生活，规划二表示退休后照顾家庭，规划三表示退休后服务于社会，规划四表示退休后继续工作，依次表示对自由时间的需求由强到弱。从图中可以看出，对自由时间需求度较大的人越不愿意退休后继续留在工作岗位上，而倾向于退休后继续工作的人群中，支持延长退休年龄的人所占比例超过反对的比例。

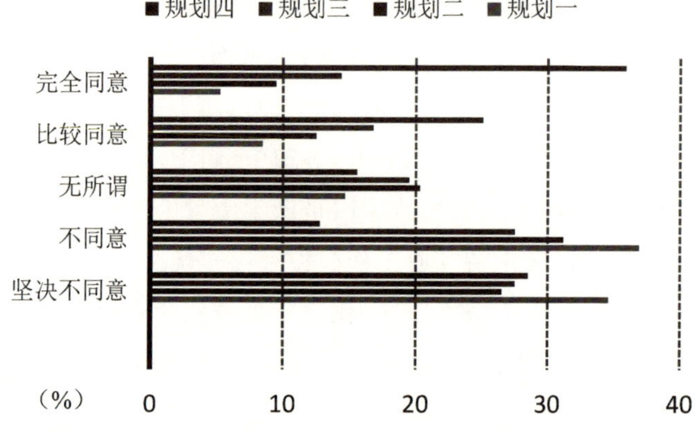

图 6－7 对退休生活不同规划的人延迟退休的态度(%)

2) 家庭因素下的延长退休年龄意愿的影响因素

(1) 家庭抚养负担对延迟退休意愿的影响。

如图 6－8 所示,调查统计发现,家中没有小孩的人比家里有小孩的延迟退休意愿要强,延长退休支持度所占比例分别是有 2 个以内小孩和 3 个以上小孩的两倍和三倍,而小孩数量超过三个以上的人群对反对延迟退休所占的比例最大。同时,负担 2 个以内小孩的劳动者态度不明确所占比例也较大,与没有抚养负担所占比例相当,可能是他们无法在工作和照顾家庭所得效益中做出最优选择,因此,他们陷入了两难选择。

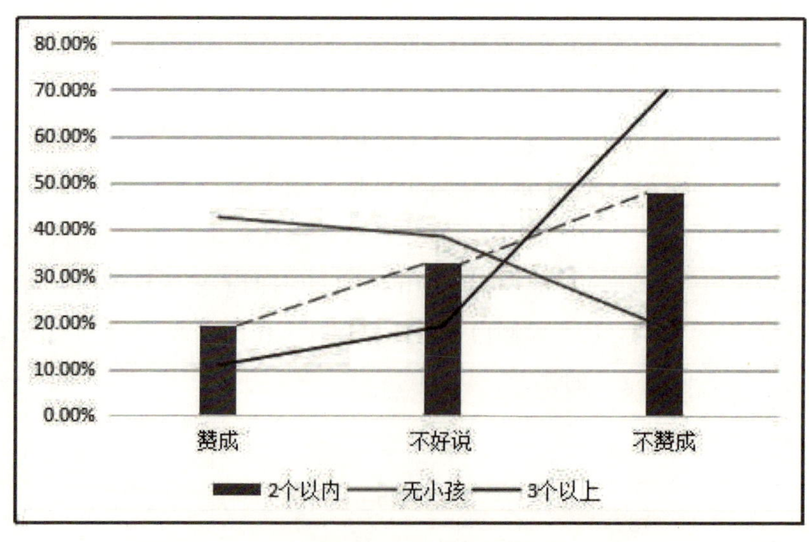

图 6－8 家庭中小孩数量对延迟退休意愿的影响

(2) 家庭赡养负担对延迟退休意愿的影响。

从图 6－9 可以看出，对于延长退休年龄的态度差别还与劳动中家庭赡养负担相关，家中无老人需要赡养的人群中有 40%左右的人愿意延迟退休，不赞成比例仅有 15%左右，相比有老人赡养的个人对于延迟退休的态度，接近甚至超过一半的人对于延长退休年龄持反对态度。

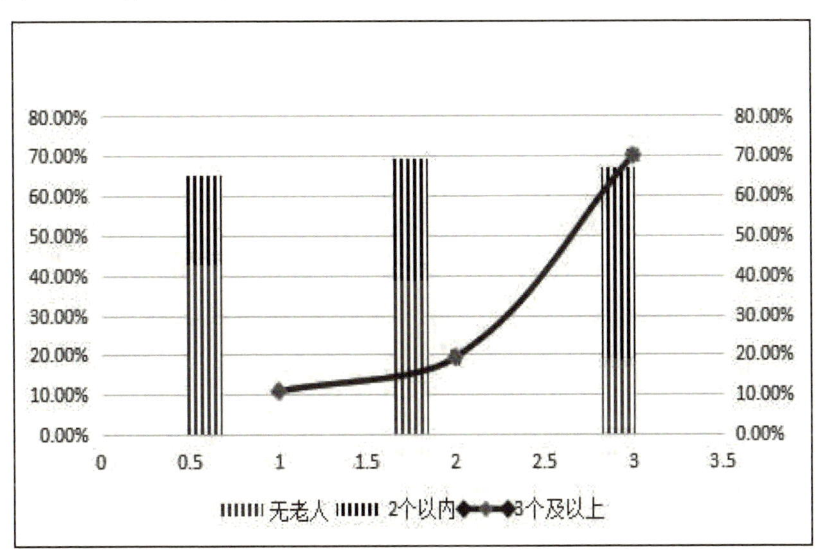

图 6－9　不同赡养负担的个人延迟退休意愿

3) 经济因素下延长退休年龄意愿的影响因素

(1) 个人月收入水平对延长退休年龄意愿的影响。

从图 6－10 可以看出，高收入群体(8 000 元以上)对延长退休年龄的支持人数明显高于反对延长退休年龄的人数，中等收入群体(2 000～8 000 元)的受访者中愿意和不愿意延迟退休所占比例相差不大，低收入群体(2 000 元以下)大部分反对延迟退休，反对比占到了 80%。

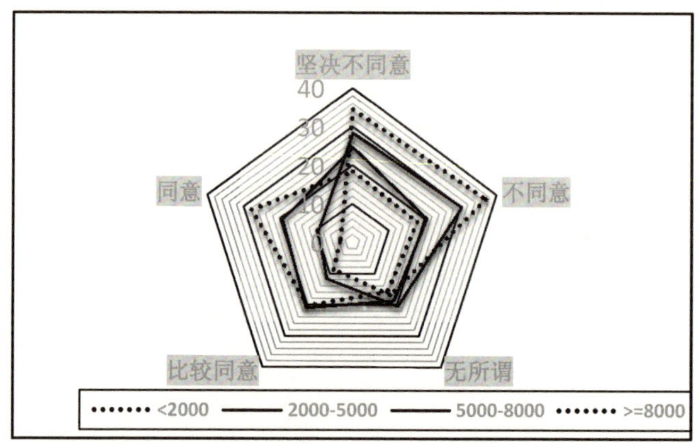

图 6-10 不同月收入水平个体延迟退休意愿

(2) 工作层次对延长退休年龄意愿的影响。

本书所说的工作层次指劳动者在同一个工作群体中的地位,即该劳动者是基层工作者,还是中层高层工作者。从调查结果来看,基层工作者反对延迟退休的人数明显高于支持延迟退休的人数,高层和中层劳动者大多数人赞成延迟退休政策。可能是基层劳动者工作辛苦,工作压力大,与高层劳动者比起来,工资、福利待遇也差得多,退休后领取的退休金并不比在职工资少多少,再加上他们正常退休后还可以再谋一份比较轻松的职业,享受退休生活与双份收益。因而,在缺乏政策激励下,这部分群体对延长工作年限的积极性不高。

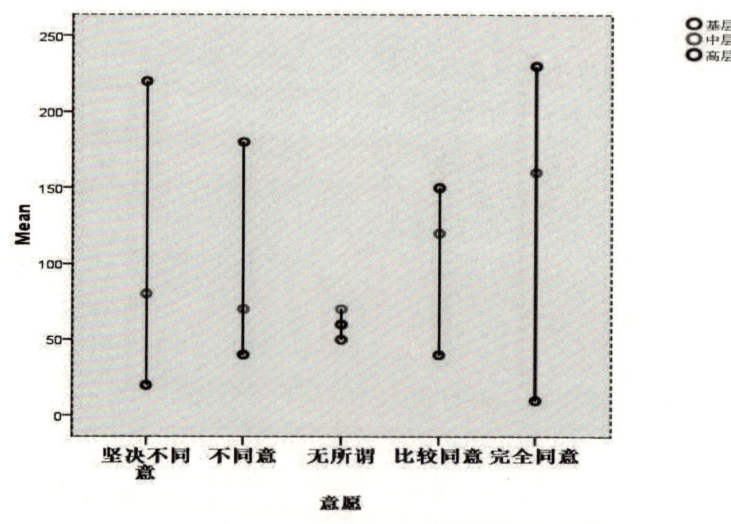

图 6-11 不同工作层次下个体延长退休年龄意愿

(3) 升职空间因素对延长退休年龄意愿的影响。

从调查结果来看，相比工作中没有发展空间的群体，在工作中有发展空间的人对延迟退休的支持比例较高；而工作中没有什么升职空间的劳动者对于延迟退休的态度则是相反的情况，对延长退休年龄的支持度明显低于反对者人数，从反对到赞成的人数呈直线下降趋势。

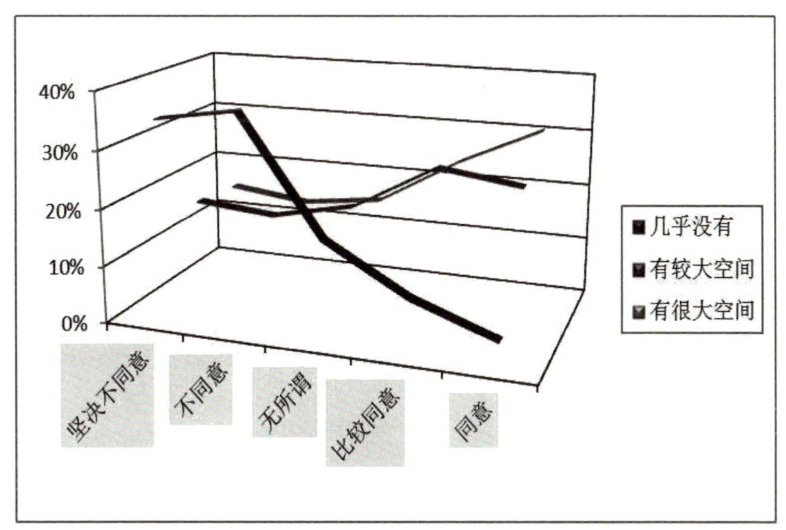

图 6－12　不同升职空间下个人延长退休年龄意愿

4) 调查小结

从前文调查统计分析可以看出，从延长退休年龄意愿的影响因素来看，主要有三类因素起着重要作用：个人因素、家庭因素、经济因素。个人因素包括：年龄、教育程度、健康状况、个人对退休生活的规划；家庭因素包括：赡养和抚养负担；经济因素：本书所讨论的经济为广义意义上的经济，指一切与物质利益相关的因素，包括个人月收入水平、工作层次、升职空间。

通过对问卷调查的数据分析可知，影响个人延迟退休年龄意愿的因素包括诸多方面：年龄、受教育程度、健康状况、个人退休生活规划、赡养负担、抚养负担等。在这些因素中，哪些因素是人们是否愿意延迟退休决策中影响较大的因素，哪些是政策制定者在制定政策过程中可以忽略不计的因素，是本章研究的主要方向，也是本书关于延迟退休配套政策设计和建议的主要依据。

6.3 影响延退意愿的因素与延退意愿的回归分析

表 6－2 列出了从个人、家庭、经济角度考虑的各影响因素与延长退休年龄意愿的相关分析结果。结果显示：个人健康状况、受教育程度、退休生活规划、赡养负担、抚养负担、升职空间与延长法定退休年龄个人意愿存在显著的相关关系（P＜0.01），而年龄、月收入水平、工作层次的相关系数在 0.01 水平下不显著，说明与延长退休年龄意愿的相关性较弱。其中，与延迟退休意愿呈正向相关的因素有：健康状况，即劳动者身体越健康，越倾向于多工作几年以获得更多在职收入和退休金；教育程度，即文化程度越高的人从人力资本运用的角度有意愿延长法定退休年龄；升职空间，出于工资、待遇等方面的考虑，有较大升职空间的劳动者更倾向于延迟退休以获得更多报酬。与延迟退休意愿呈负向相关的因素有：退休生活规划，由于在定义时，1 表示期望退休后继续工作，4 表示退休后更多的享受生活，因此，负向相关即表示退休生活规划中期望更多空闲、自由时间的劳动者越不希望延迟退休；抚养负担，由于定义 1 为无小孩抚养负担，3 表示 3 个以上小孩抚养负担，负向相关说明随着家庭中小孩数量的增加，劳动者延长退休年龄的意愿越弱；赡养负担，由于定义 1 为无老人赡养负担，3 表示 3 个以上老人赡养负担，因此，可以看出家中老人数量越多的劳动者越不愿意延迟退休。但需要注意的是，相关性检验并不能足以说明自变量和因变量之间的关系，因为它没有排除其他变量的干扰作用。本书将运用逻辑回归进一步证明影响延迟退休意愿的关键影响因素。

表 6－2　肯德尔相关性分析

Factors	年龄	健康状况	教育程度	退休生活规划	抚养负担
Correlation Coefficient	－.096	.155**	.174**	.174**	－.168**
Sig. (2-tailed)	.018	.000	.005	.005	.005
Factors	赡养负担	收入水平	工作层次	升职空间	
Correlation Coefficient	－.172＊＊	.037	.034	.109＊＊	
Sig. (2-tailed)	.005	.020	.025	.000	

从相关性分析来看，年龄与延长退休年龄意愿的相关性不显著，但不少学者研究发现年龄与人们的退休决策存在显著相关关系。黄阳涛利用有序概率模型分析出年龄越大的职工更不支持延迟退休，因为工作的压力和劳累对面临退休的职工会产生恐惧感，而发展个人爱好、安心养老等其他需求对他们产生较大吸引力。而孙佳佳、吴铮得出完全相反的结论，认为随着老人们年龄逐渐接近法定退休年龄，人们延迟退休意愿变得更为强烈，这可能与劳动者多年形成的工作惯性有关。鉴于前人研究的可行性，本书仍然保留年龄这个变量。对于月收入水平与延迟退休意愿的关系，相关性检验虽未通过，但学者对其存在显著相关关系的研究也较多。李腾等学者运用 logit 回归分析出收入水平为延退意愿的重要影响因素，回归结果显示收入每增加一个级别，其愿意延退的概率是原来的 1.51 倍。因此，本书仍考虑将收入因素纳入回归方程。

6.3.1　影响个体延迟退休决策的因素设定

由于本研究旨在通过分析找出对延迟退休意愿影响较大的因素，并根据这些主要影响因素为有效激励员工自愿延长工作年限、减轻延长退休年龄制度的实施阻力寻找有效的配套方案措施。为此，本书选用 multinominal logit 回归模型对各个影响因素和企业职工延迟退休意愿进行回归估计。

本次调查问卷将劳动者延迟退休的意愿界定为：对于即将出台的渐进式延迟退休政策，您的态度是什么，并将其设为因变量，从同意到不同意依次有五种态度，分别赋值为：坚决不同意＝1，不同意＝2，无所谓＝3，可以同意＝4，完全同意＝5。自变量的选取为上文问卷调查和肯德尔相关性分析结果，具体变量的选取和赋值情况如表 6－3。

表 6－3　变量定义

	分类	名称	设置	类型	定义与编码
自变量	个体因素	年龄	X_1	数值	30 岁及以下＝1；31～40 岁＝2；41～50 岁＝3；51～60 岁＝4；61 岁以上＝5
		健康状况	X_2	分类	非常不健康＝1；比较不健康＝2；一般＝3；比较健康＝4；非常健康＝5
		教育程度	X_3	分类	初中及以下＝1；高中或中专＝2；大专＝3；本科＝4；硕士及以上＝5
		退休规划	X_4	分类	继续工作＝1；服务于社会＝2；照顾家庭＝3；更多地享受生活＝4

（续表）

自变量	家庭因素	小孩数量	X_5	数值	无小孩＝1；1～2个＝2；3个及以上＝3
		老人数量	X_6	数值	无老人＝1；1～2个＝2；3个及以上＝3
	经济因素	个人月收入	X_7	数值	2 000元及以下＝1；2 000～4 000元＝2；4 000～6 000元＝3；6 000元及以上＝4
		升职空间	X_8	分类	几乎没有＝1；有较大空间＝2有很大空间＝3
因变量		延退意愿	Y	多分类	坚决不同意＝1；不同意＝2；不确定＝3；比较同意＝4；完全同意＝5

表6－4　劳动者个人、家庭、经济因素和对延迟退休认同感基本情况（%）

	我对延迟退休年龄政策有认同感						我对延迟退休年龄政策有认同感				
en	完全不同意	不同意	无法确定	比较同意	完全同意		完全不同意	不同意	无法确定	比较同意	完全同意
年龄（岁）						小孩数量					
小于30	0.21	0.23	0.10	0.24	0.22	无小孩	0.27	0.24	0.13	0.20	0.16
31～40	0.30	0.25	0.16	0.18	0.11	2个以内	0.30	0.25	0.16	0.18	0.11
41～50	0.29	0.28	0.17	0.15	0.10	3个以上	0.36	0.34	0.13	0.11	0.06
51～60	0.37	0.33	0.14	0.11	0.05	老人数量					
61～70	0.45	0.36	0.11	0.06	0.02	无老人	0.22	0.20	0.14	0.24	0.20
健康状况						2个以内	0.28	0.24	0.16	0.20	0.12
很差	0.52	0.35	0.03	0.06	0.04	3个以上	0.33	0.32	0.13	0.12	0.10

（续表）

	我对延迟退休年龄政策有认同感						我对延迟退休年龄政策有认同感				
一般	0.40	0.31	0.08	0.11	0.10	月收入水平					
较好	0.35	0.30	0.08	0.15	0.12	2000 以下	0.40	0.34	0.08	0.11	0.07
非常好	0.34	0.25	0.13	0.18	0.10	2000～4000	0.39	0.30	0.13	0.10	0.08
教育程度						4000～6000	0.30	0.32	0.15	0.14	0.09
初中及以下	0.45	0.32	0.06	0.07	0.04	6000 以上	0.22	0.28	0.13	0.18	0.19
高中	0.41	0.28	0.13	0.10	0.08	工作层次					
专科	0.35	0.32	0.15	0.08	0.10	基层	0.38	0.31	0.13	0.10	0.08
本科	0.31	0.25	0.13	0.20	0.09	中层	0.34	0.25	0.16	0.14	0.11
硕士及以上	0.25	0.20	0.15	0.18	0.12	高层	0.24	0.20	0.13	0.25	0.18
退休生活规划						升职空间					
享受生活	0.40	0.36	0.06	0.11	0.07	几乎没有	0.37	0.32	0.12	0.11	0.08
照顾家庭	0.41	0.28	0.13	0.10	0.08	较大	0.30	0.25	0.16	0.17	0.12
奉献社会	0.35	0.32	0.15	0.11	0.07	很大	0.25	0.20	0.13	0.25	0.17
继续工作	0.22	0.28	0.13	0.18	0.19						

6.3.2 影响个体延迟退休决策的假设

假设 1：劳动者个人状况会对延长退休年龄意愿产生影响。主要包括：①不同年龄段的劳动者对延长退休年龄的看法不同，各个学者持有各自的观点，本书认为在社会、经济迅猛发展的今天，人们的工作压力不断加大，对休闲时间的需求也不断增大，因此越是接近退休年龄的劳动者更希望尽早退休；②根据人力资本投资理论，人力资本的投资只有带来正面价值才算成功的投资，而教育作为人力资本投资形式，随着近年来我国高等教育的普及，人力资本回报的年限增长，故劳动者受教育程度越高，越倾向于延长退休年龄；③良好的健康状态工作最基本要求，健康状况越差的劳动者可能需要更多时间休养身体，工作积极性较差，对延迟退休的积极性不高；④劳动者对退休生活的规划因人而异，越倾向于退休后照顾家庭，享受退休生活的劳动者可能越不愿意延长退休年龄。

假设 2：家庭特征会对劳动者延迟退休意愿产生影响。具体包括：①在中国传统养老观念下，老人养老一般都依靠家庭，因此，家中有年迈老人尤其是患病老人的越不愿意延迟退休；②由于年轻劳动者是家里的经济支柱，他们每天忙于工作导致小孩无人看管，因此，带小孩的重任就由老人来承担。家中子女小孩越多的劳动者可能更倾向于帮忙带小孩而不愿意延迟退休。

假设 3：经济因素会对劳动者延迟退休意愿产生影响。具体包括：①个人月收入较高的劳动者在公司中的地位一般较高，他们在职时的工资收入和各项福利都比退休好，故可以假设月收入与延退意愿呈正相关，收入越高的劳动者越倾向于选择晚退休；②在公司中有较大升职空间意味着随着职位晋升，自己在公司中的地位、收入水平、各项社会福利会变好，利益因素的刺激会促使劳动者更愿意延长退休。

6.3.3 计量检验与回归结果分析

1）回归模型的构建与结果分析

由于延迟退休年龄意愿属于分类变量，本书将采用多项分类 logistic 回归分析职工的预期退休行为的影响因素，将相关性分析中的延迟退休影响因素作为解释变量，将个人延迟退休意愿作为被解释变量，采用向前逐步回归法建立模型，模型设置如下：

$$\ln\left(\frac{p_j}{p_J}\right)=a_j+\sum_{i=1}^{p}b_{jp}x_p,\ j=1,\cdots,J-1$$

其中 a 表示模型中的常数项，b_{jp} 表示第 j 个模型中第 P 个解释变量所对应的系数，X_p 是解释变量 $\ln\left(\frac{p_j}{p_J}\right)$，表示以最后一类（$J$）为基线，每个反应类 j 与基线

类别 J 间建立回归模型。通过变形得到各分类变量的预测概率模型为：

$$p_{ij}=\frac{\exp(a_j+b_{j1}x_{i1}+\cdots+b_{jk}x_{ik}+\cdots+b_{jp}x_{ip})}{\sum_{h=1}^{J}\exp(a_h+b_{h1}x_{i1}+\cdots+b_{hk}x_{ik}+\cdots+b_{hp}x_{ip})}$$

$$i=1,2\cdots,m,\quad j=1,2,\cdots,J-1$$

该等式中对于每一类别 j，公式中的分母均相同，等于每个类别 j 的预测概率 p_{ij} 的分子之和，即 $\sum p_{ij}=1$，且无论以哪一类别为基线，基线对应的参数均为 0。

经过比较分析，将年龄、健康状况、受教育程度、退休规划、赡养负担、抚养负担、月收入、升职空间八个变量作为解释变量纳入多元 logistic 回归模型，通过 SPSS 17.0 进行回归的结果见表 6－5。从统计结果可以看出除了年龄和教育程度变量对模型的贡献不具有统计学意义外，其余 6 个变量均对模型的贡献具有统计学意义，因此，剔除年龄和教育程度这两个变量。对于年龄变量未通过显著性检验的解释是，年龄与教育程度、健康状况、收入等许多因素存在错综复杂的关系，单纯地研究年龄与延迟退休意愿的关系意义不大；教育程度未通过显著性检验，可能是单纯的问卷分析结果存在一定的局限性。我们通过座谈发现学历较高的劳动者，尤其是硕士以上学历的对工作的积极性最高，他们认为延迟退休能给自己创造更多实现自我价值的机会，因此，通过深入了解更能发现被调查者内心的真实想法。

表 6－5　单变量显著性检验

Variables	Chi-Square	Sig.
age	13.812	.294
health	116.115	.000
education	15.231	.545
plan	114.161	.000
children	113.126	.000
elders	110.113	.007
income	125.165	.002
promotion	119.212	.004

从影响因素的显著性来看，sig 小于 0.05 意味着单个自变量通过了显著性检验，从表 6－6 可以看出个体因素中健康状况、退休规划（$p<0.001$）通过了显著性检验；家庭因素中小孩数量、老人数量（$p<0.05$）通过了显著性检验；经济因素中个

人月收入、升职空间($p<0.001$)通过了显著性检验。健康状况对延迟退休意愿的回归系数为正,说明劳动者健康程度与延迟退休意愿呈正相关,即身体越好的劳动者越愿意延迟退休,这也说明本书提出的健康状况会影响个人在延长法定退休年龄这一问题上的态度这一假设是正确的;退休规划对延迟退休年龄意愿的影响为负,说明劳动者不同退休规划对延迟退休年龄意愿有较强的负向影响,即证实了退休后越倾向于休闲时光的劳动者越不愿意延长工作年限的假设。小孩数量与延迟退休意愿的相关系数为负,即存在显著的负相关关系,意味着家庭中有需要抚养或看管的小孩数量越多,人们延迟退休意愿越弱;老人数量对延迟退休年龄的回归系数也为负,说明两者间存在负相关,即随着家庭中需要照看的老人数量的增加,人们对延长退休的积极性逐渐下降,这两项也证实了假设 2 中关于家庭因素影响的所有假设。收入因素对劳动者延长退休意愿的影响为正,说明在职收入越高的劳动者更愿意延迟退休;升职空间因素对劳动者延迟退休的意愿具有显著正向影响,即升职空间越大的人对延迟退休的积极性越高,从而在一定程度上证明了假设 4 的成立。

表 6-6 Likelihood Ratio Tests

	−2 Log Likelihood of Reduced Model	Chi-Square	Sig.
intercept	189.431	20.474	.000
health	1.972E2[a]	28.198	.000
plan	332.515	163.557	.000
children	182.636	13.679	.008
elders	186.161	17.204	.002
income	2.083E2[a]	39.351	.000
promotion	2.272E2[a]	58.221	.000

表 6-7 多元 logit 回归分析结果

	Choice	B	S.E	Wald	Exp(Beta)
不同意	intercept	4.623	.325	.008	
	heath	2.361	.425	9.587	10.135
	plan	−1.606	.379	.010	9.111

（续表）

	Choice	B	S.E	Wald	Exp(Beta)
	children	−3.998	.63	.001	2.349
	elders	−2.860	.695	.001	4.889
	income	.770	.653	.389	2.161
	promotion	.587	.332	.265	1.799
视情况而定	intercept	2.605	.357	.027	
	heath	.357	.825	13.367	8.398
	plan	−1.839	.826	.049	4.045
	children	−2.199	.006	.031	24.505
	elders	−1.805	.332	.079	.006
	income	.309	.453	3.795	27.370
	promotion	1.406	.213	8.648	15.408
比较同意	intercept	1.626	.307	.027	
	heath	2.046	.334	17.263	4.152
	plan	1.498	.754	.066	2.422
	children	−0.957	.826	.001	1.866
	elders	−1.347	.301	.001	6.771
	income	1.251	.176	8.978	10.745
	promotion	.525	.166	19.213	5.039
完全同意	intercept	1.307	.307	.020	
	heath	1.455	.314	20.986	5.769
	plan	−.155	.198	.082	3.787
	children	−.189	.245	23.487	3.600
	elders	−1.081	.405	.089	7.667
	income	.664	.324	13.316	4.341
	promotion	1.130	.008	28.164	1.854

回归系数的显著性检验确定了个人延长退休年龄决策的影响因素，在此基础上，运用结构方程模型(SEM)进一步验证作为潜变量的三种类别变量：个体因素、家庭因素、经济因素是否具有整体性影响了人们对延迟退休的态度，其标准化路径

系数见图 6－13。从路径系数可以看出，个体因素、经济因素整体显著影响人们的延迟退休意愿且呈正相关，家庭因素整体影响人们延迟退休意愿且成负相关。

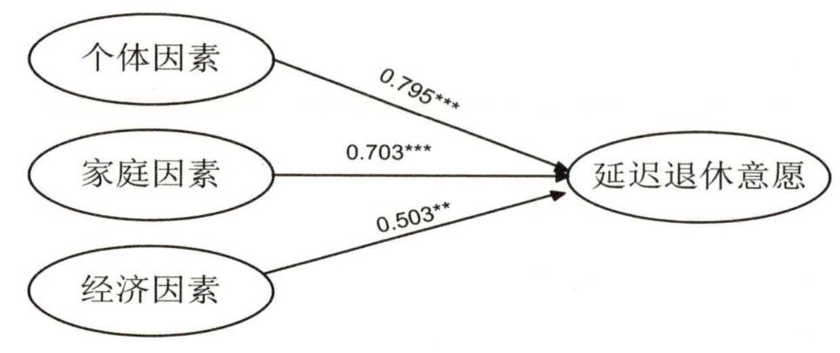

图 6－13

注：路径系数值右上角的 ** 和 *** 分别表示结果通过 5%和 1%的显著性检验。

从回归模型整体显著性和拟合优度来看，表 6－8 中方程有效性检验的 *sig* 值 0.000，小于 0.01，因此方程整体显著；*R* 方值都大于 0.8，接近于 1，因此模型的拟合效果较好，且从图 6－14 中 ROC 曲线可以看出，ROC 曲线下面积较大，大于 0.5，代表模型拟合较好。

表 6－8　模型的整体显著性检验

Model	－2Log Likelihood	Chi-Square	sig.
Intercept Only	1.293		
Final	168.957	1.125	.000
Cox and Snell		.985	
Nagelkerke		.954	
McFadden		.813	

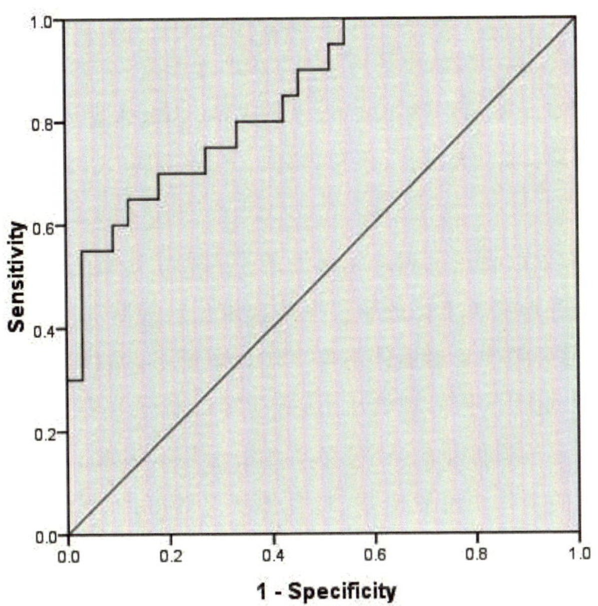

图 6－14　ROC 曲线

由表 6－7 可得到 logit 模型结果如下：

$\mathrm{Ln}(p_2/p_1) = 4.623 + 2.316x_1 - 1.606x_2 - 3.998x_3 - 2.860x_4 + 0.77x_5 + 0.587x_6$

$\mathrm{Ln}(p_3/p_1) = 2.605 + 0.357x_1 - 1.839x_2 - 2.199x_3 - 1.085x_4 + 0.309x_5 + 1.406x_6$

$\mathrm{Ln}(p_4/p_1) = 1.626 + 2.046x_1 - 1.498x_2 - x_3 - 1.347x_4 + 1.251x_5 + 0.525x_6$

$\mathrm{Ln}(p_5/p_1) = 1.307 + 1.455x_1 - 0.55x_2 - 0.189x_3 - 1.081x_4 + 0.664x_5 + 1.130x_6$

相应的预测概率模型为：

$$p_1 = \frac{1}{1+\exp(4.623+2.316x_1-1.606x_2-3.998x_3-2.860x_4+0.77x_5+0.587x_6) + \cdots + \exp(1.307+1.455x_1-0.55x_2-0.189x_3-1.081x_4+0.664x_5+1.130x_6)}$$

$$p_2=\frac{\exp(4.623+2.316x_1+\cdots+0.587x_6)}{1+\exp(4.623+2.316x_1-1.606x_2-3.998x_3-2.860x_4+0.77x_5+0.587x_6)+\cdots+\exp(1.307+1.455x_1-0.55x_2-0.189x_3-1.081x_4+0.664x_5+1.130x_6)}$$

同理,可得到 P_3、P_4、P_5,因公式较长在此省略。

2）小结

从本次调查问卷及回归结果来看,人们对延迟退休态度的有效影响因素既包括内部环境的影响,即个人因素,也包括外部环境,即个人因素外的其他因素,如家庭、制度环境等。

第一,从影响劳动者对延迟退休态度的个人因素来看,劳动者个人健康状况和退休规划因素显著影响了人们的延迟退休决策。身体状况不是很好的劳动者更倾向于尽早退休,因为勉强延迟退休不仅工作效率低下,而且工作的压力还会增加他们身体负担,带来更大的医疗花费压力;劳动者对退休生活的规划也在很大程度上决定着是否愿意延长退休年龄,部分劳动者由于几十年来工作的劳累,对退休生活的期望是从繁重的工作中解脱出来,趁身体状况较好的情况下可以多出去度假旅游,更多地享受退休后轻松自由的生活,担心一旦延迟退休可能导致虽有经济基础但身体状况不允许他们再进行休闲放松,这决定了他们对延长退休持坚决反对态度;还有部分劳动者不愿意延长工作年限是处于自身休闲和家庭责任的综合考虑,认为在退休生活闲暇之时帮助照看家庭事务是自己责任的劳动者对延迟退休多持有抵制态度。

第二,从家庭因素的影响方面来看,有无赡养和抚养负担对劳动者延迟退休意愿的影响较大,且有反向激励作用。需要负担的下一代即需要帮子女看管照顾的小孩数量越多,延迟退休的意愿就越弱,这可能和中国退休老人帮助带小孩而年轻劳动力在外工作赚钱养家的传统有关;另一方面,家中需要赡养的老人数量越多,延迟退休的意愿越弱。因为对有老人的家庭而言,老人的健康护理和时间投入是子女的重要责任,而我国目前医疗保障体系不完善,许多慢性病老人的长期照顾成为制约延迟退休政策退休的重要因素。因为退休人群作为家庭中高龄老年人、患病老人的主要照料者,他们对延迟退休兴趣不大。

第三,从影响劳动者延迟退休意愿的经济因素来看,个人月收入水平和在公司中的升职空间与人们对延迟退休的决策存在显著的相关性。月收入水平较低的劳动者往往容易对工作失去信心,认为即使延迟退休自己的收入水平不会有多大提高,且与工资收入较高的劳动者相比,无论是福利待遇、保障水平方面,还是工作压力、工作自由度方面，他们都处于劣势地位，这部分人群认为延迟退休对自己没多大益处，因而表现出一种抵制态度。月收入水平在6 000以上的人往往具有更强的工作成就感，退休后继续工作是他们获得成就感的更好方式。升职空间对延迟退休意愿产生负向激励作用，升职空间越小的人，越容易对工作前景产生质疑，越倾向于提早退休；而升职空间大的人，受到经济利益的诱惑，更偏向于延长工作时间以获得更多经济收入。

6.4　社会意愿变化对渐进式延迟退休年龄政策配套措施的敏感度分析

任何事物都具有两面性，延迟退休政策的出台必将具有正反面的影响，对于正面影响肯定是大家都能接受的情况，在此我们不做讨论，而延迟退休所带来的反面影响，尤其是对劳动者个人的不利影响造成了社会许多反对声音。因此，在延迟退休政策即将出台之际，研究设计延退政策的配套性措施，对该政策的执行效果及公众对该政策的认可度和接受度都有重要意义。

6.4.1　延迟退休的带薪休假时间——基于劳动者对闲暇时间的需求

1）调研的基本情况

本次问卷调查的内容包括三部分：个人基本情况、个人对延迟退休配套措施的意见、对于延迟退休带薪休假问题的看法。对于抽样的选取，我们选取的是上海地区作为主要调研地点，通过实地调研及网络发放问卷并回收，共发放问卷2 000份，回收1 800份，有效回收率为90%。在被调查的1 800个样本数据中，男性为792人，占到被调查总人数的44.1%，女性为1 008人，占到总人数比例的55.9%。男女被调查者的比例大致是0.8∶1，能比较公平地显示男女在延长退休年龄中的真实看法，使问卷结果更合理，符合调查的基本要求。在年龄结构示意图中，被调查者的年龄范围主要集中在25到70周岁之间，几乎包含了所有劳动年龄段的劳动者。其中25～50周岁的1 332人，占到调查总人数的74.4%，50～60周岁的280人，占到总人数的15.6%，60～70周岁的188人，占到总人数的10%。

2）调研数据分析

（1）无配套措施时的公众满意度。

在分性别和分工种的延迟退休方案满意度调查中，用得分表示公众对该方案的满意度,打分区间为 60～100 分,分数越低表示公众对延迟退休的支持度越低,通过划分年龄段并求各年龄段的得分平均值,得出男女对延迟退休满意度的趋势变化图。如图 6－15 所示,随着年龄的增大,延迟退休政策的支持度降低,年龄较小的劳动者对该政策的满意度较高可能是因为他们刚踏入工作岗位,还没有体会到工作的劳累与压力,更多地想得到的是经济收入,因而对延迟退休政策评价较高。同时,由折线图可以看出,女性对延迟退休的满意度明显低于男性,可能原因是女性由于身负家庭照顾责任而使他们退休后继续工作的意愿较弱。

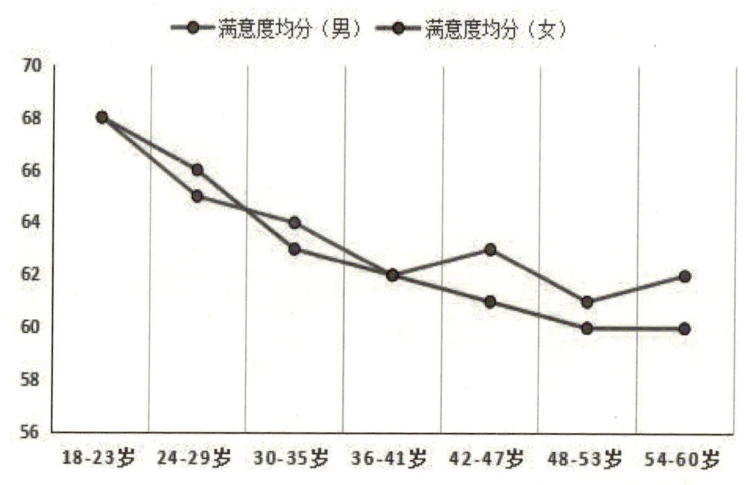

图 6－15　无配套措施情况下公众对延迟退休的满意度

(2) 增加带薪休假配套措施后的公众满意度变化。

为使延迟退休政策得到更多人的支持,本书初步设计延迟退休配套方案之一为带薪休假政策,在问卷中加入延迟退休可以带薪休假选项后,人们对该政策反应程度如图 6－16、图 6－17 所示。图中从 X 轴 1 到 7 数字分别表示 18～25 岁,26～30 岁,31～35 岁,36～40 岁,41～45 岁,46～50 岁,51～60 岁,61～70 岁的年龄区间,Y 轴表示人们对延退政策的评价得分。由图可知,在增加带薪休假附加条件后,人们对延迟退休政策的看法有所改变,满意度显著增加,由散点与折线之间的垂直距离可知,女性和男性相比满意度增加的幅度没有男性来得快,说明要使女性更进一步接受延迟退休政策还需做出更大努力。因此,我们得出的结论是,延迟退休政策并不是寸步难行,而是要在一定的条件下,如增加一些符合劳动者利益诉求的配套措施,才能更加顺利地实施。由本研究中劳动者满意度提高的状况可知,带薪休假配套措施比较符合公众意愿，但究竟带薪休假政策具体如何实施，如一年带薪休假多长时间的问题还需进一步研究。需要强调的是，由于延长退休年龄将采取小步、渐进的方式，即一年只延迟几个月或者其他，直至延长至理想的法定退休年龄，因此，本书中的延迟退休配套政策只是针对延长退休年龄过程中退休年龄延长超过一岁的劳动者。

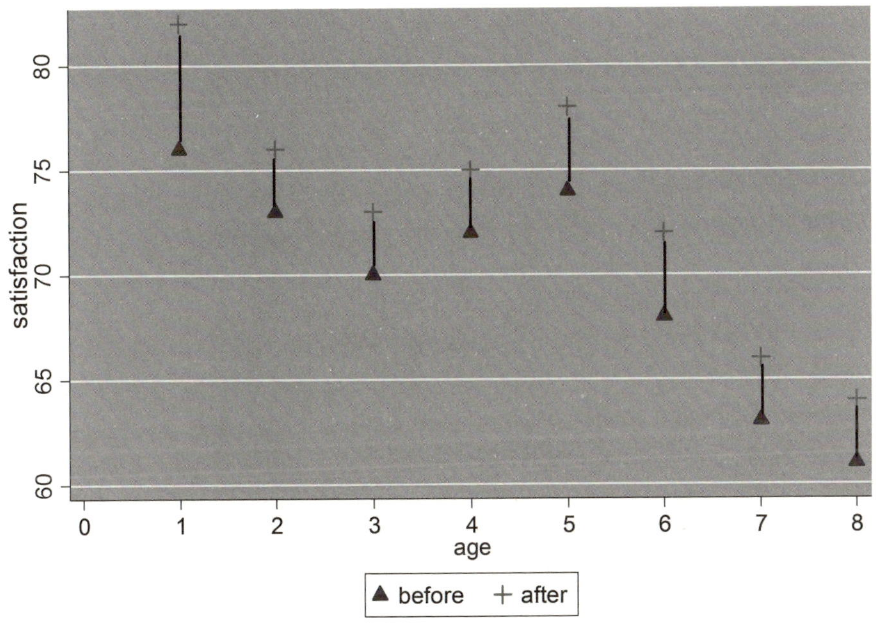

图 6-16　增加带薪休假后男性的满意度变化

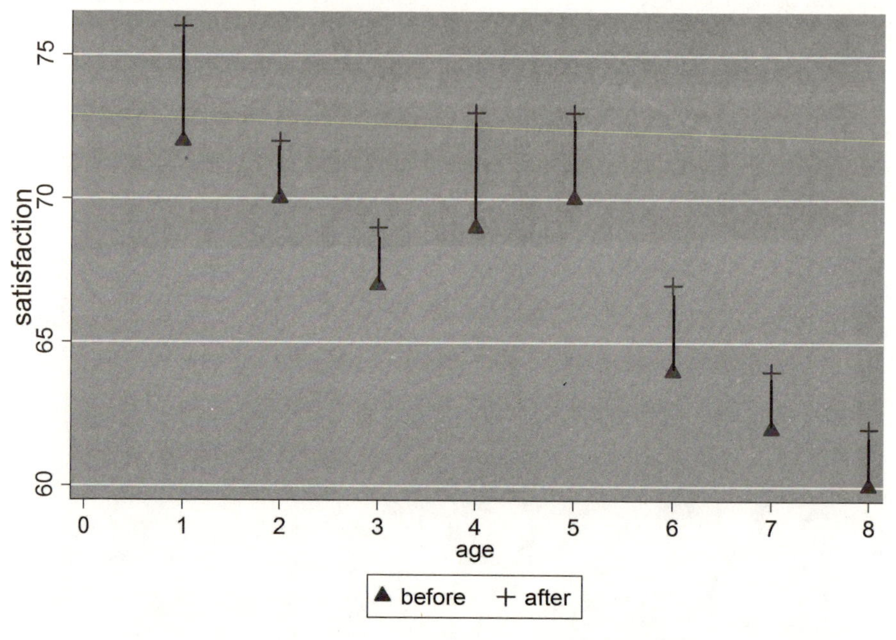

图 6－17　增加带薪休假后女性的满意度变化

(3) 均值比较与检验。

统计分析中常常采用抽样研究的方法,即从总体中随机抽取一定数量的样本进行研究来推论总体的特性,以证明通过抽样得出的结论同样适用于更大的环境。本书抽取部分劳动者进行延迟退休满意度调查,并分析在增加带薪休假配套措施后人们的满意度变化,分组情况分为试验前组即不采取任何配套措施和试验后组即增加配套措施,以满意度得分 satisfaction 为因变量,以分组情况 group 为自变量进行均值比较,结果如表 6－9 所示。试验前男性对延迟退休满意度的平均得分为 63,标准差为 2.7,男性试验后的满意度均分为 77,标准差为 3.9。方差分析结果中,组间偏差平方和为 617.789,组内偏差平方和为 135.143,组间均方远远大于组内均方,说明组间差异远远大于随机误差引起的组内差异,说明试验前后人们的满意度发生了很大变化。同时,显著性检验 sig 值小于 0.001 也说明了增加带薪休假配套措施后,人们对延迟退休的满意度变化差异显著。表 6－9 中的关联度的测度,Eta 为 0～1 之间的数,越接近于 1 表明因变量与控制变量间的关系紧密,Eta 方为组间偏差平方和与总偏差平方和之比,本研究中 Eta 值为 0.906,Eta square

为 617.789/752.929=0.821，说明分组变量与满意度变量间的关系密切。因此，我们得出的结论是，增加延迟退休配套措施——带薪休假措施后人们对该政策的满意度变化明显，说明在某些外部环境的刺激下人们对延长退休年龄政策的态度会改善，而带薪休假可以作为一个有效的激励措施，具体怎么带薪休假，如一年带薪休假多久，下文将详细分析。

表 6-9　均值比较与检验

	Mean	Std.Deviation		
before	63.4286	2.69921		
after	76.7143	3.90360		
total	70.0714	7.61036		
	Eta	**Eta Squared**		
satisfaction * range	.906	.821		
	Sums of Squares	**Mean Square**	**F**	**Sig.**
Between groups	617.786	617.786	54.856	.000
Within groups	135.143	11.262		
Total	752.929			

3）延迟退休带薪休假具体实施方案

上文运用 logit 回归已分析出人们对延长退休政策不太情愿的因素之一是个人对自由时间的需求情况，因为个人在经历几十年漫长的工作之后，本来可以按时退休享受闲暇退休时光，而延迟退休政策的出台可能使他们的期望没法实现，增加个人除了工作时间之外可以自由支配的时间对劳动者来说是一种福利，而延迟退休政策的带薪休假机制便是为了满足个人偏好问题。从增加该配套措施后人们对退休年龄延长政策的态度明显发生了变化，说明带薪休假政策可以作为一种较好的鼓励人们延迟退休的配套措施。基于脑力劳动行业与体力劳动行业的劳动者工作强度不一样，对带薪休假时间需求可能不同，本书将分别考虑这两个行业劳动者带薪休假具体实施方案。研究方法是通过概率单位回归来分析刺激作用与对该刺激的反应强度之间的关系，即通过分析带薪休假时间的长短与人们对延迟退休政策满意度的变化来确定合理的带薪休假时间。

（1）基本原理。

延迟退休配套政策的思想是将延退政策看作一种销售产品，在没有任何包装、促销的情况下，消费者即劳动者对该产品的接受度肯定很小，怎么设计合理的促销方式才能使消费者更愿意购买该产品是本书研究的重点。Probit 回归就是分析反应比例与刺激强度之间的关系，与 Logistic 回归一样，probit 回归同样要求将取值在实数范围内值累计概率函数变换转化为概率值分布在(0，1)区间中的目标概率值后再进行回归分析。概率分布表达式以下两种：

两种累计概率函数分别为：

$$p_i = f(a + \beta x_i) = f(Z_i)$$

标准正态累计概率函数：

$$p_i = F(Z_i) = \frac{1}{\sqrt{2}}\int_{-\infty}^{z_i} e^{-s^2/2}\, ds$$

其中 p_i 为事件发生的概率，s 是零均值单位方差的正态分布的随机变量，Z_i 与标准正态分布函数曲线下的面积代表了事件发生的概率，Z_i 越大表示事件越可能发生。

Logit 概率函数：

$$p_i = \frac{1}{e^{-(a+\beta xi)}}$$

通过转换：

$$\text{Ln} = \frac{p_i}{1 - p_i} = Z_i = a + \beta_i$$

对于数据的要求是因变量中的每个数据应该是对某一水平刺激发生反应的数量，同时观测值应该是独立的，否则卡方检验和拟合优度检验无法通过。

(2) 结果分析。

本研究中的概率单位回归分析将人们对增加带薪休假措施后延长退休年龄政策满意度提高的人数作为响应变量，将没有增加带薪休假配套措施前总共调查的人数作为总观测变量，模型中的因子为根据性别和工种进行不同组合而分成的四组，进行编码，1 代表女体力劳动者，2 代表女脑力劳动者，3 代表男体力劳动者，4 代表男脑力劳动者，协变量为带薪休假的时间，本书只考虑 3 到 8 周的带薪休假时间，运用 SPSS 16.0 进行 probit 回归分析得出的结果如表 6 - 10、表 6 - 11 所示。从表 6 - 10 中可以看出所有参数估计的 *sig* 值都小于 0.05，因此协变量和三个截距项对方程都具有显著意义。表 6 - 11 为指定带薪休假时间的不同响应概率，响应

概率 *Probit* = 0.500 时，女体力劳动者带薪休假的半数响应估计值为 54 天，同理可知，女脑力、男体力、男脑力带薪休假半数响应估计值分别为：48 天、45 天、42 天。由此也可以得出以下结论：女性劳动者普遍比男性劳动者更希望较长的带薪休假时间，同时体力劳动者与脑力劳动者比起来希望有更长的带薪休假时间。由于使用概率单位回归只计算出满意度半数响应的估计值，使用该方法得出的带薪休假时间最多能使一半的人感到满意，为使得延迟退休政策的接受度更高，即更多人对该政策能满意，本书将进一步分析带薪休假的时间应该多久才最适宜。

表 6－10 变量的显著性检验

a. PROBIT model: PROBIT(p) = Intercept + BX

Parameter		Estimate	Std. Error	Z	Sig.
PROBIT[a] time		.011	.004	2.852	.004
Intercept[b]	女体力	−.610	.159	−3.839	.000
	女脑力	−.605	.161	−3.767	.000
	男体力	−.494	.164	−3.014	.003
	男脑力	−.690	.157	−4.382	.000

b. Corresponds to the grouping variable type.

表 6－11 不同带薪休假时间的响应概率

Probability	Estimate			
	Female1	Female2	Male1	Male2
0.01	.329	.255	.286	.333
0.02	.598	.463	.520	.605
0.03	.874	.677	.760	.884
0.04	1.162	.900	1.010	1.175
0.05	1.465	1.135	1.274	1.482
0.06	1.784	1.382	1.552	1.805
0.07	2.121	1.643	1.845	2.146
0.08	2.476	1.918	2.154	2.505

（续表）

Probability	Estimate			
	Female1	Female2	Male1	Male2
0.09	2.851	2.209	2.479	2.884
0.1	3.246	2.514	2.823	3.283
0.15	5.552	4.301	4.828	5.616
0.2	8.506	6.589	7.397	8.604
0.25	12.266	9.502	10.667	12.407
0.3	17.039	13.199	14.818	17.235
0.35	23.106	17.899	20.094	23.372
0.4	30.849	23.897	26.828	31.204
0.45	40.803	31.608	35.484	41.272
0.5	53.729	47.621	44.725	41.347

4）延迟退休带薪休假的方案优化

上文运用概率单位回归分析得出的如果延迟退休，不同性别和工种的劳动者期望的带薪休假时间，该方法得出的带薪休假时间能使半数以上的劳动者增加对延迟退休政策的信心。为使该政策的接受度更高，即使更多人对该政策能够满意，本书进一步对公众期望的带薪休假时间进行调查。设置的问题是如果延迟退休，你希望可以有几个月的带薪休假时间，并根据其工作性质分类出体力和脑力劳动行业，最后得出的不同性别和工种的劳动者对带薪休假的期望时间如图所示。

从女性劳动者对带薪休假的期望时间的折线图 6-18 可以看出，不论是体力劳动者还是脑力劳动者的折线图都在 4 个月时出现最高点，说明女性劳动者都希望延迟退休后能有 4 个月的带薪休假时间。女性劳动者期望的带薪休假的时间较长，也从另一方面反映出女性希望有更多的空余时间，一方面为了自己的休闲，但更重要的是家庭责任的重担，即他们负担更多的家庭照顾责任。

同样，从男性劳动者对带薪休假的期望月数折线图 6-19 可以看出，男性体力劳动者期望的带薪休假时间在 3 个月时达到最高点，对 4 个月、5 个月、6 个月带薪休假时间的赞成人数逐渐减少，可能原因是人们还是希望从工作中获得更多的薪水，实现自身价值，而过长的休假时间会使他们感觉厌烦和无聊。相比而言，男性脑力劳动者期望的带薪休假时间最高点出现在 2 个月，对三个月赞成的人数也较多，随后下降的趋势逐渐变大，说明脑力劳动者和体力劳动者对带薪休假时间有着同样的感受，认为既然选择了延迟退休，就应当踏踏实实的工作完最后几年，而过多的休闲时间就是对生命的一种浪费。同时，男性体力劳动者期望的带薪休假时间比脑力劳动者要长，从另一方面也说明了体力劳动者工作要辛苦的多，不论在工作环境还是工作福利待遇上都赶不及脑力劳动者，因而他们希望有更多的休息时间放松自己、享受劳累工作以外的生活。

因此，我们得出的结论是，劳动者出于闲暇和工作收入等各方面原因的综合考虑选择了适中的带薪休假时间，且不同性别、不同行业的劳动者选择有所差异，女性劳动者比男性劳动者期望更多的带薪休假时间，体力劳动行业劳动者比脑力劳动行业劳动者希望更长的带薪休假时间。

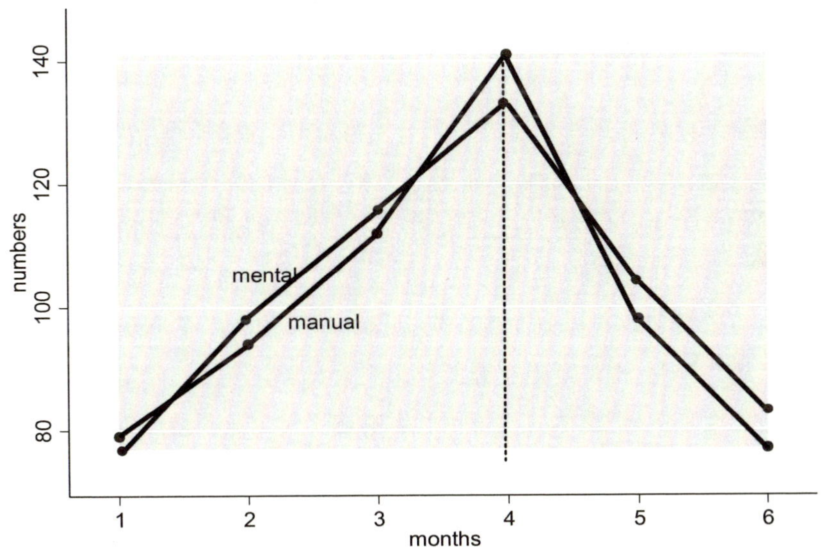

图 6－18　女性劳动者对带薪休假时间的选择

5）延迟退休带薪休假政策的利弊分析

对延退政策的掌舵人政府来说，延迟退休带薪休假政策带来的益处要远大于不利因素，主要原因是政府力推的延迟退休政策引发了社会各界的强烈争议，其中反对声音占绝大多数，在基本养老保险基金逐渐显现及我国老龄化趋势不断加快

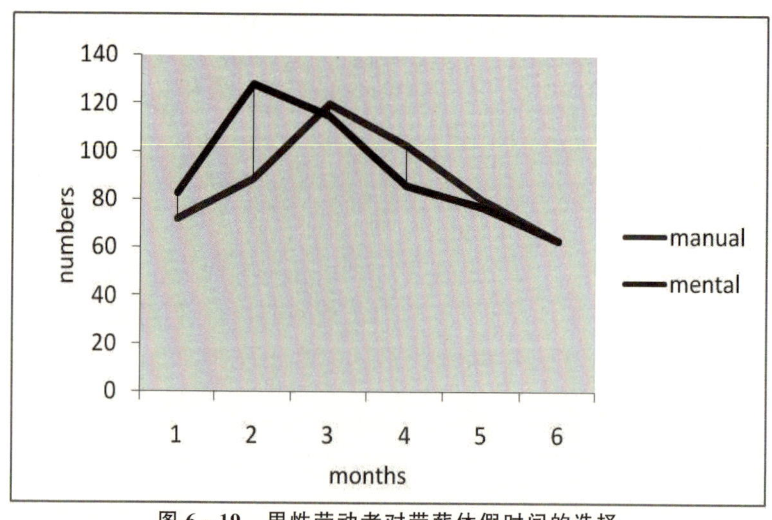

图 6－19　男性劳动者对带薪休假时间的选择

的背景下，延迟退休成为解决这些问题的首要也是最有效路径，而使得延退政策的实施顺利进行不仅需要国家强制力还需要作为国家权力赋予者的公民的赞同与配合，延迟退休带薪休假配套政策正是化解国家与公众利益矛盾的利器之一，对政府来说无疑带开了使延退政策向前迈开的第一扇大门。带薪休假政策的第二受益人是个人，带薪休假政策正是站在劳动者立场为其设计的配套措施，一方面既满足人们对闲暇时间的需求，另一方面也使人们劳逸结合，在闲暇过后继续工作，以获得更多劳动收入及退休后获得更高的养老金收入。因此，带薪休假政策的有利影响可以归结为可以缓和政府与劳动者在延迟退休政策推行上的利益冲突矛盾，使延退政策的实施更顺利，也使延退实施的效果更为显著。

从企业角度来看，带薪休假政策不利影响在于对企业利益的损害，使得企业负担加重，竞争力下降。由于带薪休假政策实施的关键在于劳动者长时间休假期间的工资由谁来负担，政府可以给予企业一定的优惠政策，但大部分责任还是落在企业身上。在我国现行的社会保险缴费中，五险一金缴费已占到工资总额的 40%～50%，这一比例超过了世界上绝大多数国家，而企业养老保险的缴费率为 20%，个人企业合计缴费高达 28%，远远超过了 20%的国际警戒线，可见现行企业的缴费压力之大。而带薪休假政策需要企业付出更多劳动力成本，劳动者即使不工作也需企业给付工资，对于企业来说无疑是巨大的负担。因此，该配套措施可能会遭到来自企业的反对，需要政策制定者出台相应应对措施，例如规定带薪休假只能获得工资的一定比例，给予企业财政补助等。

6.4.2　延迟退休的托幼机构建设——基于劳动者对隔代抚育的需求

1）隔代抚育对劳动者退休决策的影响分析

劳动者退休决策受到众多因素的影响，而家庭因素中的对孙子女的抚育照顾责任是影响他们做出退休决策的重要因素。受中国根深蒂固的家庭伦理观念的影响，每个人从出生开始便肩负照顾家庭的使命，而老人隔代抚育孙子女更是义不容辞的责任。费孝通学者从反馈模式的视角总结了传统中国家庭关系结构：在中国是甲代抚育乙代，乙代赡养甲代，乙代抚育丙代，丙代又赡养乙代，下一代对上一代都要反馈的模式。如图 6－20 所示，甲代抚育了乙代，乙代赡养甲代，同时要抚养丙代，甲代为了给乙代提供时间和精力上的支持，主动承担起部分抚育丙代的责任。甲代就是即将退休的一代，根据我国现行退休制度规定的退休年龄推算，甲代在退休时间前后正好能满足其隔代照顾孙子女的需求。另一方面，从乙代上有老下有小的关系可以看出，由于中国处于社会转型时期，正面临显著的家庭结构向小型化、多样化的趋势转变，4－2－1 的家庭结构成为主流模式。父辈主体的青年子女肩负着养家糊口、赡养老人的双重责任，因而没时间和精力照看子女，把子女托付给父母抚养成了无奈之举，如果老人无法带小孩，那么找一个保姆来照看小孩，经济上的花费比老人继续工作的收入要高，而且保姆照看小孩的效果与祖父祖母比起来肯定是远远不及的。同时，我国社会福利体系不完善，托幼机构跟不上市场需求，老人帮助抚育下代而不愿意退休后继续留在劳动力市场，这或许成为我国推行退休年龄延长政策的阻力之一。

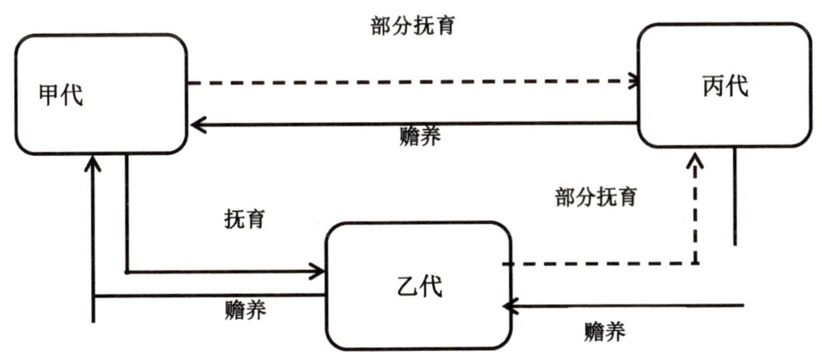

图 6－20　中国家庭代际关系结构

图 6－21 显示了有代际抚育负担的劳动者和没有代际抚育负担的劳动者生存曲线，两组人群曲线都显示了随年龄增长继续工作的概率下降趋势，说明随着年龄

逐步增大，无论有无家庭隔代抚养责任，人们都偏向于离开工作岗位。不照顾孙子、孙女的曲线下降平缓，而照顾孙子、孙女的曲线下降幅度较大，说明了随着年龄的增长，需要照顾孙子、孙女的劳动者不愿意延迟退休的可能性更大。这也实证了上述观点有家庭隔代抚养责任的劳动者不愿意继续工作的理论解释。也有学者通过实证分析发现：不需要照顾孙子、孙女的劳动者 50 岁之后的平均工作时间为 9.69年，需要照顾孙子、孙女的主体 50 岁之后的平均工作时长为 8.3 年，并通过显著性检验发现两者之间的差异显著。因此，应站在劳动者个人角度思考他们不愿意延迟退休的主观因素，从而找出有效的解决措施，缓解延长退休年龄与代际抚养时间重叠的矛盾。

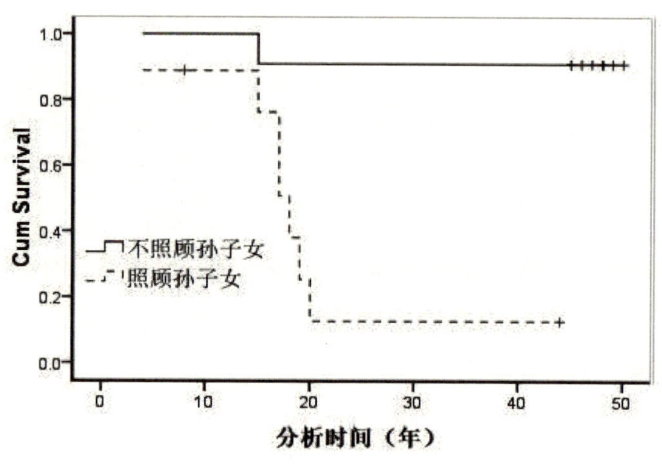

图 6 - 21　有无代际负担劳动者生存曲线

2）托幼机构建设的方案实施

（1）公众对延迟退休配套措施——兴建托儿机构的满意度。

为研究增加延迟退休配套政策——国家增加托幼机构建设，延迟退休政策对公众吸引力的变化，即增加该配套措施能否提高公众对延迟退休的满意度和积极性，利用样本的列联表及交叉分组下的频数分析得出的结果如表 6 - 12、表 6 - 13 所示。从满意度与增加托儿所措施之间的叉列联表中可以看出，四组数据的实际频数与期望频数差异较大，初步判断人们对延迟退休政策的满意与否受到国家配套政策的影响，同时表 6 - 13 中行列变量的独立性检验 P 值为 0.000 远小于显著性水平，因此拒绝原假设，进一步说明增加托儿机构建设对人们延迟退休决策的影响显著，政府加大公共财政投入建立更多托儿所是一种较为可行的使延迟退休政策更好的被接受、更有效执行的办法。而政府从哪些方面入手来增加公共财政投入建设托幼机构成为目前最关键的问题所在。

表 6－12　if ＊ sat Crosstabulation

		sat		total
		satisfied	not satisfied	
If support with nurseries	Count	89	10	99
	ExpectedCount	44.8	54.2	99.0
	% of Total	40.6%	4.6%	45.2%
	Residual	44.2	－44.2	
without support	Count	10	110	120
	Expected Count	54.2	65.8	120.0
	% of Total	4.6%	50.2%	54.8%
	Residual	－44.2	44.2	
Total	Count	99	120	219
	Expected Count	99.0	120.0	219.0
	% of Total	45.2%	54.8%	100%

表 6－13　Chi-Square Tests

	Value	Asym Sig. (2-sided)	Exact Sig. (2-sided)	Exact Sig. (1-sided)
Pearson Chi-Square	1.457E2[a]	1.457E2[a]		
Continuity Correction[b]	142.425	142.425		
Likelihood Ratio	167.936	167.936		
Fisher's Exact Test			.000	.000
Linear-by-Linear Association	145.034	145.034		
N of Valid Cases[b]	219	219		

a. 0 cells (.0%) have expected count less than 5. The minimum expected count is 44.75.

b. Computed only for a 2x2 table

(2) 公众对兴建托儿机构的关注因素。

根据对劳动者家中六岁以下小孩的数量及平均每天照顾小孩的时间调查可以看出家中小孩有近 80%的孩子是由祖母辈看护的,"隔代教养"已经成为"新常态"。而延迟退休政策的推行必然会引起老人隔代抚育孙子、孙女与工作之间的矛盾,因此,解决学前儿童寄托照看问题成为延迟退休政策顺利实施的助推器。对于托幼机构建设问题,本书从劳动者利益角度出发,以劳动者满意度为因变量,以劳动者对托幼机构建设所关心的四个方面因素为自变量进行回归分析,因变量包括距离,即托幼机构离家住地的远近程度、成本,即小孩进托幼机构所需的花费、日托时间,即小孩可以托管的时间长度、质量,即托幼机构保育效果。

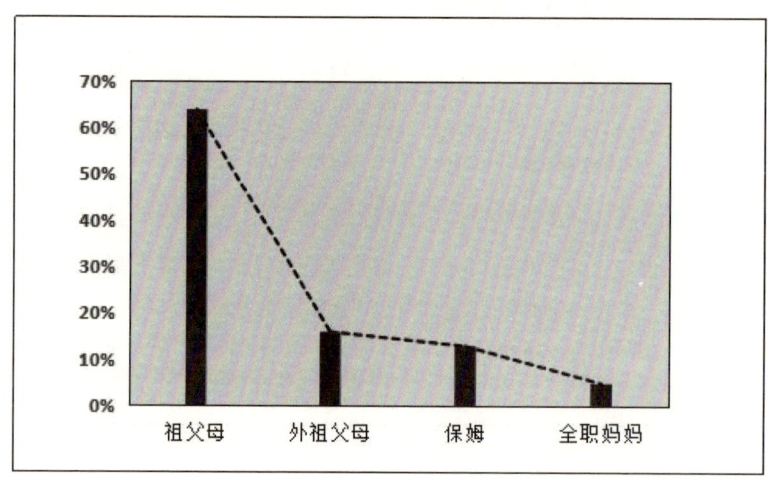

图 6－22　0～6 岁儿童照看主体占比

由于本书中因变量和自变量都定义为分类变量,因此本书采用最优尺度回归方法分析因变量与自变量之间的关系。与直接用简单回归分析方法相比,对分类变量用任意数值进行编码量化处理,不能保证最优,因为用不同方式编码类别将会产生不同的回归系数,这样在对同样几个变量的分析进行比较时难度大,且有时无法给出合理解释。而最优尺度回归使用交替最小二乘法,用优化的尺度来量化转换分类变量为连续性数值变量,以使量化后的分类变量能用与数值型变量相同的方式进行处理。本书运用 SPSS 17.0 进行最优尺度回归分析的结果如图表所示,图 6－23为被调查者总体满意度的有序样条转换,变化后的变量仍保留观测变量的原先顺序,但类别值已发生改变,结果为选定次数地方平滑单调分段多项式,每段都是按指定次数及内部结点的确定位置生成的。表 6－14 方差分析 $p=0.000$,

小于 0.05，表明模型有统计学上的显著性意义，且 R 平方为 0.713，回归方程的拟合效果较理想。

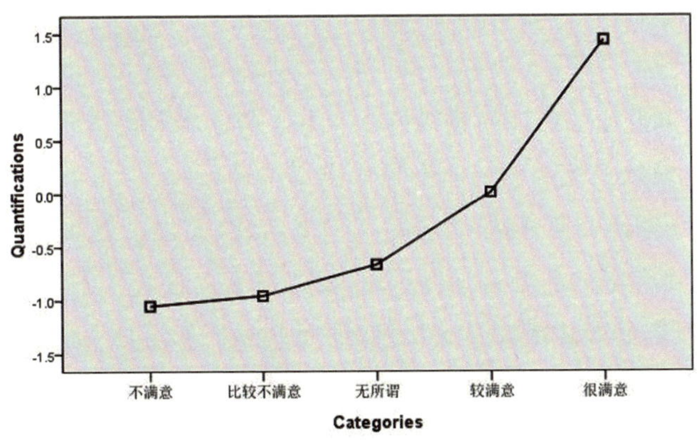

图 6－23　satisfaction 转换图

表 6－14　模型检验及相关性分析

ANOVA	Sig＝.000			
Correlations and Tolerance	variables			
Importance	cost	quality	period	distance
	.322	－.385	.008	1.055

根据表标准回归系数，得到最优尺度回归方程为

$$Satisfactio = -0.572cost - 0.643quality + 0.11period + 1.056distance$$

回归方程中托幼机构教育质量回归系数最大，对方程的解释最大，说明托幼机构的教育质量问题对劳动者是否放心将小孩送入托幼机构保育、教育的影响较大。从表 6－14 相关性和容忍度计量表也可以看出，回归方程中对因变量最重要的自变量为 *quality*，即托幼机构儿童抚育质量，重要性指标为 0.385。第二重要因素为 *cost* 即托幼机构收取的费用，重要性指标为 0.322。再次，托幼机构距离小孩居住地的距离对人们选择托幼机构也产生一定影响。最后，托幼机构看管小孩的时间长度对因变量不太重要。因此，我们得出的结论是，在退休年龄没有延迟的情况下，人们选择托幼机构会综合考虑托幼机构的教育质量、费用、距离及时间因素，其

中托幼机构的教育质量及费用对人们是否选择将小孩托管给托幼机构影响较大。而我国推行延迟退休政策，配套加强托幼机构的发展也应当综合考虑这几方面的因素，既提高劳动者对政府兴办托幼机构的满意度，也加强人们对延迟退休政策的支持度。

6.4.3 延迟退休的经济激励措施——基于劳动者对提高收入的需求

1）建立与延迟退休挂钩的养老保险激励给付机制

20 世纪 90 年代中期开始，为应对人口老龄化、大规模提前退休导致的劳动参与率持续下降所带来的养老金支付压力，发达国家普遍采取了弹性退休政策，每提前一年退休，养老金将被扣减一定比例，而每延迟一年退休，退休后可以领取的养老金将增加一定比例，以加强对高龄劳动者的工作激励。例如德国规定，每提前一年退休，养老金减发 3.6%，而每延迟一年，养老金增发 6%，并且延迟退休的退休金增长率高于提前退休的扣减率。根据将提前退休和延迟退休的养老金实施差异化，提高奖惩幅度，才能起到延迟退休年龄的辅助作用。经济激励政策的基本思路为：劳动者可以在最低退休年龄和正常退休年龄间选择退休，但领取的养老金将被按一定比例扣减；而对于有足够的精力和能力的劳动者，可以在达到法定退休年龄后继续延长工作年限，对这类人群的激励是他们退休后可领取的养老金将高出全额养老金一定比例。

我国可以借鉴想发达国家与养老金收益相关的经济激励做法，但根据我国国情和目前退休制度发展现状，不能生搬硬抄袭发达国家一系列做法，而应当取其精华并融入中国退休年龄改革特色。西方发达国家以养老金作为调节退休行为的工具是从双向开展的，即既有激励措施增加养老金替代率，也有惩罚措施减少提前退休者可领取的养老金。而根据对延迟退休改革的社会民意调查，我国大部分劳动者对该政策的实施表示不赞成，其中最重要的原因在于利益矛盾，即缺乏经济激励，而不赞成的后果是该政策无法得到执行，因而政策制定者应当重点关注用经济手段激励公众，以增加他们对政策的信心，而对于惩罚措施可以暂且不考虑。根据本书考虑劳动者健康最优化而得出的不同年龄、工种的劳动者最优延迟退休年龄：女体力 63 岁，男体力 64 岁，女脑力 66 岁，男脑力 67 岁，我们将之作为经济激励政策设计的参考年龄。具体措施为：女体力劳动者从 50 岁延迟到 55 岁之前，养老金的增长率以每年增长 0.5%的速度匀速增长，55 岁以后养老金增长率加速度增长，直至 63 岁，延迟退休人员养老金可增长 25%；男性体力劳动者从 60 岁延迟退休到

64 岁，养老金先以每年 4% 的速度增长，再以每年 5% 的速度增值，直至 64 岁养老增长 30%，增长过程如表 6－15 所示。女脑力劳动者从 55 岁延迟到 66 岁，第一年延迟 4 个月，则养老金增长 1.5%，以后每年增长 0.5%，直至 60 岁时的增长率为 8，此后以每年 2% 的速度增长，到 65 岁，女性脑力劳动者养老金增长 28%，从 65 岁延迟到 66 岁，养老金再增长 8%；男性脑力劳动者从 60 岁延退到 67 岁，第一年增长 1.5%，以后以每年 0.5% 的速度增长，到 65 岁增长 8%，之后以每年 2% 速度增长，到 67 岁实现延迟退休者养老金在增长率为 20%，增长过程如表 6－16 所示。

表 6－15　女性劳动者延迟退休后养老金的增长

出生日期	退休年龄	增长率（体力）	增长率（脑力）	出生日期	退休年龄	增长率（体力）	增长率（脑力）
1970	50.5	2		1994	59	18	8
1971	51	5/2	/	1995	59.5	20	9
1972	51.5	3	/	1996	60	23	10
1973	52	7/2	/	1997	60.5	26	12
1974	52.5	4	/	1998	61	29	14
1975	53	9/2	/	1999	61.5	32	16
1976	53.5	5	/	2000	62	35	19
1977	54	11/2	/	2001	62.5	38	22
1978	54.5	6	/	2002	63	41	25
1979—1985	55	8	/	2003	63.5	/	28
1986	55.5	9	7/2	2004	64	/	32
1987	56	10	4	2005	64.5	/	36
1988	56.5	11	9/2	2006	65	/	40
1989	57	12	5	2007	65.5	/	44
1991	57.5	13	11/2	2008	66	/	48
1992	58	14	6				
1993	58.5	16	7				

表 6－16　男性劳动者延迟退休后养老金的增长

出生日期	退休年龄（体力）	退休年龄（脑力）	增长率（体力）	增长率（脑力）	出生日期	退休年龄（体力）	退休年龄（脑力）	增长率（体力）	增长率（脑力）
1962	60＋2/6	/	3/2	/	1976	62＋4/6	63＋2/3	25/2	8
1963	60＋3/6	/	2	/	1977	62＋5/6	64	13	9
1964	60＋4/6	/	5/2	/	1978	63	64＋1/3	27/2	10
1965	60＋5/6	/	3	/	1979	63＋1/6	64＋2/3	31/2	12
1966	61	60＋1/3	7/2	3/2	1980	63＋2/6	65	35/2	14
1967	61＋1/6	60＋2/3	4	2	1981	63＋3/6	65＋1/3	20	16
1968	61＋2/6	61	9/2	5/2	1982	63＋4/6	65＋2/3	45/2	18
1969	61＋3/6	61＋1/3	5	3	1983	63＋5/6	66	25	21
1970	61＋4/6	61＋2/3	11/2	7/2	1984	64	66＋1/3	30	24
1971	61＋5/6	62	6	4	1985	/	66＋2/3	/	27
1972	62	62＋1/3	15/2	9/2	1986	/	67	/	30
1973	62＋1/6	62＋2/3	8	5					
1974	62＋2/6	63	21/2	6					
1975	62＋3/6	63＋1/3	12	7					

2）制定多元化延迟退休效益增加政策

（1）降低个人所得税。

我国目前的个人所得税起征点为 3 500 元，使用超额累进税率的计算方法计税。具体计算方法为：每月收入总额减去基本社会保障缴费减去起征点金额，以此余额为应纳税所得额，再根据应纳税所得额的大小确定应缴税率，所得乘积再减去速算扣除数即为个人应纳所得税。各档次的缴费比例及速算扣除数如表 6－17 所示。

表 6－17　个人税率表

序号	不同档次	缴费比例	速算扣除数
1	不超过 1 500 元	3	0
2	超过 1 500 元至 4 500 元的部分	10	105

（续表）

序号	不同档次	缴费比例	速算扣除数
3	超过 4 500 元至 9 000 元的部分	20	555
4	超过 9 000 元至 35 000 元的部分	25	1 005
5	超过 35 000 元至 55 000 元的部分	30	2 755
6	超过 55 000 元至 80 000 元的部分	35	5 505
7	超过 80 000 元的部分	45	13 505

为了降低人们对延迟退休政策的抵触情绪，增加公众对该政策的接受程度，实施弹性化的延迟退休年龄政策成为可选择路径之一。弹性化的退休年龄体系内涵丰富，不仅内在的包括弹性化的退休年龄、渐进式的改革步伐，还外在的包括延迟退休相关配套政策。从经济利益的角度来看，增加延迟退休者收益效应可以让一部分劳动者提高推迟退休的意愿，如减免个人所得税，既提高含税级距范围，同时降低个人所得税税率，从整体上改善人们的税后收入。其税收调整计划及调整前后的对比如图 6－24、表 6－18 所示。

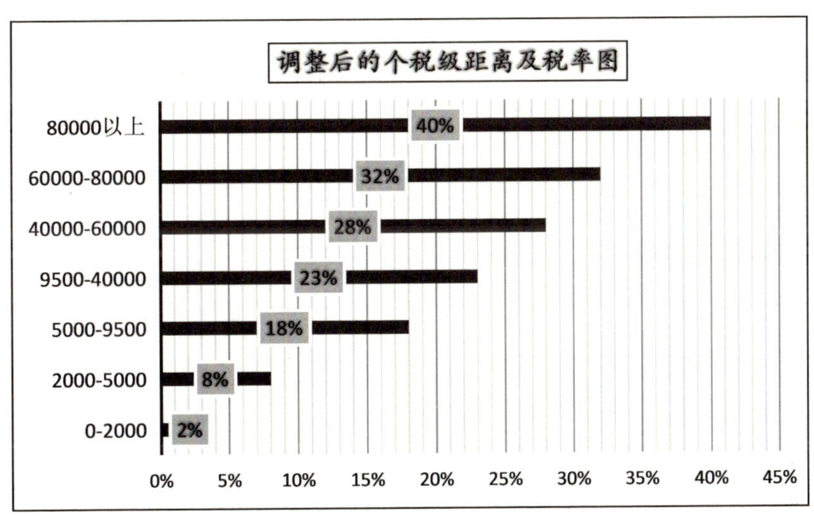

图 6－24　调整后的个税级距及税率

表 6-18 调整前后个人所得税对比

调整后		
级数	含税级距	税率(%)
1	0～2 000	2
2	2 000～5 000	8
3	5 000～9 500	18
4	9 500～40 000	23
5	40 000～60 000	28
6	60 000～80 000	32
7	80 000 以上	40
调整前		
级数	含税级距	税率(%)
1	0～1 500	3
2	1 500～4 500	10
3	4 500～9 000	20
4	9 000～35 000	25
5	35 000～55 000	30
6	55 000～80 000	35
7	80 000 以上	45

(2) 降低养老保险个人缴费率。

延迟退休意味着劳动者不仅不能拿到退休金，还需要继续缴纳养老保险，在工资增长速度有限的情况下，对于大部分劳动者来说，由于自身利益受损，从而不愿意延迟退休。因而，降低养老保险个人缴费率可以成解决矛盾的措施之一。随着2014 年我国机关事业单位养老保险制度的改革，机关事业单位和企业养老保障的双轨体系逐渐消失，统一的城镇职工养老保险制度建立起来，养老保险缴费负担均为单位承担 20%，个人承担 8%。但由于机关事业单位劳动者福利待遇与企业单位劳动者相差较大，在设计延迟退休政策时仍应当考虑差异化的配套措施，实施降低个人养老保险缴费率也应当分行业实施；同时，由于我国男女劳动者职业观念及在市场中的地位差别，使得男女劳动者在面临延长退休时间时的考虑有所差别，因此，实施减免个人所得税的办法应当考虑不同性别及不同单位性质的劳动者实际情况。具体实施方法是累进降低个人养老保险缴费率，如表 6－19 所示。

表 6－19　降低养老保险个人缴费率标准

单位性质				
单位性质	企业单位	体力	男	60　61　62　63　64
			比例(%)	0　−1.5　−2　−2.5　−3
			女	50　51　52…60　61　62　63　64
			比例(%)	0　−0.8　−0.16…−8　0　0　0　0
		脑力	男	60　61　62…66　67
			比例(%)	0　−0.6　−1.2…−3.6　−4.2
			女	55　56　57…65　66
			比例(%)	0　−0.7　−1.4…−7　−7.7
	事业单位	体力	男	60　61　62　63　64
			比例(%)	0　−1　−1.5　−2　−2.5
			女	50　51　52…60　61　62　63　64
			比例(%)	0　−0.8　−0.16…−8　0　0　0　0
		脑力	男	60　61　62…66　67
			比例(%)	0　−0.5　−1…−3　−3.5
			女	50　51　52…63　64
			比例(%)	0　−0.5　−1…−6.5　−7

考虑到不同性别、不同工种、不同单位性质的劳动者最优退休年龄的不同，本书将降低养老金缴费比例的措施分为 8 类，依据单位性质分为企业和机关事业单位两大类。企业劳动者中，男体力劳动者从 60 岁开始，延迟一年退休，养老金缴费比例降低 1.5%，之后以此为基础，每延迟一年退休，养老金缴费比例再降低 0.5%；女体力劳动者从 50 岁开始，每延迟一年退休，养老金缴费降低 0.8%，直至 62 岁不再缴费。男脑力劳动者每延迟一年退休，养老金缴费降低 0.6%；女脑力劳动者从 55 岁开始，每延迟一年退休养老金降低 0.7%。机关事业单位劳动者中，男体力劳动者从 60 岁开始延迟退休到 61 岁，养老金缴费降低 1%，以后以此为基础，每延迟一年退休，养老金缴费降低 0.5%；女体力劳动者每延迟一年退休，养老金缴费降低 0.8%，直至 61 岁不用再缴费；男脑力和女脑力劳动者每延迟退休一年，缴费比例降低 0.5%。以养老保险缴费用人单位负担 20%，个人负担 8% 为基础，延迟退休者个人缴纳降低的比例应当由国家补足，以不影响个人养老金账户积累额。

(3)提高工资增长率。

近年来中国经济增速持续放缓,部分企业生产经营面临困难,工资增长速度随之放缓。国家统计局发布的数据显示2013年我国职工平均工资实际增长7.3%,2014年实际增长8.6%,2015年实际增长8.0%,2016年增长率为6.2%。近八年我国劳动工资增长情况如图6-25所示。我国改革开放三十多年来,在较长一段时间内工资增长都低于劳动着生产率的增速,工资增速慢,在近几年才有所改善,但仍然是低速增长,2011年之后工资增长率几乎呈下降趋势。在我国经济增长不景气、职工工资增长缓慢的背景下,大部分人选择提前退休而不愿延迟退休最根本原因在于外在因素,即职工在职工资增长的影响,大部分人辛苦工作奉献了大半生,既没有混得一官半职,到邻近退休时也没有增加多少,因此他们对于延迟退休能给自己带来多大利益是没有信心的,因此,提高工资增长可以增加人们对延迟退休的信心和支持度。

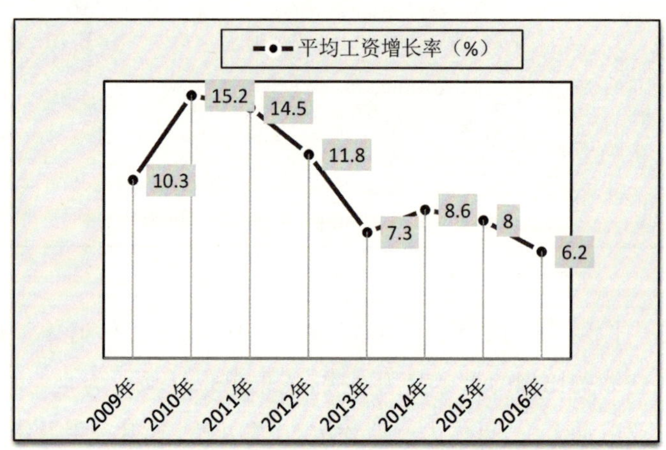

图6-25 2009—2016平均工资增长率

资料来源:王改林.我国职工工资增长影响因素的实证分析[D].天津:天津财经大学,2012.

提高工资增长率的具体措施为,在原工资增长基础之上,劳动者每推迟一年退休一年,工资再增长一定比例。本书通过问卷调查,假定一个劳动者临近退休时的工资为6 000元,那么延迟退休后希望工资至少增长多少才满意,设定的选项有8%、9%、10%、11%、12%五项,具体情况如图6-26所示。由图中直线的趋势看可知,人们对工资增长的欲望是无穷的,即我们无法根据劳动者的期望工资增长情况来设定延迟退休工资增长率。可以根据经济发展情况及老龄化等社会情况来综合考虑增加延迟退休者工资。由于工资增长受劳动生产率和经济增长及物价指数的影响,在考虑增加延迟休者工资的情况下应当结合这三方面因素设定劳动者工资增长率。对于体力劳动者而言,男性劳动者延迟退休按一定倍数增加工资,如第一年增长 8%,第二年增长 16%;女性由于从 50 岁延迟到 63 岁退休中间经历的时间较长,工资增长应当放缓,可以在第一年延退工资增长 6%的基础上,以后每年比前年增长 1%,到 55 岁以后每年比前年增加 2%,到 60 岁以后每年比前年增加 3%,以控制工资增长过快对经济的影响。对于脑力劳动者而言,男性劳动者在第一年工资增长 6%基础上,以后每延迟一年退休工资多增长 3%,到 67 岁实现工资增长 23%;女性劳动者以第一年工资增长 6%为基础,以后每延迟一年多增长 2%,到 60 岁以后每年多增长 3%,直到 66 岁增长到 33%。具体实施如表 6－20 所示。

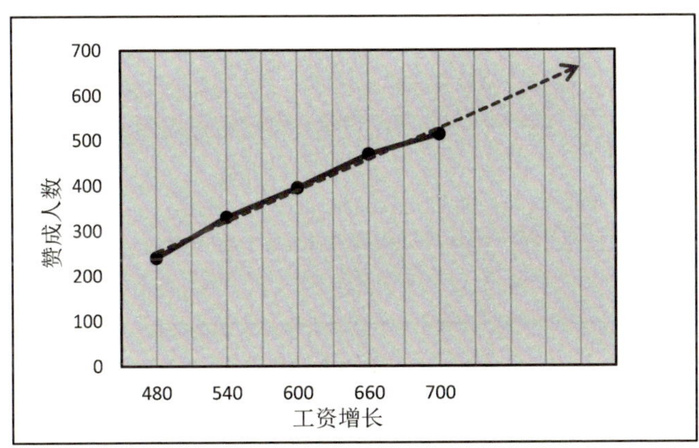

图 6－26　劳动者对工资增长的期望

表 6－20　体力劳动者工资增长率

退休年龄(岁)	体力劳动者		脑力劳动者	
	男性工资增长(%)	女性工资增长(%)	男性工资增长(%)	女性工资增长(%)
50	—	—	—	—
51	—	6	—	—
52	—	7	—	—
53	—	8	—	—
54	—	9	—	—

（续表）

退休年龄(岁)	体力劳动者		脑力劳动者	
	男性工资增长(%)	女性工资增长(%)	男性工资增长(%)	女性工资增长(%)
55	—	10	—	6
56	—	13	—	8
57	—	14	—	10
58	—	16	—	12
59	—	18	—	14
60	—	20	—	16
61	8	23	6	19
62	16	26	9	21
63	24	29	11	24
64	32	—	14	27
65	—	—	17	30
66	—	—	20	33
67	—	—	23	

3）结论

通过对劳动者对该三项措施的满意度调查发现，选择提高工资增长率的劳动者占比 76%，选择降低养老保险缴费率占比 17%，选择减少个人所得税的占比 7%。其原因是大部分人认为增加工资增长率可以带来实实在在的工资收入的增长，而降低养老保险个人缴费率和减少个人所得的税较为方案较为复杂、也较为隐蔽，普通劳动者很难搞懂其来龙去脉。因此，相比这两种方案，大部分劳动者更希望以工资增长作为延迟退休年龄的补偿措施。因此，在延迟退休经济效益激励措施方面，应当以提高延迟退休者的在职工资为重点，同时辅之以降低养老保险缴费率、减免个人所得税等配套措施，建立多层次的延迟退休者利益补偿机制。

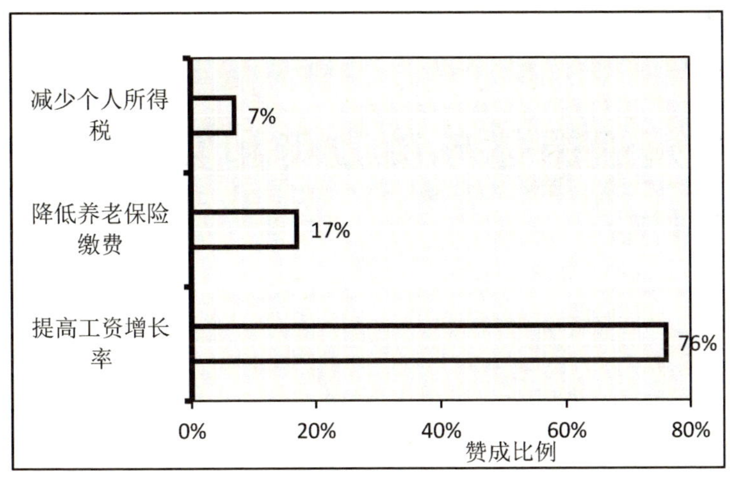

图 6－27　三种经济激励措施满意度调查

本章小结

本章通过统计分析和回归分析的方法，研究影响我国居民延迟退休意愿的影响因素，研究发现：身体健康状况和退休规划休闲旅游、退休后照顾孙代、经济总收入（提早退休后再做一份职业收入加上退休工资的总收入大于延迟退休的收入）是影响我国老年人不愿延迟退休的主要因素。针对这三个关键影响因素，本书设计了三个应对举措：完善延迟退休的带薪休假政策、大量兴办公共托幼机构以及建立与延迟退休挂钩的养老保险激励给付机制和制定多元化延迟退休经济效益增加政策，并对这三种举措的政策效益进行了效果仿真，发现这三种举措对提高我国老年人延迟退休意愿效果显著。

第 7 章

渐进式延迟退休年龄政策和实施路径设计

7.1 渐进式延长退休年龄方案设计的基本原则

综合分析结论，需要制定一套切实可行的差异化的、渐进式的政策，在施行延迟退休策略的同时，要注意如下几个点原则。

首先是循序渐进原则。目前，很多发达国家的延迟退休年龄政策一般都采用了循序渐进的方式，而不是一步到位，因此，我国有必要借鉴国外相关经验，遵循循序渐进的原则。只有通过有步骤地、分阶段地实施延迟退休年龄政策，才能很大程度地缓解实施延迟退休年龄政策给社会带来的其他不利影响。而且，根据相关数据，我国有相当多的民众反对实施延迟退休年龄，因此，渐进式的做法能够缓解这种负面影响。法定退休年龄的变动，无论是 63 岁、65 岁还是 67 岁，都说明每个国家在实行退休年龄改革时不可能一蹴而就，都需要有一个准备的阶段。在实施退休年龄方面，我国应该学习部分西方发达国家的相关经验，再结合我国的特殊国情，采用“每年延迟几个月”的方式比较合理。另外，退休年龄的延迟时间也需要遵循循序渐进的原则，具体的操作步骤和时间需要经过精确的计量计算过程，而不是盲目地、单凭经验制定。

其次，应该遵循公平的原则。这主要包括三层含义。第一，在不同性别方面，男性和女性、男干部和女干部在养老金、退休年龄方面都应该受到公平待遇；第二，在延迟退休年龄后的养老金待遇，我国应该相应地改变标准，而不是沿用以前的养老金水平；第三，在不同行业方面，我国应当根据行业的特征、劳动者的特点以及行业的具体性质来设定退休年龄。另外，由于地区、性别、工种的不同，对于退休年龄的延迟也需要不同。在一些老龄化程度不高的地区、人均预期寿命比较低，个别工种由于危险系数高，盲目跟进不可取。目前总体来说，女性的退休年龄偏低，从他们作为突破口先进行改革是个不错的选择。另外要注意的就是脑力劳动者可以优先进行改革，脑力劳动者和体力劳动者要有所区分。

再次，我们要遵循弹性的原则。地广人多是我国重要的特点之一。也就是说，在我国人与人、地区与地区之间都存在着较大的差异，因此不能采用"一刀切"的方法，而是采用一定的弹性制度。具体地，要求我们不要完全固定法定退休年龄，而是应该支持老年劳动力提前退出工作岗位，或者那些工作能力强的、工作意愿高的超出退休年龄选择继续工作，也就说，新的退休年龄政策，应该充分让人们拥有自由的退休年龄选择权。可以看得出，这种弹性原则不仅照顾到不同人群、不同行业、不同性别人的不同需要，同时也使得每个人的效用水平提高了。如受我国传统习惯的影响，女性群体在工作的同时也要去照顾家庭、照顾子女，甚至要帮忙照顾第三代，因此，他们更加愿意提前退休；另外受教育年限越高的人工作年限越短，晚退休就可以延长他们的工作年限。我们可以对于那些提前退出工作岗位的人员降低养老金的供给，对于延迟退休的人员增加养老金。

最后，我们需要遵循学术研究成果和发扬民主相结合原则。退休年龄的设置关系到了每个劳动者的切身利益，因此，在制定延迟退休年龄政策时，也要遵循民主原则，即广泛听取劳动者的意见和建议，尊重民意，而非仅仅限于学者的研究结果。但是通常因为民主存在着一定的低效率特点，因此，民主原则在具体地实施时，也应该把握一定的尺度。事实上，根据不可能定理，当民众因为偏好的不同而持有不同的方案时，民主原则不可能满足所有人的需求，因此，需要进行举手表决，少数服从多数的决策也是不科学的民主，因此，政策的制定者不仅要充分考虑到大多数人的要求，还要有从专业方面制定出更合理更全面的政策。

因此，相关部门应该安排专业人员使用民意调查、学术研究等方式探讨和研究与渐进式延迟退休年龄相关的问题，如果能够合理解决这些问题，再进行征求广大人民群众的意见，加以分年龄段抽样调查分析，制定出更科学的更顺应民意的政策。

本书认为设计渐进式延长退休年龄方案，要采取"小步渐进"方式，分步延长到位，设置"缓冲期"，逐步逐年完成渐进式延长退休年龄目标。设计时既要考虑到经济效应的客观因素，可以借鉴国际经验，又要考虑到社会效应，要体恤民情、尊重民意。因此，方案设计应该遵循渐进式、差异化、公平、公正、弹性的原则。

7.2 渐进式延迟退休年龄重要参数的设定

7.2.1 方案的“起始年龄”及“终止年龄”设定

起始年龄:本书在设计方案时,参考人社部尹蔚民部长近期多次讲话的思想,把2022年定为实施渐进式延长退休年龄的起始年龄。

终止年龄:参照前文的研究结果,本书将从两个角度来考虑终止年龄的设计。

第一个角度(终止年龄Ⅰ):与国际接轨、男女同步。根据前文研究的结论,通过国际经验的借鉴与比较,得知当前全球有176个国家都采取男女同步退休年龄的方案,这些国家都已具备成熟的渐进式延长退休年龄基础,并有不少的前车之鉴供我国参考。若我国也想与国际同步,将男女退休年龄延长到同岁,则不仅要考虑到延长退休年龄对经济效应影响的客观因素,还要考虑到我国大部分女性现有退休年龄较低的特殊情况。因此,本书在设计渐进式延长退休年龄方案的时候,选取了各国男女同步退休年龄的平均值65周岁,将终止年龄设定为男女都同步延长到65周岁,本书称之为“终止年龄Ⅰ”。

第二个角度(终止年龄Ⅱ):尊重民意、男女有别。根据第五章5.2的结论,得知我国当前民众愿意接受延长退休年龄的意愿并不强烈,其中,男性普遍认为延长退休年龄至65周岁对其影响并不大,但大多数女性则认为延长退休年龄至65周岁对其来说过晚,且受我国传统文化影响,女性更倾向于在家相夫孝子,想早点安享晚年、含饴弄孙,帮助子女减轻抚养第三代的生活压力。因此,本书在设计渐进式延长退休年龄方案的时候,考虑到社会效应,要体恤民情、尊重民意,在男女平等的基础上则将终止年龄设定为男女有别,体现灵活。

7.2.2 方案的“步频”设计

本书将根据一年12个月的周期规律,遵照渐进式、差异化原则,按“每年延长2个月”“每年延长3个月”“每年延长4个月”及“每年延长6个月”的步频来设计方案。之所以选择这四种步频,是因为2、3、4、6都是12的公约数,在渐进式延长退休年龄方案设计的研究过程中便于计算。

7.2.3　基于个人健康的最优退休年龄研究

我国职工退休年龄的规定是根据1978年国务院颁布的法律:男性60岁退休,女性50或55岁退休。其设定退休年龄的理论依据是根据当时人们的身体健康状况,即人均寿命来合理制定个人退休年龄的。但随着改革开放的深入,经济不断发展,我国人口预期寿命也不断延长,老龄化所带来的一系列问题日益突出,养老保险基金支付压力、经济的可持续健康发展等都对延长退休年龄提出了挑战。很多学者通过研究发现,目前我国法定退休年龄与最优退休年龄不同步的现象,各个学者从不同角度研究了最优退休年龄的设定问题。李含伟和汪泓从个人幸福最大化角度建立最优退休年龄模型,雷勇采用确定制的最优退休年龄经济模型对延迟退休年龄进行了分析,张文学从社会效用最大化的视角测算最优平均退休年龄。本书将从个人健康的角度,分性别、分工种分析最优延迟退休年龄,且本书假设延迟退休的定义为:如果男性超过60岁仍然在劳动力市场上继续工作,或者女性工人超过50岁,女干部超过55岁仍然在继续工作,我们就将这部分群体视为已经延迟退休(比如很多大学和医院到了退休年龄,医生和教师依然被返聘,许多工人退休后到超市当收银员和工作人员),他们可以作为我们研究延迟退休的仿真样本。

随着年龄的增大,个人健康问题会越来越多,由看病而带来的医疗花费也将越来越高。2013年党的十八届三中全会提出研究渐进式延迟退休政策决定时,社会上有不少反对的声音,而其中之一的原因是个人身体健康,认为如果超出了现在的退休年龄,自己的身体无法承受更大的工作压力,在医疗方面的花费也会成为自己沉重的负担。健康状况或人的平均寿命成为影响退休年龄决策的重要因素,究竟个人健康程度是否受到工作或退休年龄的影响,两者之间的影响程度如何,成为确立最优退休年龄的关键点。本书经过实地调查,将调查对象分为处理组和控制组,处理组是达到法定退休年龄仍然在劳动力市场的人(即目前到了退休年龄返聘的人和退休后为了获得更多收入又从事其他工作的人),而控制组是达到法定退休年龄不再工作的群体,并分性别和分工种研究四类人群的最优退休年龄,体力劳动者共调查了1 200人,女体力劳动者调查对象年龄分布为50～70岁;男体力劳动者调查对象年龄分布为60～70岁。脑力劳动者总计800人,女脑力劳动者年龄分布为55～70岁;男脑力劳动者为60～70岁。

1) 女体力劳动者最优延迟退休年龄

(1) 年龄和健康关系的散点图。

50～70岁女体力劳动者、处理组的年龄分布情况如表7-1,并运用统计学软件 stata 绘制女体力劳动者不同工作年龄和健康的关系如图 7 - 1 所示。

表 7 - 1　女体力劳动者处理组年龄分布

age	50	51	52	53	54	55	56	57	58	59	60
fenquency	16	15	14	18	15	17	15	8	13	10	14
Percent(%)	5.3	5	4.7	6	5	5.7	5	2.9	4.5	3	4.7
age	61	62	63	64	65	66	67	68	69	70	
fenquency	14	16	14	16	24	18	9	11	13	10	
percent(%)	4.7	5.3	4.7	5.3	8	6	3	3.7	4.5	3	

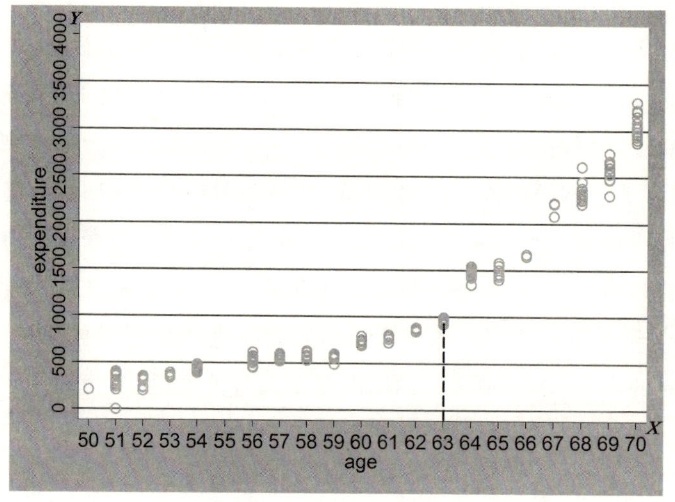

图 7 - 1　女体力劳动者处理组工作年龄和健康的关系

图 7 - 1 中 X 轴表示的是被调查者的实际年龄，并且所有被调查者都处于工作状态，Y 轴表示被调查者年平均看病花费金额。在 50 到 63 岁年龄区间，除了个别点分布较扩散，其余点都在 300 到 1 000 范围内变动，即被调查者年医疗花费变化不明显，几乎在同一水平线上，相对年龄的医疗花费增长率为 4.8%；而 63 岁过后，即从 64 到 70 岁，劳动者的医疗花费快速增长，64 岁时的医疗费用接近 1 500 元，比 63 岁时的最高花费多出近 500 元，增长率约为 20.9%。因此，可以看出，随着科技发展，人们生活条件的改善，人们的健康状况也逐渐改善，63 岁为健康状况的转折点，64 岁之后劳动者的医疗花费骤然上升，意味着劳动者的健康状况逐渐变坏，劳动者如果在 63 之后继续工作将对自己的健康不利，从而带来更多的医疗

负担。本书还基于控制组得出个人年龄与健康的关系，以此来与处理组人群健康状态进行对比，女体力劳动者、控制组被调查对象共 300 人，运用统计学软件得出的年龄分布、健康与年龄的关系如表 7－2、图 7－2 所示。

表 7－2　女体力劳动者控制组年龄分布

age	50	51	52	53	54	55	56	57	58	59	60
frequency	17	14	19	11	19	12	23	13	22	20	12
percent	5.7	4.7	6.3	3.7	6.3	4.0	7.7	4.3	7.3	6.7	4.0
age	61	62	63	64	65	66	67	68	69	70	
frequency	9	13	12	16	13	17	12	11	7	8	
percent	3.0	4.3	4.0	5.3	4.3	5.7	4.0	3.7	2.3	2.7	

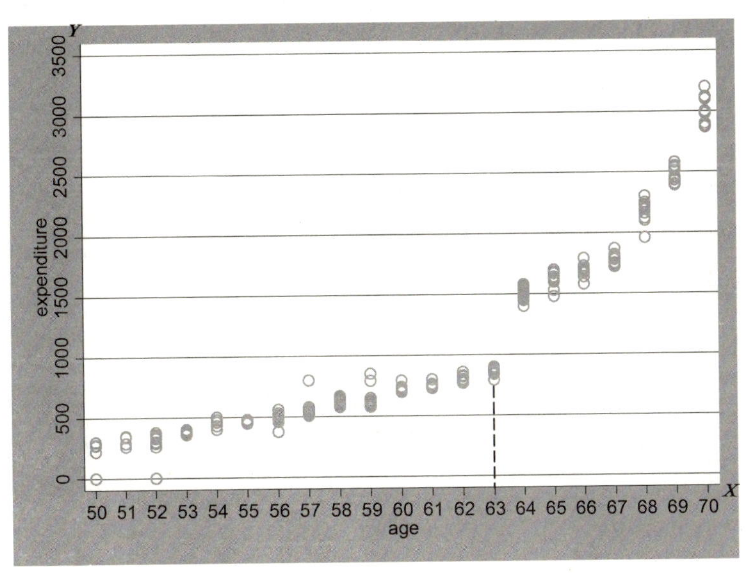

图 7－2　女体力劳动者控制组健康与年龄的关系

与处理组的女体力劳动者类似，图 7－2 为控制组情况，其中 X 轴为被调查者年龄，Y 轴为与健康相联系的个人年平均医疗花费。由于在一定范围内，个人的看病花费都相差不多，所以散点图中的点存在重叠现象。控制组被调查者在 50 岁正常退休之后就没有从事其他工作，属于假设没有延迟退休的范围。但从年龄和医疗花费金额的散点图可以看出，其分布状态与处理组的年龄与健康的关系图几乎没有多大差别，都是在63岁之后形成断点，即从64岁开始个人的医疗花费突然上升，从平均1 500元每年上升到70岁的3 200元，远远大于63岁以下的医疗看病花费最大花费金额1 000元。因此，从图7-1和图7-2的对比可以看出，女体力劳动者无论是50岁之后继续工作还是不工作，他们的医疗花费在63岁之前都是平稳的，都在300～1 000元范围内波动。过了63岁即从64岁开始，人们的健康越来越差，看病花费以较快的速率增长，从而说明女性的健康状况与其50岁退休后继续工作或不工作没有多大关系，而与年龄或人类的生理特性有关，即到了一定年龄，人们的生理功能自然会下降，不会因为外力如工作压力等作用而加快。基于健康假设的最优退休年龄可以参照人们健康状况来设定，以63岁为转折点，人们的健康状况变坏，出于对劳动者的健康考虑，加上社会经济的发展需要身体健壮、高效率的劳动者，以及国际上面对养老压力的一系列延长退休年龄的做法，如美国根据出生年月的不同分别将劳动者退休年龄延迟到65岁和67岁，日本将退休年龄延迟到65岁。我国可以考虑将女体力劳动者的退休年龄逐步延迟到63岁。调查显示截至2015年我国人口平均寿命提高到了75.83岁，有些地区甚至提高到了83岁，在健康允许下提高女体力劳动者退休年龄至63岁是现实且可实施的方案。

方差分析结果可进一步证明，出于对劳动者健康的考虑，女性体力劳动者的合理延迟退休年龄为63岁，在63岁前退休将是对人力资本的极大浪费，超出63岁退休既损害劳动者健康，又损害企业生产效率。

2）女脑力劳动者、男体力劳动者、男脑力劳动者最优延迟退休年龄

运用类似的方法可得出女性脑力劳动者最优延迟退休年龄、男性体力和脑力劳动者的最优延迟退休年龄，如图7-3、图7-4、图7-5所示。因此，从图中断点处可以看出女脑力劳动者最优延迟退休年龄可以是66岁，男体力劳动者和脑力劳动者最优延迟退休年龄可以是64岁和67岁。

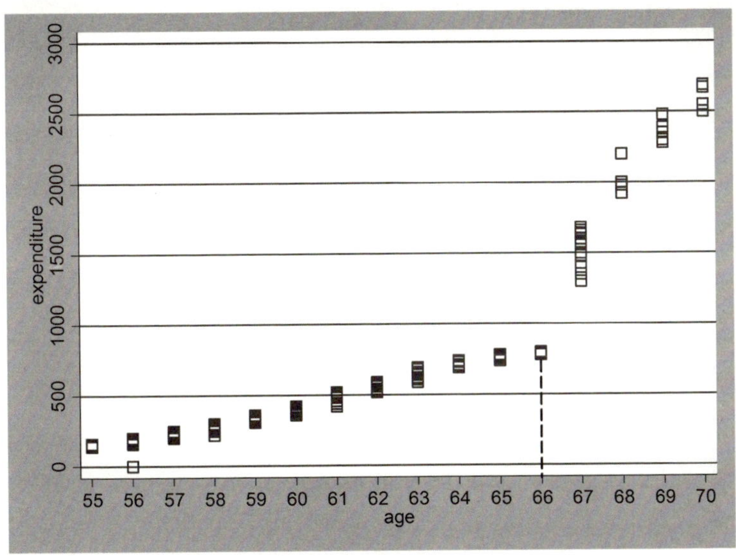

图 7－3　女脑力劳动者健康与年龄的关系

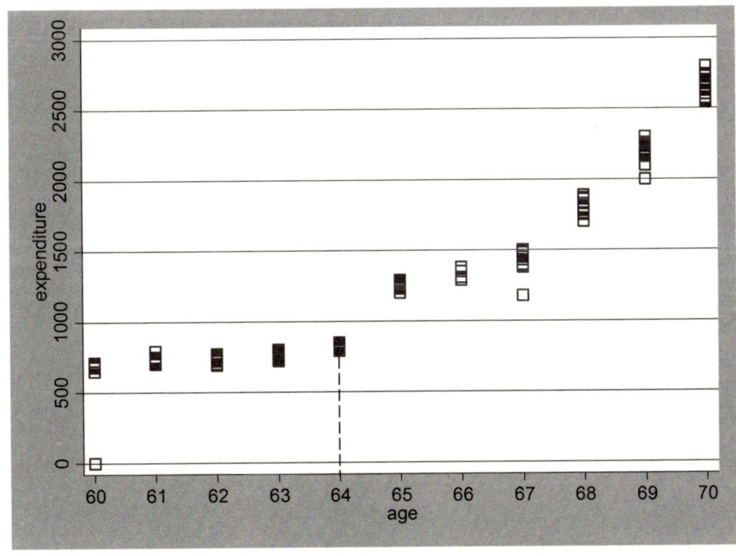

图 7－4　男体力劳动者健康与年龄的关系

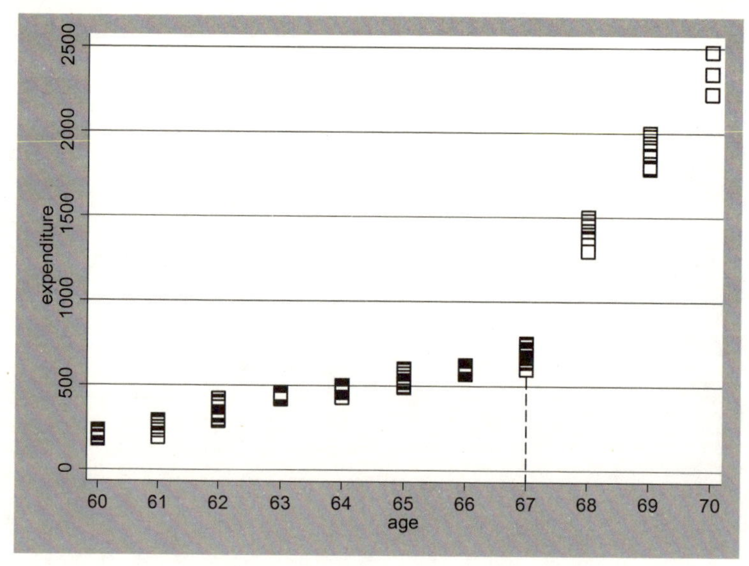

图 7-5　男脑力劳动者健康与年龄的关系

调查统计分析结果显示，从人体健康角度来研究适宜的退休年龄可以得出这样的结论：女体力劳动工作者在当前法定退休年龄退休后继续从事体力工作和自己在当前法定退休年龄完全退休不从事体力劳动（尽管一个人退休后选择了继续工作就不能参与不工作的人身体健康状况实验，但其他退休后不工作的控制组样本的健康状况可以作为其参考）在 63 岁之前身体健康状况没有大的差异，但 63 岁之后健康状况大幅恶化，是一个临界点，因此我们可以认为女性体力劳动者的合适退休年龄应该是 63 岁；男性体力劳动工作者在当前法定退休年龄退休后继续从事体力工作和自己在当前法定退休年龄完全退休不从事体力劳动（尽管一个人退休后选择了继续工作就不能参与不工作的人身体健康状况实验，但其他退休后不工作的控制组样本的健康状况可以作为其参考）在 64 岁之前身体健康状况没有大的差异，但 63 岁之后健康状况大幅恶化，是一个临界点，因此我们可以认为男性体力劳动者的合适退休年龄应该是 64 岁；女性脑力劳动工作者在当前法定退休年龄退休后继续从事脑力工作和自己在当前法定退休年龄完全退休不从事脑力劳动（尽管一个人退休后选择了继续工作就不能参与不工作的人身体健康状况实验，但其他退休后不工作的控制组样本的健康状况可以作为其参考）在 66 岁之前身体健康状况没有大的差异，但 66 岁之后健康状况大幅恶化，是一个临界点，因此我们可以认为女性脑力劳动者的合适退休年龄应该是 66 岁；男性脑力劳动工作者在当前法定退休年龄退休后继续从事脑力工作和自己在当前法定退休年龄完全退休不从事脑力劳动(尽管一个人退休后选择了继续工作就不能参与不工作的人身体健康状况实验,但其他退休后不工作的控制组样本的健康状况可以作为其参考)在 67 岁之前身体健康状况没有大的差异,但 67 岁之后健康状况大幅恶化,是一个临界点,因此我们可以认为男性脑力劳动者的合适退休年龄应该是 67 岁。

上述男性体力劳动工作者的退休年龄 64 岁、女性体力劳动工作者的退休年龄 63 岁、男性脑力劳动工作者的退休年龄 67 岁、女性脑力劳动工作者的退休年龄 66 岁是从身体健康的视角出发得出的研究结论,是考虑了工种和性别的差异,研究结论和国际上经济发达国家的退休年龄(65 岁左右)大致相当。若政策制定为了避免碎片化,实行不分工种、不分性别一刀切的延迟退休政策,65 岁是一个较合适的退休年龄。

7.3　渐进式延长退休年龄的多方案设计与比较分析

根据上文设计思路,结合“两种终止年龄方案”及“四种步频”,交叉重组,本书将设计 8 套渐进式延长退休年龄方案,并做相应的利弊分析,为我们设计最终的渐进式延迟退休年龄方案做一些前期准备工作。

7.3.1　方案一

表 7-3　方案一设计的前提条件假设

条件名称	内容
起始年龄	男性(男工人+男干部+男领导)60 周岁,女工人 50 周岁,女干部 55 周岁,女领导 60 周岁
终止年龄 I	男性(男工人+男干部+男领导)65 周岁,女性(女工人+女干部+女领导)65 周岁。
步频	每年延长 2 个月
男女退休年龄是否同步	是

方案一具体设计如表 7-4。

表 7-4　渐进式延长退休年龄方案设计(方案一)

★步频:每年延长 2 个月　★终止年龄是否同步:是(男女,均 65 岁)

男性渐进式延长退休年龄方案		女性渐进式延长退休年龄方案		
年份	退休年龄(男工人+男干部+男领导)	退休年龄(女工人)	退休年龄(女干部)	退休年龄(女领导)
2021 年	60 岁	50 岁	55 岁	60 岁
2022 年	60 岁+2 个月	50 岁+2 个月	55 岁	60 岁
2023 年	60 岁+4 个月	50 岁+4 个月	55 岁	60 岁
2024 年	60 岁+6 个月	50 岁+6 个月	55 岁	60 岁
2025 年	60 岁+8 个月	50 岁+8 个月	55 岁	60 岁
2026 年	60 岁+10 个月	50 岁+10 个月	55 岁	60 岁
2027 年	60 岁+12 个月=61 岁	50 岁+12 个月=51 岁	55 岁	60 岁
2033 年	62 岁	52 岁	55 岁	60 岁
2039 年	63 岁	53 岁	55 岁	60 岁
2045 年	64 岁	54 岁	55 岁	60 岁
2051 年	65 岁	55 岁	55 岁	60 岁
2057 年	65 岁	56 岁	56 岁	60 岁
2063 年	65 岁	57 岁	57 岁	60 岁
2069 年	65 岁	58 岁	58 岁	60 岁
2075 年	65 岁	59 岁	59 岁	60 岁
2081 年	65 岁	60 岁	60 岁	60 岁
2087 年	65 岁	61 岁	61 岁	61 岁
2093 年	65 岁	62 岁	62 岁	62 岁
2099 年	65 岁	63 岁	63 岁	63 岁
2105 年	65 岁	64 岁	64 岁	64 岁
2111 年	65 岁	65 岁	65 岁	65 岁

注:代表每耗时 6 年延长 1 岁;

男性终止年龄 65 周岁方案总耗时 30 年;

第一步:女工人与女干部两者同步到 55 周岁总耗时 10 年;

第二步:女工人与女干部与女领导三者同步到 60 周岁,总耗时 60 年;

第三步:女性达到终止年龄目标 65 周岁,方案总耗时 90 年。

如表7-4所示，在渐进式延长退休年龄方案设计(方案一)中，假设方案的实施年份为2022年。男性(男工人+男干部+男领导)的起始年龄为60周岁，女领导为60周岁，女干部为55周岁，女工人为50周岁。采用终止年龄Ⅰ方案，男女同步，男性(男工人+男干部+男领导)终止年龄为65周岁，女性(女工人+女干部+女领导)为65周岁。步频为每年延长2个月，即每年退休人员的退休年龄增加2个月的工作时间，每6年能将退休年龄总体延长1岁。

以此类推，至2051年，男性将达到终止年龄目标，达到65周岁，方案总耗时30年。女性方面，由于女工人、女干部、女领导三者起始年龄不同，所以本书将采取三步走的方式。至2051年，第一步：女工人与女干部两者同步到55周岁，总耗时10年；至2081年，第二步：女工人与女干部与女领导三者同步到60周岁，总耗时60年；至2111年，第三步：女性达到终止年龄目标，达到65周岁，方案总耗时90年。即方案一中，男女同步达到65周岁，总耗时90年。

该方案的优点是：完全遵循“小步渐进”原则，每一年退休年龄的增加的幅度非常小，达到方案终止年龄总目标的速度非常快。对于退休员工而言，差异不大，民众接受意愿大。且该方案能满足与国际接轨的需求，达到男女退休年龄同步，充分利用了人力资本，让每一个劳动力发挥了最大效应。

该方案的缺点是：由于增加幅度过小，整个方案要达到男女退休年龄同步到65周岁的总目标耗时太长，对于国家的方案实施、缓解养老金支付压力等方面不利。由于男女终止年龄同步，在民意方面，部分女性民众的满意度可能不太高，具体如表7-5所示。

表7-5 渐进式延长退休年龄方案设计(方案一)优缺点对比

项目	达到方案终止年龄总目标的速度	民众接受程度	缓解养老金支付压力	部分女性满意度
方案一星级评定	★	★★★★	★	★

7.3.2 方案二

表 7-6 方案二设计的前提条件假设

条件名称	内容
起始年龄	男性(男工人＋男干部＋男领导)60 周岁,女工人 50 周岁,女干部 55 周岁,女领导 60 周岁
终止年龄Ⅰ	男性(男工人＋男干部＋男领导)65 周岁,女性(女工人＋女干部＋女领导)65 周岁
步频	每年延长 3 个月
男女退休年龄是否同步	是

方案二具体设计如表 7-7。

表 7-7 渐进式延长退休年龄方案设计(方案二)

★步频:每年延长 3 个月　★终止年龄是否同步:是(男女,均 65 岁)

男性渐进式延长退休年龄方案		女性渐进式延长退休年龄方案		
年份	退休年龄(男工人＋男干部＋男领导)	退休年龄(女工人)	退休年龄(女干部)	退休年龄(女领导)
2021 年	60 岁	50 岁	55 岁	60 岁
2022 年	60 岁＋3 个月	50 岁＋3 个月	55 岁	60 岁
2023 年	60 岁＋6 个月	50 岁＋6 个月	55 岁	60 岁
2024 年	60 岁＋9 个月	50 岁＋9 个月	55 岁	60 岁
2025 年	60 岁＋12 个月＝61 岁	50 岁＋12 个月＝51 岁	55 岁	60 岁
2029 年	62 岁	52 岁	55 岁	60 岁
2033 年	63 岁	53 岁	55 岁	60 岁
2037 年	64 岁	54 岁	55 岁	60 岁
2041 年	65 岁	55 岁	55 岁	60 岁
2045 年	65 岁	56 岁	56 岁	60 岁
2049 年	65 岁	57 岁	57 岁	60 岁
2053 年	65 岁	58 岁	58 岁	60 岁

（续表）

男性渐进式延长退休年龄方案		女性渐进式延长退休年龄方案		
年份	退休年龄（男工人＋男干部＋男领导）	退休年龄（女工人）	退休年龄（女干部）	退休年龄（女领导）
2061 年	65 岁	60 岁	60 岁	60 岁
2057 年	65 岁	59 岁	59 岁	60 岁
2065 年	65 岁	61 岁	61 岁	61 岁
2069 年	65 岁	62 岁	62 岁	62 岁
2073 年	65 岁	63 岁	63 岁	63 岁
2077 年	65 岁	64 岁	64 岁	64 岁
2081 年	65 岁	65 岁	65 岁	65 岁

注：代表每耗时 4 年延长 1 岁；

代表男性达到终止年龄目标 65 周岁，方案总耗时 20 年；

代表第一步：女工人与女干部同步到 55 周岁，总耗时 8 年；

代表第二步：女工人与女干部与女领导同步到 60 周岁方案总耗时 40 年；

代表第三步：女性达到终止年龄目标 65 周岁，方案总耗时 60 年。

如表 7－7 所示，在渐进式延长退休年龄方案设计（方案二）中，假设方案的实施年份为 2022 年。男性（男工人＋男干部＋男领导）的起始年龄为 60 周岁，女领导为 60 周岁，女干部为 55 周岁，女工人为 50 周岁。采用终止年龄Ⅰ方案，男女同步，男性（男工人＋男干部＋男领导）终止年龄为 65 周岁，女性（女工人＋女干部＋女领导）为 65 周岁。步频为每年延长 3 个月，即每年退休人员的退休年龄增加 3 个月的工作时间，每 4 年能将退休年龄总体延长 1 岁。

以此类推，至 2041 年，男性将达到终止年龄目标，达到 65 周岁，方案总耗时 20 年。女性方面，由于女工人、女干部、女领导三者起始年龄不同，所以本书将采取三步走的方式。至 2041 年，第一步：女工人与女干部两者同步到 55 周岁，总耗时 8 年；至 2061 年，第二步：女工人与女干部与女领导三者同步到 60 周岁，总耗时 40 年；至 2081 年，第三步：女性达到终止年龄目标，达到 65 周岁，方案总耗时 60 年。即方案二中，男女同步达到 65 周岁，总耗时 60 年。

该方案的优点是：与方案一相比，每一年退休年龄的增加幅度增大了一些，相对提高了达到方案终止年龄总目标的速度。对于退休员工而言，步频不算高，民众接受意愿较大。且该方案能满足与国际接轨的需求，达到男女退休年龄同步，充分利用了人力资本，让每一个劳动力发挥了最大效应。

该方案的缺点是：虽然提高了达到方案终止年龄总目标的速度，但耗时仍然较长，对于国家的方案实施、缓解养老金支付压力等方面仍然有些不利。由于男女终止年龄同步，在民意方面，部分女性民众的满意度可能不太高。具体如表 7－8 所示。

表 7－8　渐进式延长退休年龄方案设计（方案二）优缺点对比

项目	达到方案终止年龄总目标的速度	民众接受程度	缓解养老金支付压力	部分女性满意度
方案二星级评定	★★	★★★	★★	★

7.3.3　方案三

表 7－9　方案三设计的前提条件假设

条件名称	内容
起始年龄	男性（男工人＋男干部＋男领导）60 周岁，女工人 50 周岁，女干部 55 周岁，女领导 60 周岁
终止年龄 I	男性（男工人＋男干部＋男领导）65 周岁，女性（女工人＋女干部＋女领导）65 周岁
步频	每年延长 4 个月
男女退休年龄是否同步	是

方案三具体设计如表 7－10。

表 7－10　渐进式延长退休年龄方案设计（方案三）

★步频：每年延长 4 个月　★终止年龄是否同步：是（男女均 65 岁）

男性渐进式延长退休年龄方案		女性渐进式延长退休年龄方案		
年份	退休年龄（男工人＋男干部＋男领导）	退休年龄（女工人）	退休年龄（女干部）	退休年龄（女领导）
2021 年	60 岁	50 岁	55 岁	60 岁
2022 年	60 岁＋4 个月	50 岁＋4 个月	55 岁	60 岁

（续表）

男性渐进式延长退休年龄方案		女性渐进式延长退休年龄方案		
年份	退休年龄(男工人＋男干部＋男领导)	退休年龄(女工人)	退休年龄(女干部)	退休年龄(女领导)
2024 年	60 岁＋12 个月＝61 岁	50 岁＋12 个月＝51 岁	55 岁	60 岁
2023 年	60 岁＋8 个月	50 岁＋8 个月	55 岁	60 岁
2027 年	62 岁	52 岁	55 岁	60 岁
2030 年	63 岁	53 岁	55 岁	60 岁
2033 年	64 岁	54 岁	55 岁	60 岁
2036 年	65 岁	55 岁	55 岁	60 岁
2039 年	65 岁	56 岁	56 岁	60 岁
2042 年	65 岁	57 岁	57 岁	60 岁
2045 年	65 岁	58 岁	58 岁	60 岁
2048 年	65 岁	59 岁	59 岁	60 岁
2051 年	65 岁	60 岁	60 岁	60 岁
2054 年	65 岁	61 岁	61 岁	61 岁
2057 年	65 岁	62 岁	62 岁	62 岁
2060 年	65 岁	63 岁	63 岁	63 岁
2063 年	65 岁	64 岁	64 岁	64 岁
2066 年	65 岁	65 岁	65 岁	65 岁

注：代表每耗时 3 年，延长 1 岁；

代表男性达到终止年龄目标 65 周岁，方案总耗时 15 年；

代表第一步：女工人与女干部同步到 55 周岁，总耗时 7 年 ；

代表第二步：女工人与女干部与女领导同步到 60 周岁方案总耗时 30 年；

代表第三步：女性达到终止年龄目标 65 周岁，方案总耗时 45 年。

如表 7－10 所示，在渐进式延长退休年龄方案设计（方案三）中，假设方案的实施年份为 2022 年。男性（男工人＋男干部＋男领导）的起始年龄为 60 周岁，女领导为 60 周岁，女干部为 55 周岁，女工人为 50 周岁。采用终止年龄 Ⅰ 方案，男女同步，男性（男工人＋男干部＋男领导）终止年龄为 65 周岁，女性（女工人＋女干部＋女领导）为 65 周岁。步频为每年延长 4 个月，即每年退休人员的退休年龄增加 4

个月的工作时间，每 3 年能将退休年龄总体延长 1 岁。

以此类推，至 2036 年，男性将达到终止年龄目标，达到 65 周岁，方案总耗时 15 年。女性方面，由于女工人、女干部、女领导三者起始年龄不同，所以本书将采取三步走的方式。至 2036 年，第一步：女工人与女干部两者同步到 55 周岁，总耗时 7 年；至 2051 年，第二步：女工人与女干部与女领导三者同步到 60 周岁，总耗时 30 年；至 2066 年，第三步：女性达到终止年龄目标，达到 65 周岁，方案总耗时 45 年。即方案三中，男女同步达到 65 周岁，总耗时 45 年。

该方案的优点是：与方案一、方案二相比，每一年退休年龄的增加幅度更大了一些，提高了达到方案终止年龄总目标的速度，且该方案能满足与国际接轨的需求，达到男女退休年龄同步，充分利用了人力资本，让每一个劳动力发挥了最大效应。同时国家实施方案节奏较快，能缓解一定的养老金支付压力。

该方案的缺点是：对于退休员工而言，步频较高，与往年退休员工退休年龄相比，差异略有明显，民众接受意愿尚可或一般。由于男女终止年龄同步，在民意方面，部分女性民众的满意度可能不太高。具体如表 7－11 所示。

表 7－11　渐进式延长退休年龄方案设计（方案三）优缺点对比

项目	达到方案终止年龄总目标的速度	民众接受程度	缓解养老金支付压力	部分女性满意度
方案三星级评定	★★★	★★	★★★	★

7.3.4　方案四

表 7－12　方案四设计的前提条件假设

条件名称	内容
起始年龄	男性（男工人＋男干部＋男领导）60 周岁，女工人 50 周岁，女干部 55 周岁，女领导 60 周岁
终止年龄 I	男性（男工人＋男干部＋男领导）65 周岁，女性（女工人＋女干部＋女领导）65 周岁
步频	每年延长 6 个月
男女退休年龄是否同步	是

方案四具体设计如表 7－13。

表 7－13　渐进式延长退休年龄方案设计(方案四)

★步频:每年延长 6 个月　★终止年龄是否同步:是(男女均 65 岁)

男性渐进式延长退休年龄方案		女性渐进式延长退休年龄方案		
年份	退休年龄(男工人＋男干部＋男领导)	退休年龄(女工人)	退休年龄(女干部)	退休年龄(女领导)
2021 年	60 岁	50 岁	55 岁	60 岁
2022 年	60 岁＋6 个月	50 岁＋6 个月	55 岁	60 岁
2023 年	60 岁＋12 个月＝61 岁	50 岁＋12 个月＝51 岁	55 岁	60 岁
2025 年	62 岁	52 岁	55 岁	60 岁
2027 年	63 岁	53 岁	55 岁	60 岁
2029 年	64 岁	54 岁	55 岁	60 岁
2031 年	65 岁	55 岁	55 岁	60 岁
2033 年	65 岁	56 岁	56 岁	60 岁
2035 年	65 岁	57 岁	57 岁	60 岁
2037 年	65 岁	58 岁	58 岁	60 岁
2039 年	65 岁	59 岁	59 岁	60 岁
2041 年	65 岁	60 岁	60 岁	60 岁
2043 年	65 岁	61 岁	61 岁	61 岁
2045 年	65 岁	62 岁	62 岁	62 岁
2047 年	65 岁	63 岁	63 岁	63 岁
2049 年	65 岁	64 岁	64 岁	64 岁
2051 年	65 岁	65 岁	65 岁	65 岁

注:代表每耗时 2 年,延长 1 岁;

代表男性达到终止年龄目标 65 周岁,方案总耗时 10 年;

代表第一步:女工人与女干部同步到 55 周岁,总耗时 6 年;

代表第二步:女工人与女干部与女领导同步到 60 周岁方案总耗时 20 年;

代表第三步:女性达到终止年龄目标 65 周岁,方案总耗时 30 年。

如表 7－13 所示,在渐进式延长退休年龄方案设计(方案四)中,假设方案的实施年份为 2022 年。男性(男工人＋男干部＋男领导)的起始年龄为 60 周岁,女领导为 60 周岁,女干部为 55 周岁,女工人为 50 周岁。采用终止年龄Ⅰ方案,男女同步，男性（男工人＋男干部＋男领导）终止年龄为65周岁，女性（女工人＋女干部＋女领导）为65周岁。步频为每年延长6个月，即每年退休人员的退休年龄增加6个月的工作时间，每2年能将退休年龄总体延长1岁。

以此类推，至2031年，男性将达到终止年龄目标，达到65周岁，方案总耗时10年。女性方面，由于女工人、女干部、女领导三者起始年龄不同，所以本书将采取三步走的方式。至2031年，第一步：女工人与女干部两者同步到55周岁，总耗时6年；至2041年，第二步：女工人与女干部与女领导三者同步到60周岁，总耗时20年；至2051年，第三步：女性达到终止年龄目标，达到65周岁，方案总耗时30年；即方案四中，男女同步达到65周岁，总耗时30年。

该方案的优点是：与前三个方案相比，大大提高了步频，这个方案是所有方案里达到终止年龄总目标速度最快的方案，耗时最短。且该方案能满足与国际接轨的需求，达到男女退休年龄同步，充分利用了人力资本，让每一个劳动力发挥了最大效应。国家实施方案节奏快，能有效缓解一定的养老金支付压力。

该方案的缺点是：虽然达到终止年龄总目标速度快，时间最短。但步频较高，对于退休员工而言，与往年退休员工退休年龄相比，差异太大，民众心里落差较大，接受意愿较小，几乎不愿意。由于男女终止年龄同步，在民意方面，部分女性民众的满意度可能不太高。具体如表7－14所示。

表7－14　渐进式延长退休年龄方案设计（方案四）优缺点对比

项目	达到方案终止年龄总目标的速度	民众接受程度	缓解养老金支付压力	部分女性满意度
方案四星级评定	★★★★	★	★★★★	★

7.3.5　方案五

表7－15　方案五设计的前提条件假设

条件名称	内容
起始年龄	男性（男工人＋男干部＋男领导）60周岁，女工人50周岁，女干部55周岁，女领导60周岁
终止年龄Ⅱ	男性（男工人＋男干部＋男领导）65周岁，女性（女工人＋女干部＋女领导）60周岁
步频	每年延长2个月

（续表）

条件名称	内容
男女退休年龄是否同步	否

方案五具体设计如表 7－16。

表 7－16　渐进式延长退休年龄方案设计（方案五）

★步频：每年延长 2 个月　★终止年龄是否同步：否（男 65 岁；女 60 岁）

男性渐进式延长退休年龄方案		女性渐进式延长退休年龄方案		
年份	退休年龄（男工人＋男干部＋男领导）	退休年龄（女工人）	退休年龄（女干部）	退休年龄（女领导）
2021 年	60 岁	50 岁	55 岁	60 岁
2022 年	60 岁＋2 个月	50 岁＋2 个月	55 岁	60 岁
2023 年	60 岁＋4 个月	50 岁＋4 个月	55 岁	60 岁
2024 年	60 岁＋6 个月	50 岁＋6 个月	55 岁	60 岁
2025 年	60 岁＋8 个月	50 岁＋8 个月	55 岁	60 岁
2026 年	60 岁＋10 个月	50 岁＋10 个月	55 岁	60 岁
2027 年	60 岁＋12 个月＝61 岁	50 岁＋12 个月＝51 岁	55 岁	60 岁
2033 年	62 岁	52 岁	55 岁	60 岁
2039 年	63 岁	53 岁	55 岁	60 岁
2045 年	64 岁	54 岁	55 岁	60 岁
2051 年	65 岁	55 岁	55 岁	60 岁
2057 年	65 岁	56 岁	56 岁	60 岁
2063 年	65 岁	57 岁	57 岁	60 岁
2069 年	65 岁	58 岁	58 岁	60 岁
2075 年	65 岁	59 岁	59 岁	60 岁
2081 年	65 岁	60 岁	60 岁	60 岁

注：代表每耗时 6 年延长 1 岁；

代表男性终止年龄 65 周岁，方案总耗时 30 年；

代表第一步：女工人与女干部同步到 55 岁，总耗时 10 年；

代表第二步：女性达到终止年龄目标 60 周岁女工人与女干部与女领导同步，方案总耗时 60 年。

如表 7-16 所示，在渐进式延长退休年龄方案设计（方案五）中，假设方案的实施年份为 2022 年。男性（男工人＋男干部＋男领导）的起始年龄为 60 周岁，女领导为 60 周岁，女干部为 55 周岁，女工人为 50 周岁。采用终止年龄Ⅱ方案，男女有别，男性（男工人＋男干部＋男领导）终止年龄为 65 周岁，女性（女工人＋女干部＋女领导）为 60 周岁。步频为每年延长 2 个月，即每年退休人员的退休年龄增加 2 个月的工作时间，每 6 年能将退休年龄总体延长 1 岁。

以此类推，至 2051 年，男性将达到终止年龄目标，达到 65 周岁，方案总耗时 30 年。女性方面，由于女工人、女干部、女领导三者起始年龄不同，所以本书将采取两步走的方式。至 2051 年，第一步：女工人与女干部两者同步到 55 周岁，总耗时 10 年；至 2081 年，第二步：女性达到终止年龄目标，女工人与女干部与女领导三者同步到 60 周岁，总耗时 60 年。即方案五中，男女都完成了终止年龄的目标，总耗时 60 年。

该方案的优点是：完全遵循“小步渐进”原则，每一年退休年龄的增加的幅度非常小，达到方案终止年龄总目标的速度非常快。对于退休员工而言，差异不大，民众接受意愿大。由于男女终止年龄不同步，该方案倾听了民心，体恤了民情，尊重了民意，所以部分女性民众的满意度将比较高。

该方案的缺点是：由于增加幅度过小，整个方案要达到男女退休年龄同步到 65 周岁的总目标耗时太长，对于国家的方案实施、缓解养老金支付压力等方面不利。且该方案可能无法满足与国际接轨的需求，无法充分利用人力资本，让每一个劳动力发挥最大效应。具体如表 7-17 所示。

表 7-17　渐进式延长退休年龄方案设计（方案五）优缺点对比

项目	达到方案终止年龄总目标的速度	民众接受程度	缓解养老金支付压力	部分女性满意度
方案五星级评定	★	★★★★	★	★★

7.3.6　方案六

表 7-18　方案六设计的前提条件假设

条件名称	内容
起始年龄	男性（男工人＋男干部＋男领导）60 周岁，女工人 50 周岁，女干部 55 周岁，女领导 60 周岁

（续表）

条件名称	内容
终止年龄Ⅱ	男性（男工人＋男干部＋男领导）65 周岁，女性（女工人＋女干部＋女领导）60 周岁
步频	每年延长 3 个月
男女退休年龄是否同步	否

方案六具体设计如表 7－19。

表 7－19　渐进式延长退休年龄方案设计（方案六）

★步频：每年延长 3 个月　★终止年龄是否同步：否（男 65 岁；女 60 岁）

女性渐进式延长退休年龄方案		女性渐进式延长退休年龄方案		
年份	退休年龄（男工人＋男干部＋男领导）	退休年龄（女工人）	退休年龄（女干部）	退休年龄（女领导）
2021 年	60 岁	50 岁	55 岁	60 岁
2022 年	60 岁＋3 个月	50 岁＋3 个月	55 岁	60 岁
2023 年	60 岁＋6 个月	50 岁＋6 个月	55 岁	60 岁
2024 年	60 岁＋9 个月	50 岁＋9 个月	55 岁	60 岁
2025 年	60 岁＋12 个月＝61 岁	50 岁＋12 个月＝51 岁	55 岁	60 岁
2029 年	62 岁	52 岁	55 岁	60 岁
2033 年	63 岁	53 岁	55 岁	60 岁
2037 年	64 岁	54 岁	55 岁	60 岁
2041 年	65 岁	55 岁	55 岁	60 岁
2045 年	65 岁	56 岁	56 岁	60 岁
2049 年	65 岁	57 岁	57 岁	60 岁
2053 年	65 岁	58 岁	58 岁	60 岁
2057 年	65 岁	59 岁	59 岁	60 岁
2061 年	65 岁	60 岁	60 岁	60 岁

注：代表每耗时 4 年，延长 1 岁；

代表男性达到终止年龄目标 65 周岁，方案总耗时 20 年；

代表第一步：女工人与女干部同步到 55 周岁，总耗时 8 年；

代表第二步：女性达到终止年龄目标 60 周岁，女工人与女干部与女领导同步，方案总耗时 40 年。

如表 7 - 19 所示，在渐进式延长退休年龄方案设计（方案六）中，假设方案的实施年份为 2022 年。男性（男工人＋男干部＋男领导）起始年龄为 60 周岁，女工人为 50 周岁，女干部为 55 周岁，女领导为 60 周岁。采用终止年龄Ⅱ方案，男女有别，男性（男工人＋男干部＋男领导）终止年龄为 65 周岁，女性（女工人＋女干部＋女领导）为 60 周岁。步频为每年延长 3 个月，即每年退休人员的退休年龄增加 3 个月的工作时间，每 4 年能将退休年龄总体延长 1 岁。

以此类推，至 2041 年，男性将达到终止年龄目标，即达到 65 周岁，方案总耗时 20 年。女性方面，由于女工人、女干部、女领导三者起始年龄不同，所以本书将采取两步走的方式。至 2041 年，第一步：女工人与女干部两者同步到 55 周岁，总耗时 8 年；第二步：至 2061 年，女性达到终止年龄目标，女工人与女干部与女领导三者同步到 60 周岁，总耗时 40 年。即方案六中，男女都完成了终止年龄的目标，总耗时 40 年。

该方案的优点是：与方案五相比，每一年退休年龄的增加幅度增大了一些，相对提高了达到方案终止年龄总目标的速度。对于退休员工而言，步频不算高，民众接受意愿较大。由于男女终止年龄不同步，该方案倾听了民心，体恤了民情，尊重了民意，所以部分女性民众的满意度将比较高。

该方案的缺点是：虽然提高了达到方案终止年龄总目标的速度，但耗时仍然较长，对于国家的方案实施、缓解养老金支付压力等方面仍然有些不利。且该方案可能无法满足与国际接轨的需求，无法充分利用人力资本，让每一个劳动力发挥最大效应。具体如表 7 - 20 所示。

表 7 - 20　渐进式延长退休年龄方案设计（方案六）优缺点对比

项目	达到方案终止年龄总目标的速度	民众接受程度	缓解养老金支付压力	部分女性满意度
方案六星级评定	★★	★★★	★★	★★

7.3.7　方案七

表 7 - 21　方案七设计的前提条件假设

条件名称	内容
起始年龄	男性（男工人＋男干部＋男领导）60 周岁，女工人 50 周岁，女干部 55 周岁，女领导 60 周岁

（续表）

条件名称	内容
终止年龄Ⅱ	男性（男工人＋男干部＋男领导）65 周岁，女性（女工人＋女干部＋女领导）60 周岁
步频	每年延长 4 个月
男女退休年龄是否同步	否

方案七具体设计如表 7－22。

表 7－22　渐进式延长退休年龄方案设计（方案七）

★步频：每年延长 4 个月　★终止年龄是否同步：否（男 65 岁；女 60 岁）

男性渐进式延长退休年龄方案		女性渐进式延长退休年龄方案		
年份	退休年龄（男工人＋男干部＋男领导）	退休年龄（女工人）	退休年龄（女干部）	退休年龄（女领导）
2021 年	60 岁	50 岁	55 岁	60 岁
2022 年	60 岁＋4 个月	50 岁＋4 个月	55 岁	60 岁
2023 年	60 岁＋8 个月	50 岁＋8 个月	55 岁	60 岁
2024 年	60 岁＋12 个月＝61 岁	50 岁＋12 个月＝51 岁	55 岁	60 岁
2027 年	62 岁	52 岁	55 岁	60 岁
2030 年	63 岁	53 岁	55 岁	60 岁
2033 年	64 岁	54 岁	55 岁	60 岁
2036 年	65 岁	55 岁	55 岁	60 岁
2039 年	65 岁	56 岁	56 岁	60 岁
2042 年	65 岁	57 岁	57 岁	60 岁
2045 年	65 岁	58 岁	58 岁	60 岁
2048 年	65 岁	59 岁	59 岁	60 岁
2051 年	65 岁	60 岁	60 岁	60 岁

注：代表每耗时 3 年，延长 1 岁；

代表男性达到终止年龄目标 65 周岁，方案总耗时 15 年；

代表第一步：女工人与女干部同步到 55 岁，总耗时 7 年；

代表第二步：女性达到终止年龄目标 60 周岁，女工人与女干部与女领导同步，方案总耗时 30 年。

如表 7-22 所示，在渐进式延长退休年龄方案设计(方案七)中，假设方案的实施年份为 2022 年。男性(男工人+男干部+男领导)的起始年龄为 60 周岁，女领导为 60 周岁，女干部为 55 周岁，女工人为 50 周岁。采用终止年龄Ⅱ方案，男女有别，男性(男工人+男干部+男领导)终止年龄为 65 周岁，女性(女工人+女干部+女领导)为 60 周岁。步频为每年延长 4 个月，即每年退休人员的退休年龄增加 4 个月的工作时间，每 3 年能将退休年龄总体延长 1 岁。

以此类推，至 2036 年，男性将达到终止年龄目标，即达到 65 周岁，方案总耗时 15 年。女性方面，由于女工人、女干部、女领导三者起始年龄不同，所以本书将采取两步走的方式。至 2036 年，第一步：女工人与女干部两者同步到 55 周岁，总耗时 7 年；第二步：至 2051 年，女性达到终止年龄目标，女工人与女干部与女领导三者同步到 60 周岁，总耗时 30 年。即方案七中，男女都完成了终止年龄的目标，总耗时 30 年。

该方案的优点是：与方案五、方案六相比，每一年退休年龄的增加幅度更大了一些，提高了达到方案终止年龄总目标的速度。由于男女终止年龄不同步，该方案倾听了民心，体恤了民情，尊重了民意，所以部分女性民众的满意度将比较高。

该方案的缺点是：对于退休员工而言，步频较高，与往年退休员工退休年龄相比，差异略有明显，民众接受意愿尚可或一般。且该方案可能无法满足与国际接轨的需求，无法充分利用人力资本，让每一个劳动力发挥最大效应。具体如表 7-23 所示。

表 7-23　渐进式延长退休年龄方案设计(方案七)优缺点对比

项目	达到方案终止年龄总目标的速度	民众接受程度	缓解养老金支付压力	部分女性满意度
方案七星级评定	★★★	★★	★★★	★★

7.3.8　方案八

表 7-24　方案八设计的前提条件假设

条件名称	内容
起始年龄	男性(男工人+男干部+男领导)60 周岁，女工人 50 周岁，女干部 55 周岁，女领导 60 周岁

（续表）

条件名称	内容
终止年龄Ⅱ	男性（男工人＋男干部＋男领导）65周岁，女性（女工人＋女干部＋女领导）60周岁
步频	每年延长6个月
男女退休年龄是否同步	否

方案八具体设计如表7-25。

表7-25 渐进式延长退休年龄方案设计（方案八）

★步频：每年延长6个月　★终止年龄是否同步：否（男65岁；女60岁）

男性渐进式延长退休年龄方案		女性渐进式延长退休年龄方案		
年份	退休年龄（男工人＋男干部＋男领导）	退休年龄（女工人）	退休年龄（女干部）	退休年龄（女领导）
2016年	60岁	50岁	55岁	60岁
2017年	60岁＋6个月	50岁＋6个月	55岁	60岁
2018年	60岁＋12个月＝61岁	50岁＋12个月＝51岁	55岁	60岁
2020年	62岁	52岁	55岁	60岁
2022年	63岁	53岁	55岁	60岁
2024年	64岁	54岁	55岁	60岁
2026年	65岁	55岁	55岁	60岁
2028年	65岁	56岁	56岁	60岁
2030年	65岁	57岁	57岁	60岁
2032年	65岁	58岁	58岁	60岁
2034年	65岁	59岁	59岁	60岁
2036年	65岁	60岁	60岁	60岁

注：代表每耗时2年，延长1岁；

代表男性达到终止年龄目标65周岁，方案总耗时10年；

代表第一步：女工人与女干部同步到55周岁，总耗时6年；

代表第二步：女性达到终止年龄目标65周岁，女工人与女干部与女领导同步到60周岁，方案总耗时20年。

如表 7－25 所示，在渐进式延长退休年龄方案设计（方案八）中，假设方案的实施年份为 2022 年。男性（男工人＋男干部＋男领导）的起始年龄为 60 周岁，女领导为 60 周岁，女干部为 55 周岁，女工人为 50 周岁。采用终止年龄Ⅱ方案，男女有别，男性（男工人＋男干部＋男领导）终止年龄为 65 周岁，女性（女工人＋女干部＋女领导）为 60 周岁。步频为每年延长 6 个月，即每年退休人员的退休年龄增加 6 个月的工作时间，每 2 年能将退休年龄总体延长 1 岁。

以此类推，至 2026 年，男性将达到终止年龄目标，达到 65 周岁，方案总耗时 10 年。女性方面，由于女工人、女干部、女领导三者起始年龄不同，所以本书将采取两步走的方式。至 2026 年，第一步：女工人与女干部两者同步到 55 周岁，总耗时 6 年；第二步：至 2036 年，女性达到终止年龄目标，女工人与女干部与女领导三者同步到 60 周岁，总耗时 20 年。即方案八中，男女都完成了终止年龄的目标，总耗时 20 年。

该方案的优点是：与前三个方案相比，大大提高了步频，这个方案是所有方案里达到终止年龄总目标速度最快的方案，耗时最短。由于男女终止年龄不同步，该方案倾听了民心，体恤了民情，尊重了民意，所以部分女性民众的满意度将比较高。

该方案的缺点是：虽然达到终止年龄总目标速度快，时间最短。但步频较高，对于退休员工而言，与往年退休员工退休年龄相比，差异太大，民众心里落差较大，接受意愿较小，几乎不愿意。且该方案无法满足与国际接轨的需求，无法充分利用人力资本，让每一个劳动力发挥最大效应。具体如表 7－26 所示。

表 7－26　渐进式延长退休年龄方案设计（方案八）优缺点对比

项目	达到方案终止年龄总目标的速度	民众接受程度	缓解养老金支付压力	部分女性满意度
方案八星级评定	★★★★	★	★★★★	★★

综合八张表格的对比结果，如表 7－27。

表 7－27　渐进式延迟退休年龄八种预设方案优越点分析

项目	达到方案终止年龄总目标的速度	民众接受程度	缓解养老金支付压力程度	部分女性满意度
方案一星级评定	★	★★★★	★	★
方案二星级评定	★★	★★★	★★	★
方案三星级评定	★★★	★★	★★★	★
方案四星级评定	★★★★	★	★★★★	★
方案五星级评定	★	★★★★	★	★★
方案六星级评定	★★	★★★	★★	★★
方案七星级评定	★★★	★★	★★★	★★
方案八星级评定	★★★★	★	★★★★	★★

通过上述系统的分析可以看出，不同的方案各有利弊，因此我们在设计我国渐进式延迟退休年龄方案的时候要综合考虑多方因素，设计一个尽可能合理的方案，具体方案见下节论述。

7.4　考虑性别差异、地区差异、工作种类差异的方案选择和实施路径建议

本书通过一系列的研究，综合对比“达到方案终止年龄总目标的速度”“民众接受程度”“缓解养老金支付压力”“人力资源情况”和“社会意愿”等因素，笔者认为“分性别，分工作种类，分地区”实施渐进式延迟退休年龄的方案设计比较适合我国的实际情况。分性别、分工种、分区域我国渐进式延迟退休年龄设计总体方案如图 7－6 所示。

<table>
<tr><th>性别</th><th>原退休年龄</th><th>调整年龄</th><th>调整步骤</th><th>省市</th><th>调整起点</th><th>2023</th><th>2024</th><th>2025</th><th>2026</th><th>2027</th><th>2028</th><th>2029</th><th>2030</th><th>2031</th><th>2032</th><th>2033</th><th>2034</th><th>2035</th><th>2036</th><th>2037</th><th>2038</th><th>2039</th><th>2040</th><th>2041</th><th>2042</th><th>2043</th><th>2044</th><th>2045</th><th>2046</th><th>2047</th><th>2048</th><th>2049</th><th>2050</th><th>2051</th><th>2052</th><th>2053</th><th>2054</th><th>2055</th></tr>
<tr><td rowspan="8">男</td><td rowspan="4">60</td><td rowspan="4">64</td><td>2</td><td>广东</td><td colspan="6">1</td><td colspan="6">2</td><td colspan="6">3</td><td colspan="6">4</td><td colspan="10"></td></tr>
<tr><td>3</td><td>重庆</td><td colspan="4">1</td><td colspan="4">2</td><td colspan="4">3</td><td colspan="4">4</td><td colspan="18"></td></tr>
<tr><td>4</td><td>河南</td><td colspan="3">1</td><td colspan="3">2</td><td colspan="3">3</td><td colspan="3">4</td><td colspan="22"></td></tr>
<tr><td>6</td><td>上海</td><td colspan="2">1</td><td colspan="2">2</td><td colspan="2">3</td><td colspan="2">4</td><td colspan="26"></td></tr>
<tr><td rowspan="4">60</td><td rowspan="4">67</td><td>3</td><td>广东</td><td colspan="4">1</td><td colspan="4">2</td><td colspan="4">3</td><td colspan="4">4</td><td colspan="4">5</td><td colspan="4">6</td><td colspan="4">7</td><td colspan="6"></td></tr>
<tr><td>3</td><td>重庆</td><td colspan="4">[illegible]</td><td colspan="4">2</td><td colspan="4">3</td><td colspan="4">4</td><td colspan="4">5</td><td colspan="4">[illegible]</td><td colspan="4">[illegible]</td><td colspan="6"></td></tr>
<tr><td>4</td><td>河南</td><td colspan="3">1</td><td colspan="3">2</td><td colspan="3">3</td><td colspan="3">4</td><td colspan="3">5</td><td colspan="3">6</td><td colspan="3">7</td><td colspan="13"></td></tr>
<tr><td>6</td><td>上海</td><td colspan="2">1</td><td colspan="2">2</td><td colspan="2">3</td><td colspan="2">4</td><td colspan="2">5</td><td colspan="2">6</td><td colspan="2">7</td><td colspan="20"></td></tr>
<tr><td rowspan="8">女</td><td rowspan="4">50</td><td rowspan="4">63</td><td>6</td><td>广东</td><td colspan="2">1</td><td colspan="2">2</td><td colspan="2">3</td><td colspan="2">4</td><td colspan="2">5</td><td colspan="2">6</td><td colspan="2">7</td><td colspan="2">8</td><td colspan="2">9</td><td colspan="2">10</td><td colspan="2">11</td><td colspan="2">12</td><td colspan="2">13</td><td colspan="8"></td></tr>
<tr><td>6</td><td>重庆</td><td colspan="2">1</td><td colspan="2">2</td><td colspan="2">3</td><td colspan="2">4</td><td colspan="2">5</td><td colspan="2">6</td><td colspan="2">7</td><td colspan="2">8</td><td colspan="2">9</td><td colspan="2">10</td><td colspan="2">11</td><td colspan="2">12</td><td colspan="2">13</td><td colspan="8"></td></tr>
<tr><td>12</td><td>河南</td><td>1</td><td>2</td><td>3</td><td>4</td><td>5</td><td>6</td><td>7</td><td>8</td><td>9</td><td>10</td><td>11</td><td>12</td><td>13</td><td colspan="21"></td></tr>
<tr><td>12</td><td>上海</td><td>1</td><td>2</td><td>3</td><td>4</td><td>5</td><td>6</td><td>7</td><td>8</td><td>9</td><td>10</td><td>11</td><td>12</td><td>13</td><td colspan="21"></td></tr>
<tr><td rowspan="4">55</td><td rowspan="4">66</td><td>4</td><td>广东</td><td colspan="3">1</td><td colspan="3">2</td><td colspan="3">3</td><td colspan="3">4</td><td colspan="3">5</td><td colspan="3">6</td><td colspan="3">7</td><td colspan="3">8</td><td colspan="3">9</td><td colspan="3">10</td><td colspan="3">11</td><td></td></tr>
<tr><td>4</td><td>重庆</td><td colspan="3">1</td><td colspan="3">2</td><td colspan="3">3</td><td colspan="3">4</td><td colspan="3">5</td><td colspan="3">6</td><td colspan="3">7</td><td colspan="3">8</td><td colspan="3">9</td><td colspan="3">10</td><td colspan="3">11</td><td></td></tr>
<tr><td>6</td><td>河南</td><td colspan="2">1</td><td colspan="2">2</td><td colspan="2">3</td><td colspan="2">4</td><td colspan="2">5</td><td colspan="2">6</td><td colspan="2">7</td><td colspan="2">8</td><td colspan="2">9</td><td colspan="2">10</td><td colspan="2">11</td><td colspan="12"></td></tr>
<tr><td>6</td><td>上海</td><td colspan="2">1</td><td colspan="2">2</td><td colspan="2">3</td><td colspan="2">4</td><td colspan="2">5</td><td colspan="2">6</td><td colspan="2">7</td><td colspan="2">8</td><td colspan="2">9</td><td colspan="2">10</td><td colspan="2">11</td><td colspan="12"></td></tr>
</table>

图 7-6　分性别、分工种、分区域我国渐进式延迟退休年龄设计与实施路径总体方案

注：广东代表第一类（按人口结构聚类结果）：广东、浙江，2 个省市；

重庆代表第二类（按人口结构聚类结果）：山东、江苏、黑龙江、四川、湖北、重庆、吉林，7 个省市；

河南代表第三类（按人口结构区聚类结果）：西藏、云南、贵州、广西、河南、新疆、宁夏、海南、青海、江西、陕西、湖南、甘肃、安徽、福建、内蒙古、山西、河北，18 个省市；

上海代表第四类（按人口结构聚类结果）：辽宁、天津、上海、北京，4 个省市。

如图 7-6 所示，男性体力劳动者延迟到 64 岁退休，男性脑力劳动者延迟到 67 岁完成，女性体力劳动者延迟到 63 岁退休，女性脑力劳动者延迟到 66 岁退休，本书设计的我国渐进式延迟退休年龄的方案设计具体如下（均从 2022 年开始实施）：

（1）广东、浙江两省。男性体力劳动者，每 1 年延迟 2 个月，6 年延长 1 岁，至 2046 年延迟到 64 岁终止；男性脑力劳动者，每一年延长 3 个月，4 年延长 1 岁，至 2050 年延迟到 67 岁终止；女性体力劳动者，每 1 年延长 6 个月，2 年延长 1 岁，至 2048 年延迟到 63 岁终止；女性脑力劳动者，每 1 年延长 4 个月，3 年延长 1 岁，至 2055 年延迟到 66 岁完成。

（2）山东、江苏、黑龙江、四川、湖北、重庆、吉林 7 省市。男性体力劳动者，每 1 年延长 3 个月，4 年延长 1 岁，2038 年延迟到 64 岁终止；男性脑力劳动者，每一年延长 3 个月，4 年延长 1 岁，至 2050 年延迟到 67 岁终止；女性体力劳动者，每 1 年延长 6 个月，2 年延长 1 岁，至 2048 年延迟到 63 岁终止；女性脑力劳动者，每 1 年延长 4 个月，3 年延长 1 岁，至 2055 年延迟到 66 岁完成。

（3）西藏、云南、贵州、广西、河南、新疆、宁夏、海南、青海、江西、陕西、湖南、甘肃、安徽、福建、内蒙古、山西、河北 18 个省、区、市。男性体力劳动者，每 1 年延长 4 个月，3 年延长 1 岁，2034 年延迟到 64 岁终止；男性脑力劳动者，每 1 年延长 4 个月，3 年延长 1 岁，2043 年延迟到 67 岁终止；女性体力体力劳动者，每 1 年延长 12 个月，1 年延长 1 岁，2035 年延迟到 63 岁终止；女性脑力劳动者，每 1 年延长 6 个月，2 年延长 1 岁，2044 年延迟到 66 岁完成。

（4）辽宁、天津、上海、北京 4 个省市。男性体力劳动者，每 1 年延长 6 个月，2 年延长 1 岁，2030 年延迟到 64 岁终止；男性脑力劳动者，每 1 年延长 6 个月，2 年延长 1 岁，2036 年延迟到 67 岁终止；女性体力劳动者，每 1 年延长 12 个月，1 年延长 1 岁，2035 年延迟到 63 岁终止；女性脑力劳动者，每 1 年延长 6 个月，2 年延长 1 岁，2044 年延迟到 66 岁终止。

本章小结

本章在前文研究的基础上，充分考虑了渐进式延迟退休年龄对我国劳动力供给的影响、渐进式延迟退休年龄对我国养老保险基金的影响、渐进式延迟退休年龄对就业的影响、渐进式延迟退休年龄社会意愿等经济社会效应的情况下，参考了国际典型发达国家的延迟退休的经验做法，以 2022 年为调整起始点，设计了不同调幅的多种退休方案，并对各种方案的社会效应进行优势和劣势对比，最终形成了分性别、分工种、分区域的我国渐进式延迟退休年龄设计总体方案和实施路径，方案明确具体，具有很强的可操作性。

第 8 章

渐进式延迟退休年龄政策实施的配套政策与建议

通过对退休年龄政策的分析和未来劳动力供需预测可知，目前的退休年龄政策的确难以满足部分拥有较强工作能力的老年人充分利用自身资源、实现个人价值的需求，也不能充分利用我国的劳动力资源，更难以适应我国劳动力市场供需态势即将发生根本性扭转的情况。分析表明，延迟退休年龄对劳动力市场的影响是复杂的，既与推行延退政策时的劳动力市场状况相关，也与微观上用人单位的需求结构相关。因此，为了能充分利用老年人力资源，适时补充劳动力供给，需要选择合理的延迟退休年龄时机，并且在考虑微观劳动力需求结构的基础上，设计合理的延退方案，同时构建激励老年人力开发的配套政策措施，完善退休年龄政策体系。

延迟退休改革是退休年龄改革的趋势，也是目前我国养老保障体系发展的必然选择，其改革的成功与否直接关系到是社会、经济、文化等方方面面。我国在改革退休年龄制度时应当遵循十八大报告对于延长退休年龄提出的四点原则，包括延长退休年龄遵循循序渐进原则、在 2020 年之前出台符合大众利益的延迟退休方案、以建立弹性退休制定为改革方向、制定相应的配套措施。在延迟退休政策未出台之前，社会反对声音较大，据此，为保障该政策的顺利进行，本书对该政策进行了社会意愿调查，总结出了延迟退休政策退休受到的阻力因素，并根据主要限制因素提出延迟退休政策应该配套的政策措施，从而为政府顺利推行渐进式延迟退休政策提供参考建议。

8.1 建立延长退休年龄的带薪休假机制

延迟退休年龄改革作为一项系统工程,必须考虑到社会经济发展的方方面面,尤其应当充分尊重公民的意愿。每个人的价值观不同,对于退休生活也有不同的诉求,有的人偏好在工作中实现自身的价值最大化,而有的人则偏好于闲暇舒适和亲情培养等。我国延迟退休政策得不到公众支持的原因之一是没有考虑到个人对自由时间的需求状况,应当根据该影响因素建立延迟退休者带薪休假机制,满足劳动者对休闲时间的需求。由于我国男女劳动者所承担的家庭和社会责任不一样,女性相对男性来说,承担着较大的家庭照顾责任,且不同工种的劳动者所从事的工作在时间、强度等方面也差别较大。本书所说的工种分为脑力劳动和体力劳动行业,如律师、教师等应属于脑力劳动行业,一线工人应属于体力劳动行业。由于在脑力和体力劳动行业上很难准确地定义,本书以岗位为区分划分管理、技术、行政岗位为脑力劳动行业,将生产服务岗位界定为体力劳动行业。不同劳动者由于这两方面的差异,对闲暇时间的需求也就有所不同。政策设计者在制定延迟退休者带薪休假方案时应当考虑差异化,使得女性劳动者普遍比男性劳动者拥有较长的带薪休假时间,同时体力劳动者比脑力劳动者拥有更长的带薪休假时间。

有效的带薪休假机制的实施对延迟退休政策改革具有重要意义:

第一,设立延迟退休带薪休假机制有利于平衡个人、企业、国家三者的利益。通过对延迟退休政策的社会意愿调查可知,公众不满意该政策的原因之一是延长退休年龄使得他们退休后休闲时间相对减少。给予劳动者带薪休假权利,既可以满足他们对休闲时间的需求,也可以增加他们在职和退休后的收入,使得他们的退休生活更丰富,同时人生价值得到更充分的体现;对于企业而言,他们不用担心劳动者不工作却要给付工资的问题,因为国家会给予一定补助,同时对于雇佣老年劳动者较多的企业,国家也会另外给予其他直接或间接的优惠。另一方面,该政策可以吸引留住员工、增加其对企业的归属感,从而降低企业聘用新员工带来的成本的增加;对国家来说,延迟退休政策增加带薪休假配套措施,增加了公众对该政策的支持度和信任度,从而可以减少国家政策推行的阻力,增加政策执行的效率,为人口老龄化背景下社会保障制度的可持续发展奠定基础。

第二,延迟退休带薪休假机制的实践有利于完善我国退休年龄制度体系相关理论。西方国家早在几十年前就开始研究延迟退休政策,延迟退休已成为国际趋势，并与一国的经济、社会发展紧密相连。我国作为一个人口大国，应当预测到未来人口老龄化所带来的一系列问题，并借鉴国外延迟退休的做法提早做打算，而不是在问题出现近几年才开始研究。这不仅会带来社会动荡，还有可能因为政策研究的不透彻而使延迟退休的退休达不到预测的效果。根据延迟退休政策的阻力因素之一，设立带薪休假配套措施可以减轻公众的反对情绪、增强政策的可行性，并根据政策实施效果研究退休年龄的动态调整机制，从而为无论是现在还是将来退休年龄的改革设立基本、科学的、可持续框架，不断完善退休年龄改革的理论体系，使之有理有据可循。

8.2　建立延长退休年龄的经济激励机制

延迟退休改革之所以受到大部分人的反对，根本原因在于经济因素，因此，有效的激励机制是鼓励劳动者延迟退休的有效手段。我国提前退休现象严重，劳动者宁愿提早退休另外找一份工作，获得工资和退休金双份收入。而延迟退休经济利益因素的不确定性使他们担心自己延迟退休会得不偿失，因而对于延长退休年龄的动力不足。针对该问题，延长退休年龄政策应当配套以经济激励措施，主要包括以下几点：

一是建立与延迟退休挂钩的养老保险激励给付机制。国外大多数国家延迟退休年龄的改革都与弹性退休思想相结合，而弹性退休最关键思想在于对养老金收入的激励与惩罚相结合制度。例如奥地利，如果在 62 至 65 岁之间退休，那么劳动者每提前一年养老金将将减发 4.2%，如果超过 65 岁法定退休年龄，每推迟一年退休就可获得 3%的养老金增加额，并且这种奖励是阶梯式的增长的。我国可以借鉴国外对养老金的奖罚制度，同时结合本国国情考虑。由于我国目前延迟退休最主要的障碍在于公众对该政策的不接受，当务之急是延迟法定退休年龄，因而政策制定者应当重点关注用经济手段激励公众，以增加他们对政策的信心，而对于惩罚措施可以暂且不考虑。根据前文考虑劳动者健康最优化而得出的不同年龄、不同工种的劳动者最优延迟退休年龄：女体力 63 岁，男体力 64 岁，女脑力 66 岁，男脑力 67 岁，我们将之作为经济激励政策设计的参考年龄。同时，考虑到我国不同行业的工作强度不一样，且男女对延长工作年龄的期望也有所差别，养老保险激励给付机制的设立应当考虑这两方面因素，实行差别化的养老金增长机制，总体上实现养老金增长速度先慢后快、女性劳动者的养老金增长幅度大于男性劳动者、体力劳动者养老金增长幅度大于脑力劳动者。

二是制定多元化延迟退休效益增加政策。第一，注重税收政策对延迟退休的激励作用，降低延迟退休者工资应交税收。我国对一些高级专家实行免征个人所得税政策，现在为了加快延迟退休改革进程，增加延迟退休对劳动者的吸引力，可以将适用主体范围扩大到所有延迟退休的人员，既提高含税级距范围，同时降低个人所得税税率，从整体上改善人们的税后收入。对企业的税收激励，国家可以根据企业雇佣老年人的数量多少决定给予适当税收减免，以提高企业雇佣老年工作者的积极性。根据延迟退休政策的成熟程度，国家再逐渐降低税收优惠的幅度，逐渐降低对退休制度的行政干预。第二，适当降低养老保险个人缴费率。由于机关事业单位劳动者福利待遇与企业单位劳动者相差较大，实施降低个人养老保险缴费率也应当分行业实施；由于我国男女劳动者职业观念及在市场中的地位差别，使得男女劳动者在面临延长退休时的考虑有所差别，因此，实施个人养老保险缴费率也应当考虑不同性别劳动者的实际情况。第三，因地制宜、因时制宜地提高工资增长率。在原工资增长基础之上，参照当地经济发展水平、物价水平以及财政承受能力，给予劳动者每推迟一年退休，工资即可增长一定比例，同样分性别和分工种考虑差别化的工资增长。

8.3 建立延长退休年龄的隔代抚育帮扶机制

劳动者退休决策受到众多因素的影响，家庭因素中对孙子女的抚育照顾责任是影响他们退休意愿的重要因素。我国社会福利体系不完善，托幼机构跟不上市场需求，政策设计者应当针对这方面的需求，解决延长退休年龄与代际抚养时间重叠的矛盾。笔者提出的兴建托儿机构政策建议主要有以下三点。

一是政府高度重视，加强对托幼机构的建设。目前我国基本没有接收 3 岁以下婴幼儿的公办托儿所、托儿中心，一些仅有的婴儿托管所也少之又少，取而代之的是老一辈的隔代抚育现象。因此，在研究制定延迟退休政策时，国家不得不考虑这个重要影响因素。一方面大力发展托儿教育，扩大对托幼机构的建设，同时针对劳动者最关心的托幼机构教育质量问题，更应当投入更多人力、物力资源提高托管质量。而我国目前仅有的早教机构鱼龙混杂，各种经营模式混乱无序，各种非专业化从业人员业务水平和道德水平良莠不齐，软硬件设施也参差不齐，并且大多数收取费用较高，对于双职工家庭来说负担太重。在延迟退休政策实施之前，政府应当做的是加大对儿童教育专项资金投入并鼓励社会资本投入托儿所、幼儿中心等机构的建设，为社会提供福利性托幼机构以减轻人们对托幼机构费用高昂的反感；同时需制定相应的法律法规进行规范约束，尤其在监管部门、机构软硬件配套设施、从业人员从业标准、相关定价等方面形成监督管理，促进专业化、规范化的育儿行业，增加劳动者对育儿教育质量的信心。对于困难职工家庭，政府还应当给予育儿补助，以减轻儿童进入托幼机构经济上的压力；对于女性群体，政府可以制定相关政策，规定企业必须让有儿童的母亲提前1～2小时下班，或为有孩子的家庭延长5天左右年假，以保证幼儿跟父母有足够的接触时间，促使幼儿身心健康的发展。

二是社会共同参与，促进正规与非正规托幼机构的发展。针对托幼机构距离问题及现实中可能遇到的不同利益群体的需求问题，应当发展各种正式和非正式的托幼机构。发展正规体系的托幼机构，如社区抚育服务机构、日托中心、幼儿园等，方便双职工劳动者接送儿童，同时不仅注重儿童的照顾方面，还应加强儿童教育及个人需求与发展。托幼机构日托时间的设置也应当多样化，可以设置全天制或半日制形式，以满足不同职工工作时间需求。我们可以学习美国非营利性质的日托中心，以照顾为主，教育为辅，大部分全日制托儿照顾，也有少量半日制的托儿照顾，且托幼机构较为普及，凡有25名以上的幼儿家长提出申请，并且住处距小学一英里之外者，政府就有义务为他们开设一所幼儿园。对于非正式形式的托幼机构，国外的发展同样能给我们提供很好的借鉴，如家庭幼儿园、游戏小组、函授学校、母子俱乐部等，由政府引导、资助、提供培训，社会各界参与。可以学习国外企业参与托幼机构发展的经验，允许在职妈妈带孩子上班并开设专门育婴服务室，为职场妈妈们提供便利；鼓励大型企业与托幼机构合作、支持托幼机构的发展。一方面，员工子女进入企业合作托幼机构，解决了员工后顾之忧；另一方面，政府间接补贴、企业直接补助为员工子女入托质量高的机构提供经济上支持，从而促进托幼机构向高质量标准努力。

三是社区集中兴办，方便双职工子女家庭育儿。社区作为现代家庭活动的基本单位，可以整合社区资源、提高资源利用效率，方便社区成员。在学前保教方面，国外相继建立了以社区为基础的整合性早期服务机构，如英国的早期儿童优质服务中心，澳大利亚的新型儿童服务中心，日本的社区育儿支援中心幼儿教育网等。我国在实施延迟退休政策之前应当考虑即将退休劳动者代际抚育负担，可以学习国外经验，结合社区特点进行资源整合发展社区托幼机构，在资源的过程中，应当纳入健康、教育、心理、社会、商业等资源，国家大力资助社区托幼机构发展。同时，考虑市场机制的作用，考虑非营利组织和志愿者的作用。由于我国地区经济社会发展不均衡的实际情况，在建立社区托幼机构时应当因地制宜，结合各地区特点实现内容、方法和途径差别化的社区资源整合，以建立托幼服务管理体系，帮助双职工子女家庭减轻无长辈照料的育儿困难，从而减轻延迟退休政策实施的阻力。

8.4 完善老年劳动者健康和工作保护机制

我国医疗保障体系的不健全使得人们在考虑延长退休年龄时担心自身健康问题，身体状况较差的劳动者可能会因为看病难、看病贵而不愿意延迟退休。因此，渐进式延迟退休制度一旦开始实施，将直接影响 60 岁左右的老年群体，其带来的老年人健康问题应当成为延迟退休政策设计者考虑的范围。延长退休年龄改革应当与医疗保险领域的改革相结合，促进养老保险、医疗保险的共同可持续发展。据此可采取的配套措施有以下三点。

一是提高劳动者医疗报销比例。实行阶梯式起付线、报销比例及最高限额，对于不同档次设定不同的起付线、最高限额及报销比例，同时对于住院报销也适当降低起付标准、提高报销比例，其中体力劳动者医疗报销水平应当高于脑力劳动者。

二是提供经常性的免费体检，提供老年劳动者健康福利措施。政府一方面要加大对卫生医疗领域的财政投入，可以针对老年人医疗需求的特殊性，将资金投入到社区卫生服务中心，用以安排企业老年职工的定期健康检查；也可以给予企业相应的补助，让企业在老年人多的工作地专门设立救助站，一方面给劳动者提供免费体检，另一方面在老年工作者身体不适时给予及时的救护。

三是优化老年人就业政策环境。即将退休的老年劳动者由于身体状况原因，在延迟退休后能否继续顺利留在劳动力市场上成为其对延迟退休焦虑的因素之一，国家应当为其完善老年就业公共环境。一方面，由政府引导，企业执行，改善老年工作者工作环境，如为其设置弹性工时、专门设置适应老年工作者的职位、引进一定的无障碍设施以迎合老年工作者身体状况；另一方面，针对劳动力市场中对老年人就业歧视问题，政府应当完善老年就业法，明确企业有义务雇用老年工作者，并监督歧视老年就业的行业，给予该类企业相应惩罚；也可以设立专门为老年人就业服务的法律机构，保障其能够顺利就业。

8.5　要对区域、行业、学历、性别差异化进行准确的测度

目前，延迟退休年龄的议题已经引起了广泛讨论，很多民众也提出了诸多质疑。然而，在人口老龄化程度越来越高的情况下，延迟退休年龄成为适应老龄化发展进程的必然选择。因此，需要审慎考虑延迟退休年龄的时机和方式，适时扩大劳动力供给，充分利用老年人力资源，尽量减小对青年劳动力就业空间的挤压，满足行业需求，同时尊重劳动者意愿，保障劳动者切身利益。在劳动力供需测算和行业劳动力需求分析的基础上，提出延迟退休年龄政策的建议如下。

第一，在调整退休年龄政策时，应遵循行业特点，区别对待不同行业的劳动者。在已经对除农业之外的 19 个行业劳动需求特点做出分析的基础上，本书建议，在制定延迟退休年龄政策时，首先，不宜延迟制造业以及电力、热力、燃气和水生产服务业的退休年龄。因为这些行业中的劳动者，由于常年从事重体力劳动，身体健康已经受到不同程度的损害，退休后很难再高效工作。即使延迟退休年龄，也可能被用人单位辞退，从而使扩大劳动供给的效果大打折扣。而允许这些行业的职工视身体状况提前退休符合广大劳动者的切身利益，也符合我国退休年龄政策的一贯精神。第二，对于租赁、商贸服务性行业、信息传输、软件和信息技术服务业，科学研究和技术服务业等适宜老年人就业的行业，可以制定渐进式延迟退休年龄政策，逐步提高这些行业的退休年龄。第三，其他行业目前吸收老年劳动力就业的能力不强，这其中既有行业自身特点的因素，也有劳动年龄政策规定的影响。因此建议，对于这部分行业不宜过快延迟退休年龄，而应在持续关注行业发展、进行深入调研的基础上，制定相应的退休年龄政策。

8.6　增大退休年龄政策的弹性

调整退休年龄政策会牵涉到国家、社会和个人三方面的利益，如何在保证国家、社会发展目标的同时保障个人利益，是政策制定必须考虑的问题。因此，必须广泛听取各方的声音(例如进行社会调查、举办听证会等)，最大程度上保证各方利

益的协调。但由于各行各业都有自身的特点,劳动者的人力资本也各具特色,即使调整政策前做出大量的社会调查,也难以制定出符合每个行业、每个劳动者特点的退休年龄政策,且这样做需要付出的成本也是不合理的。因此,可以通过增加退休年龄政策弹性的办法,分行业规定退休年龄范围,赋予劳动者和行业一定的选择权,以兼顾个人和行业特点。

通过前面的分析可知,目前各个行业中老年就业者占全部就业者的比例仍相对较低,老年劳动者的就业空间不足,特别是女性劳动者,这与传统的退休年龄政策、社会传统观念、产业结构调整尚未完成,以及相关法律法规不健全的情况都有一定关系。因此,在设计延迟退休年龄政策时,还需要制定相应的配套措施,从多个角度解决老年人就业中面临的问题,增加老年劳动者的就业机会,提高老年劳动者的就业能力。只有这样,才能保障延迟退休年龄政策的顺利实施,并建立完善的运作机制,达到开发老年人力资源、扩大劳动力供给的政策目的。

8.7 大力发展第三产业,为老年人就业提供更多的岗位

我国老年人就业最为集中的行业为农业,除农业外,其他行业中老年人就业的比例均处于较低水平。第三产业中很多行业如商贸服务业等,比较适宜老年人特别是老年女性的就业,且这些行业有较大的劳动力需求。因此,促进第三产业发展,可以达到促进老年人口就业、开发老年人力资源的作用。

8.8 完善相关法律法规,保障老年人就业的权利

当前,我国保障老年人就业的法律法规尚不健全,部分老年人在就业市场中受到歧视,其就业权利无法得到有效保护。为保障老年人的就业权利,有关部门应当规范《劳动法》的执行,制定老年就业保护细则,完善相关法规体系,加强宣传力度,提高用人单位的法律意识,从制度上保障老年人就业的权利,使那些有就业意愿和就业能力的老年劳动力更好地参与社会劳动。

8.9　提升老年人就业能力，搭建老年人就业平台

根据老年人的特长和兴趣，推荐比较适合老年人的工作岗位，是开发老年人力资源的重要措施。老龄化程度较高的日本在这方面已经先走一步，为我们提供了可以参考的经验。1986 年，日本就在各大城市和市町村的社区中设立"银发人才中心"。银发人才中心是公益法人，职能是为辖区内愿意在社区内从事经济生产活动的老年人进行信息登记，并提供短期就业机会。银发人才中心还提供职业培训，让老年人掌握更多的技能，为再就业提供有利条件。在我国老龄化程度日益加重的现实条件下，有必要从现在开始，建立和完善老年人力资源信息数据库，组建老年职业介绍所，为老年人提供就业指导和培训，为老年人参与社会工作创造切实的便利。

8.10　促进性别平等，提高女性老年群体的劳动参与率

目前，我国女性老年人口的劳动参与率显著低于男性，女性老年劳动力资源还有比较大的开发空间。这其中有女性老年人口素质较低的因素，也有就业市场环境和社会文化意识的影响。促进性别平等，给予女性老年人参与工作的自由选择权，在促进人力资源开发层面和促进女性权利实现层面都有重要意义。

8.11　加强舆论宣传，鼓励老年人在工作中实现个人价值

参与就业是老年人的正当权利，参与工作不仅可以得到一定的收入，而且可以发挥个人价值，保持老年人持续发展的能力，同时还能为社会增加劳动供给，为社会经济发展继续做出贡献。这就需要大众媒体和相关机构加强舆论宣传，转变社会文化中的年龄歧视观念和定式思维，创造一个重视老年劳动力资源、鼓励老年人就业的社会舆论环境。

本章小结

综上所述，我国将在 2017 年正式出台延迟退休年龄政策，经过至少五年的过渡期，最早到 2022 年左右开始实施该政策，延迟退休政策应体现不同行业的特点，同时应持续关注行业发展动态，使退休年龄政策适应行业需求。由于延退的牵涉面广，社会对这个问题没有形成共识，有各种各样的意见、建议，要充分考虑社会各界的意见和看法，综合平衡，使方案更周到、尽可能使各个方面都能够接受。为了尽量减少社会上延迟退休的阻力，使更多人积极参与到我国渐进式延迟退休年龄的社会实践中，本章从多角度入手，给出了建立延迟退休年龄的配套措施，包括：基于老年劳动者对休闲时间的需求，建立带薪休假机制；基于老年劳动者隔代抚育的压力，加强托幼机构的建设；基于劳动者对获得更高收入的需求，建立多样化的经济激励措施；根据劳动者担心延迟退休可能带来的健康隐患，完善老年劳动者的健康保护机制；同时，针对老年劳动者这类特殊群体的就业问题，要关注老年人力资源开发，为老年人力资源开发创造必要条件；提升老年人就业能力，搭建老年人就业平台；发展第三产业，为老年人就业再就业提供更多的工作岗位；促进性别平等，提高女性老年群体的劳动参与率；完善相关法律法规，保障老年劳动者的合法权利；加强舆论宣传，营造老年人工作有重要社会价值的良好氛围，等等。

参考文献

[1] Cao Wenxian. Sensitivity of personal account accumulated value of new rural social pension insurance to variation of uncertainties [J]. De Economist, 2012.

[2] Delay M. What adult worker model? A critical look at recent social policy reform in Europe from a gender and family perspective[J]. Social Politics, 2011, 18(1): 1-25.

[3] Edgar Vogel, Alexander Ludwig and Axel H.Borschl-Supan. Aging and pension reform: extending the retirement age and human capital formation [J]. European Economic Review, 2012.

[4] Fouad, Khaskhoussi. Optional incentive schemes to delay retirement age: when real wage rigidity matter[J]. International Economic Review, 2008, 6.234-237.

[5] Heeringa. W. L. Generational Impacts of demographic changes in payl-asl-youl-go pension schemes: measurement and application to the Netherlands [J]. De Economist, 2012, 160. 11-16.

[6] Helmuth Cremer, Pierre Pestieau. Reforming Our Pension System: Is It a Demographic, Financial or Political problem? [J]. European Economic Review, 2000, 44. 345.

[7] Jinkook Lee. Employment status, quality of matching and retirement in Korea: evidence from longitudinal study of aging[J]. International Tax and

Public Finance，2011，1.45-47.

[8] Jean1-Olivier Hairault. Distance to retirement and older workers' employment：the case for delaying the retirement age [J]. Journal of the European Economic Association，2010，5. 337.

[9] JuanA.Lacomba.Francisco Lagos.Population aging and legal retirement age [J]. Population Economic.2006，19.507-519.

[10] Jean1-Olivier Hairault. Distance to retirement and older workers' employment：the case for delaying the retirement age [J]. Journal of the European Economic Association，2010，5. 337.

[11] Kristine M. Brown. The link between pensions and retirement timing：Lessons from California teachers[J]. Journal of Public Economics Volume 2013，80.1-14.

[12] O.Kozmenko J.Konoplina. Social Insurance in Ukraine in the context of the pension reform[J]. Economics of Development，2 012，62(2).9-25.

[13] Salvador Zurita. Minimun. Pension Insurance in the Chilean Pension System Minimum Pension Insurance in the Chilean Pension System.Revista de Analisis Economico，2010.

[14] Sychova Kseniya V. Formation of the strategy of development of the pension insurance system in Ukraine [J]. Business Inform，2013(10). 239-246.

[15] 安倩倩.延迟退休对个人账户养老金的影响——基于养老金替代率视角的分析[D].上海:华东政法大学,2014.

[16] 柏璐.基于人力资本视角下的中国弹性退休制度研究[D].大连:东北财经大学,2014:5.

[17] 白重恩,吴斌珍,金烨.中国养老保险缴费对消费和储蓄的影响[J].中国社会科学,2012(8):48-71.

[18] 蔡秀丽.关于延迟退休年龄的可行性讨论[J].劳动保障世界,2013(5):26-27.

[19] 储天骄.延迟退休对劳动力市场的影响研究[D].保定:河北大学,2015:5.

[20] 程金花,葛伟光.关于充分发挥退休人员余热的一些思考[C].上海:虹口区统战部,2013:191-195.

[21] 陈永怀,张友鹏.关于中国渐进式延迟退休年龄政策的思考[C].成都:西南交

通大学希望学院,2014:471-476.

[22] 陈强.高级计量经济学及 Stata 应用(第二版)[M].北京:高等教育出版社,2014:563-572.

[23] 迟燕荣.基于养老保险制度可持续性的退休年龄的优化设定[D].济南:山东财经大学,2014.

[24] 陈硕.渐进式延迟退休将如何调整退休年龄[J].劳动保障世界,2014(1).

[25] 陈俊伶.退休不是想推就能推[J].商界评论,2013(5):146-147.

[26] 崔楠.我国渐进式延迟退休制度研究[D].兰州:兰州大学,2013.

[27] 戴卫东,顾梦洁.德国退休年龄政策改革、讨论及启示[J].德国研究,2013(2):35-46+124.

[28] 邓峰.人力资本、劳动力市场分割与性别收入差距[J].社会学研究,2012(5):24-46.

[29] 丁一吕.提高退休年龄与开发高技能老年人才资源[J].经济学家,2013(10):29-39.

[30] 杜鹏.推迟退休年龄应对人口老龄化[J].人口与发展,2011(4):26-30.

[31] 费孝通.家庭结构变动中的老年赡养问题——再论中国家庭结构的变动[J].北京大学学报(哲学社会科学版),1983(3):6-15.

[32] 范琦,冯经纶.延迟退休对青年群体就业的挤出效应研究[J].上海经济研究,2015(8):11-19.

[33] 范良聪,刘璐,梁捷.第三方的惩罚需求:一个实验研究[J].经济研究,2013(5):98-111.

[34] 国家统计局.中国统计年鉴(2015)[M].北京:中国统计出版社,2004.

[35] 管斌彬.延迟退休改革的必要配套政策与措施探究[J].南通职业大学学报,2015(4):28-31.

[36] 胡仕强,许谨良.长寿风险、养老金体制与资本积累[J].财经研究,2011(8).

[37] 胡卓群.我国养老金问题及解决途径[D].上海:复旦大学,2013:57-58.

[38] 黄海明.中国人口老龄化背景下的养老保险制度研究[D].长春:吉林大学,2010.

[39] 黄阳涛.企业职工延长退休年龄的意愿及影响因素研究——基于对南京市某经济开发区的调查[J].新金融,2013(8):46-51.

[40] 姜春力.渐进延迟退休年龄政策设计与建议[A].中国经济分析与展望(2014-

2015)[C].2015.

[41] 纪召涛.广东省人口老龄化对经济发展影响的研究[D].广州:暨南大学,2012.

[42] 刘晗,辛怡,等.天津市居民延迟退休意愿的影响因素分析——以南开区为例[J].科技创业月刊,2014(11):83-85.

[43] 李付俊,孟续铎,张超.延迟退休的影响效果分析[J].西北人口,2014(2):17-20+25.

[44] 李红梅,谢建伟,朱磊.畅谈医药卫生体制改革把“倒三角”变成“正三角”[N].人民日报,2011-03-09 (7).

[45] 李含伟,汪泓.基于个人幸福最大化的最优退休年龄分析与柔性退休制度仿真[J].上海经济研究,2013(8):32-38+100.

[46] 林熙.发达国家弹性退休机制分析与经验借鉴[J].经济社会体制比较,2013(2):226-235.

[47] 李海明.论退休自愿及其限制[J].中国法学,2013(4):108-119.

[48] 吕学静.提高退休年龄与开发高技能老年人才资源:作用机制及制度设计[J].人口与发展,2014(1):50-60.

[49] 李培林.全面深化改革二十论[M].北京:社会科学文献出版社,2014.

[50] 刘莉.退休政策弹性化的国际探索与中国观照[J].社会科学战线,2015(7):191-199.

[51] 厉彦青.我国延迟退休的劳动力市场效应分析[D].济南:山东大学,2014.

[52] 苏春红,李齐云.延迟退休年龄效应分析与中国渐进式推进策略研究[J].理论学刊,2014(5):69-76.

[53] 乐君杰,叶晗.养老收入、教育水平与城镇超过退休年龄人口劳动供给行为决定——兼论延迟退休[C].杭州:浙江大学,2013:28.

[54] 李旭.社会系统动力学[M].上海:复旦大学出版社,2013:205-221.

[55] 李珍.基本养老保险制度分析与评估[M].北京:人民出版社,2013:218-231.

[56] 刘泽华.基于延迟退休年龄政策的国民寿命预测数学模型设计[J].科技视界,2015(28):265,280.

[57] 李青.渐进式延迟退休年龄政策研究[J].桂海论丛,2014(2):122-125.

[58] 李腾,陆贵涛,等.关于我国实施延迟退休年龄的文献综述[J].电子制作,2014(14):192-193.

[59] 姜春力，杨燕绥，等．渐进延迟我国退休年龄政策设计与建议[M].北京：社会科学文献出版社，2015：151-161.

[60] 刘苓玲，徐雷．劳动力有限供给视角下养老保险基金财务可持续性研究[J].社会保障研究，2014(2)：44-56.

[61] 林宝．改革退休年龄需要解释清楚几个问题[J].中国党政干部论坛，2013(12)：70-72.

[62] 林宝．延迟退休年龄对养老金资金平衡的影响[J].财经问题研究，2014(12)：41-43.

[63] 梁宏．延迟退休对减少基础养老金支付的效果——基于未来人口年龄结构的探讨[J]．南方人口，2015(8)：45-52.

[64] 刘淑芳．关于我国延迟退休问题研究[D]．济南：山东大学，2014.

[65] 李成波，柴学治．退休年龄研究：文献综述的分析视角[J].劳动保障世界，2012(5)：4-8.

[66] 林晔．转型时期的东欧国家养老金制度改革研究[D].武汉：武汉科技大学，2011.

[67] 梁君林．中国养老保险隐性债务显性化研究[J].中国人口科学，2010(5)：23-26.

[68] 刘朝楠．我国养老金管理存在的主要问题研究[D].济南：山东财经大学，2013.

[69] 林冰．基于随机人口预测的基本养老金资金缺口研究[D]．天津：南开大学，2013.

[70] 李锐，傅小燕，向书坚．养老金制度变革的福利损益与再分配研究[J]．统计研究，2014(8)：43-47.

[71] 刘彩云．上海市柔性退休年龄政策实施效益评价分析[D].上海：上海工程技术大学，2013.

[72] 林冰．基于随机人口预测的基本养老金资金缺口研究[D].天津：南开大学，2013.

[73] 李琴，彭浩然．预期退休年龄的影响因素分析——基于 CHARLS 数据的实证研究[J].经济理论与经济管理，2015(2)：89-95.

[74] 雷勇，蒲勇健．基于给付确定制的最优退休年龄经济模型分析[J].工业技术经济，2004(1)：52-54.

[75] 穆光宗,张团.我国人口老龄化发展趋势及其战略应对[J].华中师范大学学报,2011,50(5):29-36.

[76] 牛锡智,董宏伟.群众“看病难、看病贵”的原因与对策[J].青岛行政学院学报,2007(1):56-58.

[77] 彭浩然,陈斌开.鱼和熊掌能否兼得:养老金危机的代际冲突[J].世界经济,2012(2):84-85.

[78] 钱叶芳.以劳动年限为基准弹性延迟法定退休年龄[J].法学,2015(5):03-09.

[79] 钱锡红,申曙光.经济收入和健康状况对退休期望的影响——一个交互效应模型[J].经济管理,2012(3):61-63.

[80] 苏春红,张钰,李松.延迟退休年龄对中国失业率的影响:理论与验证[J].山东大学学报(哲学社会科学版),2015(1):11-22.

[81] 石正新.利用统计学的方法建立模型对延迟退休问题的探讨[J].中国管理信息,2015(2):165-168.

[82] 孙佳佳,吴铮.个人退休决策的影响因素研究[J].湖北社会科学,2009(5):51-54.

[83] 尚华星.论延迟退休对我国劳动力市场的影响[J].中国市场,2015(34):196-199.

[84] 唐钧.“延迟退休”:“清华方案”有硬伤[J].中国经济周刊,2013(32):20.

[85] 谭中和,赵巍巍,张兴.主要国家和地区养老保障改革经验和发展趋势[M].北京:中国社会劳动保障出版社,2013.22-41.

[86] 童媛媛.人口老龄化对河南省经济发展影响的研究[D].郑州:郑州大学,2013.

[87] 王宇熹,汪泓.上海养老保险改革的系统动力学仿真分析[J].上海交通大学学报,2012(8).

[88] 吴修强.我国地方社会保险基金管理研究[D].济南:山东师范大学,2013.

[89] 王克焕,李军.“弹性退休”博弈的几个关键因素[J].山东人力资源和社会保障,2012(6):28-29.

[90] 王晓军.养老金支付缺口:口径与测算分析[J].数量经济技术经济研究,2013(10):49-62.

[91] 王改林.我国职工工资增长影响因素的实证分析[D].天津:天津财经大学,2012.

[92] 吴斌，金旺．步入预期的延迟退休[J].中国工人，2014(7)：41-45.

[93] 吴迪，曹明纬．“延迟退休”问题的影响因素研究[J].科技视界，2014(23)：185，214.

[94] 王江．对延长退休年龄的思考[J].法制与社会，2014(28)：182-184.

[95] 王岱，刘旭，蔺雪芹．发达国家应对人口老龄化的对策及对我国的启示[J].世界地理研究，2013(1)：138-147.

[96] 王楠.延迟退休年龄对我国就业增长的影响研究[D].北京：北京交通大学，2015(8).

[97] 王克焕，李军.“弹性退休”博弈的几个关键因素[J].山东人力资源和社会保障，2012(6)：28-29.

[98] 王甜.我国最佳法定退休年龄的趋势分析与数学建模[D].赣州：江西理工大学，2012.

[99] 项洁雯.农村社会养老金替代率水平及政策仿真研究[D].杭州：浙江大学，2015.

[100] 谢克凡.改良“弹性退休制”：应对老龄化社会的新思路[J]. 社会福利，2012(5)：12-16.

[101] 谢娟，聂应德.人口老龄化背景下调整法定退休年龄的影响因素[J]. 山西大同大学学报，2014(4)：19-21.

[102] 谢长安．延迟退休对养老金收支与就业影响的实证研究[D].南京：南京财经大学，2013.

[103] 徐则荣．老龄化背景下我国实行弹性退休制度的思考[J].学术评论，2013(2)：82-87.

[104] 夏心雄．中国现行养老金制度下的缺口分析及对策[D].南京：南京财经大学，2011.

[105] 杨甜甜，朱俊生．我国延迟退休改革方案探讨——基于五国的比较研究[J].老龄科学研究，2014(4)：23-32.

[106] 袁廿一．延长退休年龄影响人力资本的传导机制研究[J]. 人口与经济，2011(4)：29-34.

[107] 杨志超．北欧老年就业政策对我国延迟退休制度的启示[J]. 学术界(月刊)，2013(7)：214-221.

[108] 杨俊峰．从质疑声中探究延迟法定退休年龄的策略[J]. 北京劳动保障职业

学,2013(2):7-10.

[109] 杨东升,刘峰.对于当前延迟退休年龄之必要性的质疑——基于国际比较的视角[J].劳动保障世界,2013(4):81-84.

[110] 殷俊,陈天红.美国延迟退休激励机制分析——兼论对中国延迟退休年龄改革的启示[J].经济与管理,2014(4):28-33.

[111] 于海艳.关于我国延迟退休年龄问题的探讨[D].天津:天津财经大学,2011.

[112] 杨奕.对延迟退休年龄的思考[J].管理学家,2014(6):519-520.

[113] 杨燕绥.全球养老保障——改革与发展[J].劳动保障通讯,2003(7):54.

[114] 原新,万能.缓解老龄化压力推迟退休有效吗?[J].人口研究,2006(4):100.

[115] 杨贞贞,史文钊,等.法定退休年龄延迟对劳动力市场的挤占效应研究[J].第一资源,2010(3):15-16.

[116] 阳义南,谢予昭.推迟退休年龄对青年失业率的影响——来自OECD国家的经验证据[J].中国人口科学,2014(4):46-57+127.

[117] 闫琳琳.基本养老保险统筹层次提升的收入再分配研究[D].厦门:厦门大学,2012.

[118] 奕莉.延迟退休情况下地区养老金缺口风险缓释策略研究[D].上海:华东理工大学,2014.

[119] 于晨.区分受教育程度的延迟退休年龄对策研究[D].大连:东北财经大学,2013.

[120] 于晨.中国失业率与劳动年龄人口比重及经济增长[J].东北财经大学学报,2013(1):16-19.

[121] 叶航.养老保险体制改革[J].统计研究,2014 (2):24-34.

[122] 原新,史佳颖.推迟退休有利于缓解老龄问题[J].人口研究,2012(6):.28-33.

[123] 余君军.老龄化背景下延迟退休对我国经济增长的影响[D].北京:北京交通大学,2014.

[124] 朱建明.当前我国延迟退休问题研究[J].老龄科学研究,2013(3):30-35.

[125] 赵新栋.弹性退休政策对劳动力市场供给的影响及应对策略研究[D].上海:上海工程技术大学,2011.

[126] 郑秉文.机关事业单位养老金并轨改革:从“碎片化”到“大一统”[J].中国人口科学,2015(1):5-20.

[127] 郑秉文.中国养老金发展报告2014[M].北京:经济管理出版社,2015:10-46.

[128] 郑秉文.中国养老金发展报告 2015[R].人社部社会保险事业管理中心,2015-12-26.

[129] 郑成功.中国社会保障改革与发展战略[M].北京:人民出版社,2011:385-425.

[130] 张晓天.延迟退休年龄的可行性研究[D].长春:吉林大学,2014.

[131] 张熠.现收现付公共养老金计划收支平衡条件研究—非稳态条件下收入关联制与均等受益制的模拟比较分析[J].财经研究,2011(7):49-58.

[132] 张士斌.中国退休年龄政策研究前沿述评[J].云南财经大学学报,2014(1):5-20.

[133] 张静.当代中国社会养老保险伦理研究[D].长沙:湖南师范大学,2014.

[134] 钟永光,贾晓菁.系统动力学[M].北京:科学出版社,2011:68-90.

[135] 周延,杨筱靓.合意养老金替代率下退休年龄的测算与优化——以上海市为例[J].现代财经,2015(4):70-71.

[136] 邹红.退休与城镇家庭消费:基于断点回归设计的经验证据[J].经济研究,2015(1).

[137] 邹铁钉.一个关于养老改革的外文文献综述—基于人口结构、决策环境以及新自由主义的视角[J].经济与管理研究,2013 (10):31-42.

[138] 邹铁钉.养老保险体制改革的公平与效率研究[D].杭州:浙江大学,2015.

[139] 邹铁钉,胡仕强,等.养老金体制与资本积累[J].财经研究,2011(8).

索 引

后 记

本书受国家社会科学基金项目(项目编号:14CRK001)、中国博士后科学基金第八批特别资助项目(项目编号:2015T80383)、第56批中国博士后科学基金面上项目(项目编号:2014M561396)资助,本书的内容是这些项目的研究成果,李含伟作为项目主持人为项目做出了主要贡献,课题组其他成员也都做出了重要贡献,因此可以说,本书是集体智慧的结晶。

本书在撰写过程中,得到了我国著名的社会保障问题专家汪泓教授、我国著名的人口学专家复旦大学的任远教授的关心和指导,上海工程技术大学的史健勇教授、上海理工大学的吴忠教授也为本书的撰写提供了很多真知灼见。课题组的陈丹凝、李姝君、徐彩琴、易威为本书的撰写做出了重要贡献,课题组的邱玲、邵明、于挺、崔开昌、罗娟、高凯也为本书的完成做出了一定的贡献,一并致谢。

本书的写作旨在为我国的渐进式延迟退休年龄政策设计和配套政策设计提供参考。或许本书的研究成果还不够完美,但若能为我国渐进式延迟退休年龄公共政策设计贡献力量,哪怕是一点点,都是我们最大的欣慰!